# 소통하는
# 성교육

# 소통하는 성교육

교실에서
바로 통하는
맞춤 지도법

이재정(잼성쌤) 지음

# 성교육도 준비가 필요해

## 교실에 들어가기 무서웠다

수업 중, 교실 중간에 앉은 여학생 두 명이 소곤거리며 이야기를 하다가 나와 눈이 마주쳤다. 내가 말하기 시작하면 그 학생들도 동시에 이야기를 시작했고, 내가 말을 멈추면 나를 쳐다보며 배시시 웃었다. 아무 말도 안 하고 그 둘을 번갈아 응시하면, 나와 눈싸움이라도 하려는 듯 끝까지 나를 보며 웃었다. 웃는 얼굴에 침 못 뱉는다고, 무어라고 말할 수는 없지만 수업 방해는 확실했다. 그것도 아주 기분 나쁘게.

그 교실의 맨 앞 중앙에 앉은 남학생은 수업과 무관한 이야기를 마치 쉬는 시간인 것처럼 교실 안 친구들과 편하게 나누었다. 교실 안의 학생들은 교사인 나의 말보다 그 학생 말에 귀를 기울이고 있었다. '조용히 하라'는 말에 '예'라고 답은 했으나 내가 말을 시작하면 수업 방해 행동은 계속되었다.

"너희 세 명 복도로 나와!"

"왜요? 왜 저만 갖고 그러시는데요? 쟤도 떠들고, 쟤도 떠들었어요."

남학생은 엉덩이를 의자 끝에 걸치고 뒤로 거의 눕다시피 한 채로 책상 밑으로 두 다리를 쭉 뻗고 있었다. '나오라' 여러 번 소리쳤으나 나는 이미 무력했다. 그나마 복도로 따라 나온 건 여학생 둘. 내 눈에는 힘이 잔뜩 들어갔고 표정은 일그러졌다. 그 학생들은 계속 나를 쳐다보며 빙글거리며 웃었다. 왠지 모를 모멸감이 들기 시작했다. 내 손에는 A4 용지에 출력된 활동지 한 장이 있었다. 수업에 쓰려고 들고 간 종이로 그중 한 학생의 머리를 한 대 내리치고 말았다. 그래도 둘은 빙글거렸다.

그날 이후로 출근하는 발걸음이 무거웠다. 그 학급에 수업하러 들어가는 게 두려웠다. 나는 학생들을 쳐다보지 못했고, 학생들이 떠들거나 돌아다녀도 못 본 척, 못 들은 척, 준비한 수업을 혼자 떠들다 나왔다. 수업 시간 45분이 지옥 같았다.

다른 학급도 별반 다르지 않았다. 엎드려 자는 학생이 차라리 고마웠다. PPT를 화려하게 만들고, 동영상을 엄선하였으며, 활동지를 멋지게 꾸미기도 해봤다. 벌점을 부과하기도 하고, 비타민 C를 손에 들고 다니면서 상품으로 주기도 했다. 무엇을 해도 학생들의 수업 방해 행동은 바뀌지 않았다.

당시 나는 '어떻게 하면 학생들을 휘어잡을 수 있을까' '통제할 수 있을까'만 생각했다. 그러던 어느 날, 교육청 주관 연수가 있었다. 늘

그렇듯 큰 기대 없이 참석했다. 보건교사 이정옥 선생님과 이혜란 선생님이 강의하는 성교육 연수였는데, 그들은 재접착 메모지를 활용해서 학생들의 생각을 끌어내는 수업 방식을 소개했다. 교사의 단방향 수업이 일상이었던 시기에 재접착 메모지를 활용하여 학생들과 소통하는 방식의 수업은 획기적이었다. 나는 벌린 입을 다물 수가 없었다.

## 성교육 하는 교사는 무엇을 기대하는가

'성교육을 마친 후 학습자가 무엇을 가져가기를 기대하는가'라는 질문에 보건교사 이정옥은 '느낌'이라고 했다. 무릎을 탁 쳤다. 내 마음속에 항상 맴돌던, 뭐라고 꼬집어 표현하기 어려웠던 단어 하나를 선물받았다. 성교육에는 정답이 없기에 더욱 그랬다.

성교육 시간에 배운 것을 다 잊어도 교사에게 전달받았던 느낌, 그것 하나만 가지고 가기를. 그 느낌으로 학생 스스로 바람직한 가치관을 형성하여 '나 다운 나'로 성장하기를 기대했다. 학생들이 삶을 바라보는 시선, 소통하는 원칙, 분별력을 형성하는 데 있어 그 '느낌'이 작용하기를 바랐다. 그래서 나는 학생들이 그림처럼 앉아서 조용히 교사의 말에 귀 기울이는 교실 대신, 학생들 말소리가 가득한 교실을 택했다.

# 요즘 학생들 탓하지 말고
# 요즘 학생들 특성을 반영하자

당시 한 학년의 학생 수는 400여 명에 이르렀다. 그 많은 학생들을 바꾸기보다는 학생들의 특성에 맞춰 나 하나 바꾸는 게 더 쉬웠다. 교실에서 느낀 학생들의 특성은 두 가지. 하나는 학생들은 움직이며 떠들고 싶어한다는 것, 다른 하나는 성인의 말보다는 또래의 말에 더 큰 영향을 받는다는 것이었다.

첫번째 특성을 활용해 나는 학생들이 떠들고 움직일 수 있게 수업을 디자인했다. 월경, 연애, 섹스 등 학생들이 꺼내기 어려워하는 이야기일수록 이 특성을 이용했다. 또 정보 전달이 필요한 피임이나 성매개감염병을 다룰 때는 게이미피케이션gamification*도 적극 활용했다.

두번째 특성을 활용해서는 교사인 내가 전하고 싶은 이야기를 또래가 말하도록 했다. 교사가 '성은 진지하고 품격 있게 대해야 한다'라고 아무리 외쳐도 학생들은 따라오지 않는다. 하지만 남녀 생식기 건강, 교제, 성적자기결정권 등에 대해 또래의 입을 빌리면 울림이 다르다. 나는 교사가 하고 싶은 이야기가 학생들 입을 통해 나올 수 있도록 수업을 구성했다. 그렇게 내 수업은 학습자와 소통하는 성교육으로 거듭났다.

---

＊ 관심을 높이기 위해 게임을 적용하여 어떤 개념을 이해하거나 문제를 해결하게 하는 방법.

# 카리스마 있는 교사가 되어야 한다

200명이 넘는 전교생을 대상으로 유튜브 생방송을 할 때였다. 온라인으로 성교육 하는 공간이므로 안전을 위해 "만일 채팅창에 부적절한 글이 올라오면 해당 학생을 퇴장 조치할 것이며, 여러 사람이 부적절한 글을 올려서 수업 진행에 방해가 될 정도가 되면 채팅창을 막겠습니다." 하고 공지했다. 그런데도 채팅창에 부적절한 표현이 몇 건 올라왔다. 내가 "○○ 학생 퇴장입니다." 하고 두세 번 조치를 하자, 한 명의 학생이 '선 넘는 행동 금지'라고 채팅창에 써서 올렸다. 또 다른 학생은 채팅창에 특수기호로 선을 그으며 '지금 이 선 아래부터는 쓰지 맙시다' 하고 응원을 보내주었다. 채팅창은 바로 정리가 되었다. 학생들은 이미 정답을 알고 있다. 그럼에도 불구하고 익명이라는 장치 때문에 왜곡된 성의식이 툭 튀어나오기도 한다. 나에게는 그날 강의 내용뿐만 아니라 온라인을 안전한 공간으로 만들고자 노력했던 학생들의 분위기가 더 기억에 남았다.

카리스마 있는 교사란 무서운 교사가 아니다. 규칙을 정했다면 단호하지만 평온하게 반복적으로 적용하는 교사다. 그러면 부적절한 행동을 하던 학생들은 어느새 줄어들고 다른 친구들의 생각에 관심을 갖게 된다. 기가 센 학생들에게 눌려서 자신이 생각을 표현하지 못하던 학생들이 적극적으로 의사 표현하기 시작하면 수업은 90퍼센트 이상 성공한 것이나 마찬가지이다. 아무리 바른 글을 올려도 비아냥거리는 댓글이 달리면 수업은 제대로 진행될 수 없고 나쁜 감정만 남기 때문이다.

성교육 하는 교사는 바른 생각을 끌어내기만 하면 된다. 안전한 교실은 교사에 대한 신뢰도를 매우 높여 선순환으로 이어진다. 수업은 다양한 생각을 하는 학생들과 교사가 함께 만들어가는 오케스트라의 연주와 같다.

## 선생님, 준비되셨나요

학생들이 떠들며 돌아다니는 교실.

청소년의 성욕.

의도치 않은 임신.

청소년기 교제.

임신한 학생.

임신 시킨 청소년.

정상 가족.

성소수자.

성폭력.

이 말들에 어떤 느낌이 드는가. 학생은 교사의 말을 듣고 배우기보다 행동에서 더 많이 배우고 감정과 가치관을 흡수한다. 성교육은 교수법에 '성'이라는 주제를 얹는 것이다. 따라서 정답을 찾기보다 학생들에게 어떤 감정과 가치관을 전달할지를 결정해야 수업 방향을 잡고 계획을 세울 수 있다.

　나는 성교육에서 가장 중요한 가치가 평등과 존중이라고 생각한다. 이 가치를 학생들에게 잘 전달하고 싶다. 그래서 수업 시작부터 끝까지 학생들에게 존대어를 쓰고 편견 없이 대하며 존중하는 어휘를 사용한다. 말로만 존중이 아니라 학생들이 느낄 수 있도록 실천하는 모습을 보이기 위해 부단히 노력한다. 존중을 몸으로 배운 학생들은 교사에게 어김없이 존중을 돌려준다. 더불어 수업 중 오가는 대화 속에 마음을 솔직하게 표현하는 경우가 있으므로, 학생들이 자신의 생각을 말할 수 있는 분위기를 만들고, 교실을 순회하며 적극적으로 경청한다. 학생들의 대화 중 의미 있는 내용은 수업이 끝나는 대로 메모했다가 수업 재료로 활용한다. 또 수업을 정리할 때는 배운 내용을 적으라고 하기보다 소감을 쓰라고 했다. 단, 단답형으로 쓰지 않도록 배운 것 중 '가장 기억에 남는 것과 그 이유'를 적게 했다. 질문이 있다면 질문도 함께 적어서 모든 학생이 제출하도록 했다. 이때 같은 모양의 쪽지를 사용하면 좋다. 제출하지 않았다고 불이익을 주거나 미제출자를 호명하지 않았다.

　이 책에는 그렇게 모으고 피드백을 했던 학생들의 많은 질문과 생각이 담겨 있다. 질문을 읽으면서는 나라면 어떻게 해석하고 설명할 것인지 즉시 답을 달아보시라. 어떤 질문에는 하얀 공백만이 남아 있을 수도 있다. 나도 처음에는 그랬다. 그 공백을 채워나가며 성장했고, 지금도 해결하지 못한 질문의 답을 구하기 위해 연구 중이다. 이미 충분히 알고 있는 것은 잠시 접어두고 부족한 부분을 채워나가기 위한 오답 노트 만들기도 추천한다.

여기서 잠깐! 너무 궁금하겠지만 제시된 설명글을 읽기 전에 먼저 써볼 것을 권한다. 읽는 이의 생각이 더 훌륭할 때가 있다는 것을 알게 될 것이고 누적되면 자신만의 연구 노트, 또 한 권의 책이 만들어질 것이다.

이 책《소통하는 성교육》은 총 18강으로 구성했으며, 16~18강은 여건에 따라 두 차시로 운영할 수 있도록 준비했다. 그중에서도 16강은 다수를 대상으로 성교육을 해야 할 경우를 대비했다. 다만 유튜브를 이용하는 방법을 제외한다면 교실에서 활용할 수 있다. 강의 순서는 학생들과 소통하며 수업할 때 최대한 저항 없이 자연스럽게 흐를 수 있도록 정했다.

각 장은 수업의 개요, 학습자가 성취해야 할 목표, 주요 활동으로 나눠 한눈에 수업 운영 방법을 파악할 수 있게 했다. 주요 활동에는 할애할 시간, 교사와 학생의 준비물, 활동의 목적과 방식을 요약했다. 그다음 더 구체적으로 상황을 살필 수 있도록 나의 수업 풍경을 풀어서 썼다. 학생들이 자주 하는 질문이나 교실에서 벌어지는 상황도 최대한 생생하게 담고자 노력했다.

책 뒷부분에는 오랜 연구의 흔적인 수업 자료를 실었다. 수업에 활용하는 설문지, 활동지, 교구 등의 일부 예시를 담았으니 적절히 참고하여 상황에 맞춰 쓰면 된다.

나의 시행착오와 기적처럼 느껴졌던 순간들을 정리한 이 책이 성교육을 고민하는 여러분의 수업에 도움이 되기를 바라본다.

# 차례

# 1강
# 라포르rapport 형성

---

이 장에서 소개한 활동은 모험상담교육연구회 선생님들이 오랜 시간 외국 자료를 탐독하여
우리 상황에 맞게 발전시켜온 것으로, 허락을 구하여 이 책에 실었다.
네이버 카페(cafe.naver.com/abcroedu)를 방문하면 더욱 다양한 활동을
살펴보고 도움을 받을 수 있다.

성을 드러내어 말하는 것이 불편한 사회적 분위기에서 청소년의 성문화에 접근하기 위해서는 소통이 무엇보다 중요하다. 따라서 첫 수업 때 학습자와 교사, 학습자와 학습자가 편하게 얘기할 수 있는 분위기를 만들고, 서로를 존중하는 태도를 가질 수 있도록 경쟁하지 않고 협동하는 놀이를 한다. 처음이라면 네 가지 활동 중 두 가지 정도를 선택해서 진행하는 것도 방법이다.

## 이 수업 후에 학습자는

주어진 미션을 협동하여 해결하며 존중과 배려를 실천할 수 있다.

## 주요 활동

| 1. 순열 | |
|---|---|
| 시간 | 10~20분. |
| 준비물 | 교사: 없음.<br>학생: 없음. |
| 목적 | 교사와 학생, 학생과 학생 사이에 심리적 거리를 줄이는 학기 초 첫 번째 활동으로 적절하다. 규칙의 중요성을 자연스럽게 익힌다. |
| 방식 | 1 학생들은 둥그렇게 선다.<br>2 교사는 순서대로 설 수 있는 주제를 정해 학생들에게 말한다.<br>※ 경쟁이나 편견을 유발할 수 있는 주제는 피한다.<br>3 학생들은 10초 안에 주제에 따른 자신의 위치를 짐작하여 원을 이루며 순서대로 선다.<br>4 학생들이 짐작하여 선 위치가 맞았는지 확인한다. 자리 바꿀 기회를 두 번 줄 것을 미리 밝힌다.<br>5 이후에는 주제나 제한 시간을 바꿔가며 도전한다. |

| 2. 범피리범범 | |
|---|---|
| **시간** | 10~20분. |
| **준비물** | 교사: 없음.<br>학생: 없음. |
| **목적** | 적극성을 기르고 서로 존중하는 태도를 익힌다. '순열' 활동을 마치고 서로의 물리적 간격과 심리적 거리가 줄었을 때 하는 것이 좋다. |
| **방식** | **1** 다같이 둥그렇게 선다.<br>**2** 교사는 원 가운데 선다. 가운데 선 사람을 '술래'라고 부르는 대신 '능력자'라고 부르기로 약속한다.<br>**3** 교사는 '능력자'가 되어 '범피리범범'이라고 외치며 누군가를 지목한다.<br>※ 지목할 때는 '손가락' 대신 '손바닥'을 이용한다.<br>**4** 지목된 학생은 정해진 규칙에 따라 친구의 이름을 외친다. 이름을 외치지 못하면 원 가운데로 들어와 '능력자'가 된다.<br>**5** 회가 거듭되면 주문과 규칙을 바꾸거나 능력자 수를 늘리며 진행할 수 있다. |

| 3. 그룹 저글 | |
|---|---|
| **시간** | 10~20분. |
| **준비물** | 교사: 소형 패브릭 인형 4~5개, 실리콘 재질의 뱀 인형.<br>학생: 없음. |
| **목적** | '순열' 활동을 하며 익힌 서로의 이름을 부르며 인형을 던져서 의미를 선물하는 활동이다. 과정 중에 자기의 불편한 마음을 편하게 표현하고, 다른 사람의 불편한 마음을 존중하는 성교육의 기본을 자연스럽게 익힐 수 있다. |

| | |
|---|---|
| **방식** | 1 학생들에게 좀더 가깝게 서서 작은 원을 만들어보자고 한다.<br>2 교사는 학생들과 함께 선다.<br>3 준비한 패브릭 인형 중 하나를 골라 의미(예: 건강)를 붙이고, 상대를 부르는 인사와 건너편에 선 학생의 이름을 부른 후 던진다.<br>※ 인사는 보통 '안녕' '하이'를 많이 사용하지만, 학생들과 상의하여 자유롭게 정할 수 있다.<br>4 인형을 받은 학생은 고마움을 표현하는 인사와 던진 사람의 이름을 부르며 ("고마워, ○○") 인형을 받는다.<br>※ 던질 때와 마찬가지로 받을 때 고마움을 표현하는 인사도 상의하여 자유롭게 정하면 된다.<br>5 처음 던진 인형이 한 바퀴를 돌아 교사에게 도착하면 나머지 인형에도 학생들과 함께 의미를 정해 붙인다.<br>※ 소외되는 학생이 없도록 신경을 쓴다.<br>6 실리콘 재질의 뱀 인형은 사용하기에 앞서 사용하기 싫은 사람이 있는지 반드시 묻고, 있다면 사용하지 않는다.<br>7 인형을 시간 간격을 두고 던져 인형 여러 개가 동시에 날아다니도록 한다.<br>※ 이 과정에서 인형이 서로 부딪혀 떨어지면, 처음부터 다시 시작할지, 떨어뜨린 사람부터 주워서 시작할지 학생들과 정한다.<br>8 모든 인형이 한 바퀴를 돌아 교사에게 오면, 떨어뜨리는 문제를 해결할 수 있는 방법을 학생들과 찾아 적용해본다. |

| 4. 해본 적 있나요 | |
|---|---|
| **시간** | 10~20분. |
| **준비물** | 교사: 지름 20cm 내외의 얇은 고무 발판.<br>학생: 의자. |
| **목적** | 각자의 경험을 공유하면서 자신이 겪은 많은 일이 자기만의 특별한 경험인 동시에 다른 누군가도 함께 겪는 일이라는 것을 알게 된다. 그 과정에서 위로받기도 하고 의외의 친구와 공감대를 형성하기도 한다. |
| **방식** | 1 학생들은 각자 의자를 가지고 와서 교실 중앙에 원을 그리고 앉는다.<br>2 교사는 원 가운데에 고무 발판을 놓고 선 뒤 '능력자'가 된다.<br>3 교사는 "○○을 해본 적 있나요?" 하고 학생들에게 묻는다.<br>※ 질문은 공개적으로 말할 수 있는 것으로 한다.<br>4 같은 경험을 한 학생들은 자리에서 일어나 고무 발판을 밟은 다음 빈자리로 가서 앉는다. 단, 원래 자기 자리로 갈 수는 없다.<br>※ 발에 걸려 넘어지거나 의자에 앉을 때 과격하게 앉아 뒤로 넘어가지 않게 주의하도록 한다.<br>5 질문을 한 교사(능력자)도 빈자리를 찾아 앉는다.<br>6 자리에 앉지 못한 학생은 '능력자'가 되어 질문할 기회를 얻는다. |

# 수업에도 노크가 필요해

"교과서 펴요?"

첫 시간에 교실에 들어가면 학생들이 꼭 하는 말이다. 오늘은 교과서 안 본다는 나의 대답에 학생들은 그러면 무엇을 할지 물었다.

"뭐 하고 싶어요?"

"놀고 싶어요."

학년 초 첫 시간에 놀고 싶은 것은 예나 지금이나 변함이 없다.

"와, 선생님이 제일 잘하는 게 노는 건데! 그럼 오늘 놀까요?"

교실에 떠나갈 듯 함성이 울려 퍼졌다. 한때 나도 엄한 교사의 모습으로 학생들을 휘어잡으려 했던 적이 있다. 그러나 학생들이 가까이하고 싶은 교사가 되는 편이 행복했고 지금도 그렇다.

"우리 지금부터 놀이를 하려면 책상을 교실의 앞, 뒤, 옆으로 몽땅 밀어야 하는데 괜찮겠어요?"

책상 미는 것도 동의를 구하면 분위기가 한결 부드러워진다.

"가운데에 우리가 활동할 자리를 만들어야 하니까 교실 양옆, 뒤, 앞으로 책상을 쭉 밀어서 공간을 만들어요. 의자가 나와 있으면 위험해요. 의자를 책상 밑으로 넣어서요."

학생들은 일시에 일어나서 책상을 밀기 시작한다. 수업에 들어왔을 때부터 얼굴을 한 번도 안 들고 엎드려 있는 학생은 교실에서 책상 미는 소리가 '우르르' 나는데도 여전히 엎드려 있었다. 가까이 가서 어디 아픈지 물었지만 꼼짝도 안 하고 답이 없었다.

"우리 놀이를 해야 해서 공간이 필요한데 학생이 여기 가운데 있으면 학생도 위험하고 다른 친구들 놀이에 방해가 될 것 같은데, 교실 가장자리로 가서 엎드려 있으면 어떨까요?"

앞머리를 길게 길러서 눈을 뜨고 있는지 감고 있는지 보이지도 않는 학생은 아무 대답도 없이 일어났고, 책상을 가장자리로 같이 끌어주자 가서 다시 엎드렸다.

"자리 옮겨줘서 고마워요."

때로는 놀이에 참여하기 싫어하는 학생들이 있다. 수줍음을 타는 성격일 수도 있고, 자신이 놀이를 망칠까 봐 두려워하는 경우도 있고, 무기력에 빠져 있을 때도 있다. 이외에도 여러 가지 이유가 있지만 학생의 감정을 인정하고 놀이를 강요해서는 안 된다. 이럴 때는 교사의 보조 역할이나 놀이 중 안전을 살펴주는 역할을 할 마음이 있는지 물어보고 이런 역할을 맡기는 것도 방법이다. 이마저도 싫다고 하면 편안한 자리에 앉아서 놀이를 구경할 수 있도록 한다. 편히 앉아서 보라고 하는데 끝까지 서서 보는 학생도 간혹 있다. 그것이 가장 편하다면 그것도 오케이! 단, 스마트폰을 보거나 다른 과제를 하는 것은 허용하지 않는다.

## ( 1. 순열

책상을 다 밀었다면 삼삼오오 모여 있는 학생들을 불러 모아서 교사 양옆으로 둥글게 원을 만들어 서달라고 한다. 초등학교에서 갓 올라온 1학년 교실에는 술렁거리는 어색함이 가득하고, 2학년 교실에는 소란스러움이, 3학년 교실에는 인생 다 산 듯 무게감이 흐르기도 한다. 학생들이 만든 원은 찌그러져 있는 경우가 대부분인데, 친한 친구와 떨어지지 않으려고 하거나 어색한 친구와는 거리를 두기 때문이다. 그럴 때는 어깨가 닿지 않을 정도로만 가까이 서보자고 말한다.

이렇게 원을 작게 만드는 것은 물리적 거리가 심리적 거리에 영향을 미치며, 활동 반경이 줄어야 시간이 단축되기 때문이다. 또한 작은 반경 안에서 여러 사람이 동시에 움직이면 활동에 더욱 집중할 수 있다. 그렇다고 원형을 작게 만드는 데 부담과 압박을 느낄 필요는 없다. 학생들이 처음 만나는 사람과 간격을 좁히는 데 어려움을 느낀다면 그 감정을 존중하고, 학생이 자신의 감정을 존중받았다는 것을 알게 하는 것도 의미가 있다.

원형이 만들어졌다면, "우리 이제부터 놀이를 할 건데 모든 놀이에는 규칙이 있지요? 규칙은 왜 지켜야 할까요?" 하고 묻는다.

학생들은 저마다 '안전'을 위해서, '공정한 게임'을 위해서라고 답을 한다. 그러면 다시 묻는다. "그럼 규칙을 지키지 않으면 어떤 일이 일어날까요?"

학생들은 주로 "놀이가 재미없어져요." 하고 대답을 하는데, 가끔 "벌 받을까 봐요." 하고 답하기도 한다. 이때는 규칙을 지키지 않았을 때 발생하는 부정적인 결과를 피하려 하기보다는 더 즐겁기 위해 지켜야 한다는 점을 강조한다.

'순열' 활동의 규칙은 간단하다. 교사가 어떤 주제를 학생들에게 제시하고 기준점을 정하면 학생들은 각자 짐작하는 위치에 서서 다시 원을 만드는 것이다. 예를 들면 '태어난 달'을 주제로 하고, 순서대로 원을 그리며 서보라고 한다. 시작점인 1월은 교사의 오른쪽에 서고, 끝나는 지점인 12월은 교사의 왼쪽에 서면 된다고 말한다. 여기에서 중요한 건 '제한 시간'과 '말하지 않은 채 뒷짐을 진다'는 규칙이다.

그러면 학생들은 "발로 써도 되나요?" "눈알로 써도 돼요?" "엉덩이는요?" 하고 장난과 진심 사이에서 묻는다. 이때는 단호하게 거절하기보다 "발로 쓰는 건 안 되고, 할 수 있으면 눈알로 써도 돼요." 하고 말해 규칙을 지키면서도 재미있게 활동할 수 있는 여지를 남겨둔다.

나의 경우 처음으로 이 활동을 할 때는 총 3라운드의 도전 기회를 주고, 10초로 시간을 제한했다. 서로 대화할 수 없는 상태에서 하는 놀이이므로 익숙해지기 위해서 예로 든 '태어난 달'처럼 간단한 것으로 시작하는 것이 좋다. 학생들이 이동하는 동안 교사는 큰 소리로

"10, 9, 8, 7, 6, 5, 4, 3, 2, 1!" 하고 외친다. 원이 완성되지 않았어도 10초가 되면 진행을 멈춘다. 아직 자리를 못 잡은 학생들은 가장 가까운 자리로 들어가게 한다.

"이제 확인을 할 건데, 말하지 않고 손은 뒷짐을 진다는 규칙은 확인하는 동안에도 지켜야 해요. 그리고 그동안 자리를 이동하지 않는다는 규칙도 추가할 거예요. 두 번의 기회가 더 있어요. 확인!"

내가 이렇게 말하고 확인하는 동안 학생들은 자리를 옮기고 싶어 하고, 규칙을 지키면서도 어떻게든 놀이를 성공으로 이끌기 위해 온갖 동작들로 자기가 태어난 달을 표현하는 바람에 웃음소리가 교실에 퍼졌다.

첫번째 라운드에서 성공하는 일은 없다. 교사가 원 안으로 들어가면 등 뒤에서 일어나는 상황을 알 수 없으니 활동을 하는 동안 교사는 원 안으로 들어가지 않는다. 확인이 모두 끝나면 같은 방법으로 2라운드, 3라운드를 진행한다. 다음 라운드에서는 제한 시간을 5초 정도로 줄이면 놀이의 역동성을 높일 수 있다. 라운드가 진행될수록 학생들은 확인하는 시간에 친구들의 말에 경청한다. 때로는 틀린 학생에게 집중되어 비난하는 경우가 있다. 이럴 때는 "틀렸기 때문에 더 재미있는 놀이가 된 것이지요. 모두 다 한 번에 잘하면 재미없을 거예요."라고 말해준다. 그다음은 생일, 생월과 생일 숫자 합산, 신발 사이즈 등을 주제로 할 수 있다.

중학교 1학년 1학기여서 서로에 대해 잘 모르는 상태일 때는 '이름'을 첫번째 주제를 시작하는 것도 좋다. 학생의 연령이 어릴수록 쉬운 주제로 시작한다. '혈액형'을 주제로는 하나의 원이 아닌 각각의 원을 만들게 해봤는데 대혼란이 일어나지만 꽤 재미있는 상황이 펼쳐졌다. 이때 교사는 선입견을 심어줄 수 있는 혈액형에 따른 성격 유형 같은 것을 이야기하지 않도록 주의한다. '별칭'도 주제로 삼지 않는다. 상처를 가진 학생이 있을 수 있고, 싫어하는 별명을 다른 학생이 공개하여 학급 분위기를 해칠 수 있다.

처음에 엎드려 자던 학생은 어떻게 되었을까? 활동 중간에 보니 어느 틈엔가 일어나 끼어들 곳을 찾지 못하고 원형 뒤에 어정쩡하게 서 있었다. 적당한 자리를 만들어 들어가도록 안내했으나 원형에 들어가는 것보다는 한 발짝 뒤에 서서 참여하는 것이 편하다고 하여 허용했다. 학생들은 자연스럽게 그 학생이 서 있는 곳에 한 칸 정도 간격으로 자리를 비워놓고 원을 만들기 시작했다. 한 발짝 뒤에서 끝까지 참여한 학생도, 한 발짝 뒤에 선 친구를 위해 자리를 비워놓는 학생들도 모두 감동적이었다.

활동이 끝나면 의자를 둥그렇게 모아 앉아서 "서로에 대해 새롭게 알게 된 것은 무엇인가요? 어떤 것이 가장 놀라웠나요? 친구에게 더 듣고 싶은 이야기가 있나요?" 하고 물을 수 있다. 하지만 이야기를 나누는 것보다 다음 활동을 이어서 하는 것이 학급 분위기 조성에 더 도움이 될 때가 있으니 무리하여 이야기를 나누는 시간을 갖지 않아도 된다. '순열' 활동이 끝나고 나면 처음 교실 문을 열었을 때와 달라진 분위기가 느껴진다.

## 2. 범피리범범

'범피리범범' 활동은 '순열' 활동보다 좀더 적극성을 기르고 서로를 존중하는 태도를 익히기 위해 하는데, '순열' 활동을 통해 물리적·심리적 거리가 모두 줄었을 때 하는 것이 좋다. 둥글게 서는 것은 유지한다.

이 활동은 '이름'으로 시작해볼 수 있다. 학기 초라 아직 서로의 이름을 모르기 때문에 궁금할 것이고, 이름을 알면 더욱 친밀하게 느끼게 된다.

"친구들 이름을 모두 외운 사람 있을까요? 이름을 한 번 들었다고 외운다는 것은 어려운 일이에요. 그래서 준비한 활동, '범피리범범'을 할 거예요. 다 함께 선생님을 따라서 외쳐볼까요? 범. 피. 리. 범. 범. 이번에는 조금 빨리 해볼게요. 범피리범범!"

범피리범범은 박자감 때문에 선택한 말로, 다른 말로 대체해도 된다. 학생들이 정확하게 말할 수 있게 한 음절씩 정확하게 말해주고, 따라서 하도록 유도했다. 그리고 나서는 빨리 할 수 있는 사람이 있는지 묻고, 두세 명 정도 시켜봤다. 이번 활동을 할 때는 교사가 원 안으로 들어가서 활동 방법과 규칙을 설명한다.

"선생님이 여러분 중 한 명을 지목하며 '범피리범범'이라고 할 거예요. 지목받은 사람은 마지막 '범'이 끝나기 전에 자기 오른쪽에 있는 친구의 이름을 말해야 해요. 만일 마지막 '범'이 끝날 때까지 이름을 말하지 못하면 선생님과 자리를 바꾸고 그 사람이 그다음 진행을 하는 거예요. 보통 가운데로 나오는 사람을 '술래'라고 하지만, 우리는 '능력자'라고 부를 거예요. 왜냐하면 상황을 바꿀 수 있는 사람이니까요."

학생들이 이해했는지 눈빛을 확인하고, 이제 지목하는 동작을 알려줬다. 보통 누군가를 지목할 때는 손가락으로 하지만, 이 활동은 앞서 말한 것처럼 서로를 존중하는 태도를 키우는 것이 목적이므로 손가락을 모두 펴서 네 손가락의 손끝 방향으로 지목하도록 규칙을 정한다. 이때 두 손으로 공손하게 지목하자는 의견이 나온 적도 있었는데, 다른 학생들도 동의해서 그렇게 진행했다.

"방금 자리를 바꾼 사람과 그 좌우에 있는 사람이 서로 이름을 확인할 시간을 주어야겠지요? 놀 때도 배려가 필요해요. 그래서 능력자가 바뀌면 새 능력자의 자리로 들어간 이전 능력자와 그의 좌우는 피하고 지목하는 것으로 해요."

내가 먼저 시범을 보였다. 지목을 당한 학생 중에는 깜짝 놀라서 아는 이름도 말하지 못해서 웃음을 유발했다. 학생들은 본격적으로 활동을 시작하기에 앞서 이름을 모르면 어떻게 해야 하는지, 이름을 다 부를 시간이 안 되는 경우 성을 빼고 불러도 될지 물었다. 이 경우 모르는 것이 당연하니 여러 번 물어도 되며, 성을 빼고 불러도 된다고 답했다. 다양한 의견은 다수결로 결정해서 규칙을 삼을 때가 많다.

'여러 번 더 물어봐도 된다'는 놀이의 안전장치에 학생들은 편안하게 묻고 답한다. 대답해주는 학생들도 또 물어보느냐는 기색 없이 몇 번이고 웃으며 알려줬다. 학생들이 가장 난감해하는 것은 교사의 이름을 불러야 할 때이다. 어떤 학생은 굉장히 재미있어 하며 교사의 이름을 부르지만, 어떤 학생은 끝내 부르지 못하고 '선생님'을 붙여 불렀다. 어떤 것이라도 즐거우면 다 좋다.

어느 정도 익숙해지면 규칙을 변경할 수 있다. 규칙을 변경하는 것은 능력자의 몫이다.

"가운데로 들어간 능력자가 '왼쪽 첫번째 사람의 이름을 말하는 것'으로 규칙을 변경하겠다고 하면 그 이후로 지목되는 사람은 '왼쪽 첫번째 사람'의 이름을 말해야 해요. 상황을 변화시키는 진정한 능력자죠?"

이 말과 함께 금세 '오른쪽 열번째 사람'이 나오기 시작했다. 규칙이 바뀌면 열번째 사람을 세고 찾아가서 이름을 확인하고 재빨리 자기 자리로 돌아오느라 교실 안은 일대 혼란이 일어난다.

능력자의 마지막 '범'과 지목된 사람의 외침이 거의 동시에 일어날 때는 시간 내에 외쳤는지 아닌지, 자리를 바꿀 것인지 그대로 머물 것인지 능력자가 정하는 것으로 하면 무리가 없다. 친구들에게 복잡한 미션을 주고 싶어서 '능력자'가 되는 것이 즐거울 뿐이다. 심지어 '범'과 동시에 외쳤는데도 계속 능력자로 남아 있겠다고 하는 경우도 종종 있다. 학생들 중에는 '신발에 흰색이 있는 사람 이름 부르기' '오른쪽 사람의 신발 사이즈 말하기' 등 기발한 제안도 한다.

학생들이 적응하면 난이도를 올린다. 보통 '너피리범범'이라는 주문을 추가한다. 능력자가 '범피리범범'을 외치면 지정된 규칙대로 하고 '너피리범범'을 외치면 지목된 사람이 자기 이름을 말하는 것이다. 이렇게 새로운 규칙으로 게임을 하고 나니 한번은 어떤 학생이 새로운 제안을 했다.

"선생님, '나피리범범'도 추가해요. '나피리범범'을 하면 무조건 능력자의 이름을 말하는 것으로요."

기발한 아이디어였다. 내가 제안을 받아들이자 원성이 교실 안에 울려 퍼졌지만 즐거움의 함성은 원성보다 더 커졌다. 그래서 탄생한 것이 '나피리범범'.

난이도를 올릴 적당한 시기가 되면 내가 두 손을 번쩍 들고 스스로 자청해서 틀린 후 능력자가 되어 두 손을 신나게 휘저으며 가운데로 나가곤 했다. 그러면 눈치 빠른 학생들은 "야, 선생님이 규칙 바꾸려고 하시나 봐." "선생님 우리 좀 살려주세요." 하고 여기저기서 원성을 터뜨렸다. 이 원성을 뒤로 하고 난이도를 한 번 더 올렸다.

"이번에는 선생님을 도와줄 사람이 필요해요. 누가 도와줄래요?"

능력자를 두 명으로 늘리는 것이다. 능력자 두 명이 서로 등을 맞대고 양쪽에서 돌아가며 진행한다. 이쯤 되면 더 소란스러워져서 복도를 지나던 교감선생님도 교사가 없는 줄 알고 문을 열어보기도 했다. 우리는 매우 신나게 놀고 있었다.

내 수업의 전제조건은 학생과 학생, 학생과 교사 간의 소통이다. 놀이나 일상 속에서 무엇을 잘못하면 '술래'가 된다는 부담이 있었다. '범피리범범' 활동에서는 '술래' 대신 '능력자'라고 표현하여 '틀려도 괜찮아'를 다시 한번 강조할 수 있다. 소극적인 성격의 학생들은 '능력자'가 되었을 때 규칙 바꾸기를 부담스러워 한다. 이때는 '그대로'를 외치고 규칙의 변동 없이 진행하면 되므로 누구나 부담 없이 참여할 수 있다.

# 3. 그룹 저글

'순열'과 '범피리범범' 활동으로 물리적·심리적 거리를 가깝게 하고, '규칙'을 지키는 것, 상대의 '동의'를 얻는 것을 익혔다면, 이 활동은 다른 사람의 '불편한 마음'을 존중하는 성교육의 기본을 자연스럽게 익히는 것을 목표로 한다.

앞의 두 활동과 달리 교사가 준비해야 할 물건도 있다. 맞아도 다치지 않을 작은 패브릭 인형 4~5개, 실물에 가까운 실리콘 재질의 뱀 인형이다. 손에 작은 패브릭 인형을 들고 시작한다.

"이번 활동은 원이 작을수록 유리한 활동이에요. 어깨가 닿을 정도로 가까이 서볼까요?"

'순열'과 '범피리범범'을 시작할 때보다 쉽게 원을 만들지만 가까이 서는 걸 어려워할 경우 처음부터 무리하지 않는다.

"여러분이 이번 학기를 건강하게 보내기를 바라는 마음으로 건강을 선물로 준비해서 이 인형에 빵빵하게 가득 담았습니다. 이 인형은 이제부터 '건강'이에요. 지금부터 선생님이 여러분에게 건강을 전달할게요. 우선 건너편에 있는 친구에게 전달할 건데, 그냥 던지면 누구에게 던지는지 모르니까 이름을 부를게요. '안녕, 영숙.' 하고 인형을 던질 거예요. '안녕' 하고 부르는 것이 좋을까요? '하이' 하고 부르는 것이 좋을까요? 아니면 '안녕'이나 '하이' 말고 더 좋은 용어가 있을까요?"

학생들과 어떻게 부를지 합의가 되면 인사와 이름을 외치며 인형을 건너편 학생에게 던진다. 그리고 묻는다.

"선생님의 마음을 담은 선물을 받은 학생은 어떤 마음이 들었나요?"

받은 학생뿐 아니라 주변 학생들도 대답한다. "고마운 마음이요."

그러면 받는 사람이 외칠 인사가 정해진다. "그렇죠. 그러니까 받을 때는 '고마워(또는 땡큐), 재정' 하며 받는 거예요."

이때 학생은 교사의 이름을 부른다는 것을 불편하게 생각할 수 있는데, 편하게 부르도록 한다. 놀이니까.

"선생님의 선물을 받아서 혼자 갖고 있으면 안 되겠죠? 다른 친구에게도 전달하면 좋겠죠? 자기 주변 친구 말고 건너편에 있는 친구에게 전달해주세요. 주기 전에는 '안녕, ○○' 하고 부른 후 던지고, 받는 사람은 '고마워, ○○' 하고 받는 겁니다."

이런 방식으로 모두에게 인형이 돌아갈 수 있도록 한 사람씩 주고받으며 마지막에 다시 교사에게 돌아올 때까지 한 바퀴를 돌린다. 끝으로 갈수록 "아직 못 받은 사람 있나요?" 확인하여 소외되는 학생이 없도록 한다.

이 활동을 시작할 때 친구 이름을 잊었다고 조심스럽게 말하는 경우가 있는데, 이럴 때는 공감하며 이름을 다시 물을 기회를 준다.

"이름 한 번 듣고 외우기는 어렵죠. 생각이 안 날 때는 물어보면 돼요. 모르는 것을 묻는 일은 부끄럽거나 잘못된 것이 아니에요."

학생 중에는 원형의 중앙을 가로질러 건너편에 가는 것을 부끄럽게 생각하는 경우가 있다. 모르는 것을 해결하는 과정이 부끄럽지 않도록 충분히 배려해준다.

한 바퀴를 다 돌리고 나면 방금 던졌던 순서를 기억하며 한 바퀴를 더 돌리자고 한다. 단, 떨어뜨리지 않도록 주의하고, 중간에 떨어지면 처음부터 다시 시작하는 것을 규칙으로 정한다. 참가하는 학생들의 수준에 맞춰 한두 번 정도 더 연습한다. 만일 학생들이 계속 떨어뜨려서 진행이 어렵다면 규칙을 완화하여 떨어뜨린 학생이 얼른 주워서 거기서부터 다시 시작하도록 한다. 가끔 과격하게 던지거나 상대가 받기 어렵게 던지는 학생이 있을 때는 선물을 주고받는 것이니 받는 사람이 잘 받을 수 있도록 다시 의미를 떠올리게 한다.

주고받기에 익숙해졌다면, 이제 인형 개수를 늘린다. 그리고 학생들과 의논하여 인형의 개수만큼 의미를 부여한다. 나는 주로 학생들이 받고 싶은 선물을 이야기해보자고 한다. '행복'과 같은 이야기가 나오기도 하고, '최신 폰'을 제안하기도 한다.

뱀 인형이 등장하면 분위기가 더욱 흥미로워진다.

"이 뱀 인형을 사용하려고 하는데 불편한 사람이 있을까요? 만일 한 사람이라도 불편하다고 하면 사용하지 않을게요."

어떤 학생들은 무섭다며 만지지도 못하거나 만져야 한다는 생각에 울기도 한다. 재미를 위해 사용하자고 우기는 학생도 나온다. 이때 '한 사람이라도 불편하면 사용할 수 없음'을 강조한다. '나'는 재미있을 수 있지만 다른 사람은 불편할 수 있는 마음을 존중하는 것, '나'의 불편한 마음을 편안하게 표현할 수 있는 것이 성교육의 시작이다. 교사도 뱀 인형 사용 여부를 결정하기에 앞서 의미를 부여하지 않도록 한다. 좋은 의미가 생기면 학생들은 사용하기 싫다고 말하기 어려워진다.

"이제부터 이 모든 선물을 여러분에게 드립니다. 아까 주고받은 순서를 잘 기억해서 그 순서대로 던져주세요. 인형을 줄 사람을 꼭 '안녕, ○○' 하고 불러서 눈이 마주치면 그때 던져야 해요."

인형은 한꺼번에 던지지 않는다. 첫번째 인형을 던진 후 그 인형이 서너 명의 학생을 거친 후 두번째 인형을 던진다. 그다음 인형들도 적절하게 간격을 두고 던진다. 그럼에도 인형이 여러 개 돌아가다보면 인형끼리 부딪쳐서 떨어지기도 한다. 이런 일이 발생했을 때 잠시 활동을 멈추고 처음부터 다시 시작할지, 떨어뜨린 사람이 얼른 주워서 계속 이어갈지 의견을 물어서 학생들의 의견을 반영하는데, 이는 '동의'와 '규칙'의 중요성을 익히게 하려는 의도이다.

인형을 던지며 학생들은 좀더 잘 주고받기 위해 점점 간격을 좁히고 그로 인해 원의 크기는 줄어든다. '안녕' '고마워' 하는 소리와 던지고 줍느라 분주한 움직임과 웃음소리로 교실이 소란하다. 그리고 어느새 내가 던졌던 인형이 모두 나에게 돌아왔다. 나는 활동을 멈추고 학생들에게 물었다.

"선생님이 여러분이 활동하는 것을 보니까 여러 번 인형을 떨어뜨렸는데 소중한 선물을 한 번이라도 덜 떨어뜨리면 좋겠죠? 어떻게 하면 덜 떨어뜨릴 수 있을까요?"

학생들은 대체적으로 다음처럼 답한다.

"받을 사람을 이름을 부른 후 눈을 마주친 후에 던져요." "받는 사람이 잘 받을 수 있도록 잘 던져줘요." "원을 더 작게 해서 던지지 않고 손에서 손으로 주고받아요."

어떤 의견도 무시하지 않고 실제로 해볼 기회를 준다. 미션을 주면 좀더 활기차게 참여할 수 있다. 한 번도 떨어뜨리지 않고 한 바퀴 돌기, 한 번도 떨어뜨리지 않고 한 바퀴 도는 데 걸리는 시간을 정하여 도전하기, 한 번도 떨어뜨리지 않고 돌릴 수 있는 인형의 개수 정하여 도전하기 등을 예로 들 수 있다.

친구를 소외시키거나 실수를 비난하거나 웃음거리로 만드는 것은 따돌림의 시작이고, 교실에서는 소통을 방해하는 요소이다. '한 사람도 소외되는 사람이 없도록 하며 실수해도 괜찮은 분위기를 조성하는 것'을 이 활동을 하는 교사는 계속 염두에 두어야 한다. 문제 해결 활동으로 넘어가 학급의 단합까지 이끄는 것은 덤이다.

무리하지 않아도 되지만, 분위기가 조성된다면 활동이 끝난 후 다음을 발문해보는 것도 좋다. 일종의 상담 활동으로 학생들을 파악하고, 그들 사이에 공감을 형성할 수 있기 때문이다.

- 인형을 주고받을 때 떨어뜨리지 않은 비결은 무엇이었나요?
- 주고받은 인형 선물 중에 가장 인상 깊었던 인형은 무엇이었나요?
- 놀이 전 후의 느낌은 어떻게 달라졌나요?

# 4. 해본 적 있나요

여러 활동을 통해 규칙과 동의, 존중 등을 익혔다면, 이 활동을 통해서는 자신의 경험을 공유하고 다른 사람과 공감하는 방법을 익힌다.

교실 가운데 공간을 비우고, 학생들에게 자기 의자를 가지고 나와 원을 만들고 앉게 한다. 원 가운데 바닥에는 밟아도 미끄러지지 않을 재질로 된 지름 20cm 내외의 고무판을 놓는다.

"원이 작을수록 유리해요. 원이 찌그러지면 멀리 있는 사람은 불리할 거예요."

이쯤 되면 지금껏 재미있게 놀았다고 생각하는 학생들은 의외로 순순하게 의자를 가지고 교실 가운데에 원을 만들고는 무엇을 할지 궁금한 표정으로 나를 바라본다.

학생들은 자기 의자를 가지고 나왔고 교사는 의자가 없으니 교사가 참가하면 의자가 하나 부족한 상태가 된다. 교사가 짧은 시간에 학생들과 물리적·심리적 거리를 줄이기에 가장 좋은 활동이니 함께 하기를 강력히 권한다. 단, 이런 활동이 불편한 교사라면 안전지도만 하고 학생들의 의자 중 하나를 뺀다.

"이번 활동은 '해본 적 있나요'라는 활동이에요. 능력자가 자기가 했던 경험 중 한 가지를 골라서 '○○ 해본 적 있나요?' 하고 물었을 때 앉아 있는 사람 중에 같은 경험을 한 사람들은 자리에서 일어나서 가운데에 있는 고무판을 밟고 자기가 앉았던 자리가 아닌 다른 자리로 가서 앉는 거예요. 의자가 하나 부족하니 남은 한 사람이 '능력자'가 되겠죠? 고무판을 밟지 않아도 반칙, 자기가 앉았던 자리에 다시 앉아도 반칙이에요. 그런 경우에는 가운데로 나와서 '능력자'가 되는 거예요."

아직 이해되지 않는다는 표정의 학생, 무엇을 물어볼지 궁금하다는 학생이 눈에 들어온다. 보통 나는 다시 길게 설명하는 대신 시범을 보인다. 그러면 단번에 이해한다.

"학교에 지각해본 적 있나요?"

나는 말이 끝나자마자 재빨리 빈 의자를 찾았고, 지각 경험이 있는 학생들도 재빨리 일어나 고무판을 밟고 빈자리를 찾아 앉았다. 자리에 앉지 못한 학생이 가운데에 남았다.

"새로운 능력자가 나왔네요."

한 번의 시범만으로 학생들은 완벽히 이해했다. 이 활동을 하면 1~2분 내에 열기가 뜨거워진다. 질문은 공개적으로 말해도 되는 것으로 하는 것이 좋다는 전제 조건을 붙이고, 일상적인 것에서 시작하는 것이 좋다. 무엇을 물어볼지 잠시 생각할 시간을 주고, 그사이 안전하게 활동을 마치기 위해 주의할 점을 일러준다. 나의 경우 보통 다음과 같은 것을 주의하라고 말한다. 교실 환경과 상황에 따라 더 추가할 수도 있다.

❶ 발판을 밟을 때 남의 발 밟지 않기.
❷ 친구 고무판 밟을 때와 의자에 앉을 때 친구 밀치기 없기.
❸ 의자에 앉을 때 너무 과격하게 앉아서 뒤로 넘어가지 않기.
❹ 미리 발을 뻗어 발판 가까이에 대고 기다리지 않기.

자신의 경험을 생각하기 어려워하는 학생도 있다. 그럴 때는 가장 흔한 질문을 준비하고 있다가 슬며시 알려줘도 된다. 예를 들면 '아침밥을 걸러본 적 있나요?' '숙제를 밀려본 적 있나요?' 같이 누구에게나 있을 법한 이야기.

학생들은 자리를 차지하고 앉았으면서도 "사실은 아까 나 발판을 안 밟았어." "사실은 이 자리 아까 앉았던 자리야." 하면서 스스로 일어나서 '능력자'가 되는 기현상을 보이기도 한다. 또는 친구들에게 묻고 싶은 경험이 있어서 빈자리를 서로 차지하지 않으려 하기도 한다.

기상천외한 경험들이 쏟아지며 때로는 활동 진행이 어려울 정도로 자신들의 경험에 대해 추가 설명하는 모습을 보일 때도 있다. 그럴 때는 억지로 활동을 진행하려 하지 말고 학생들이 경험과 감정을 충분히 나눌 수 있도록 한다. 공감과 경청을 실천하며 친밀도를 높이는 중이니까.

나의 수업 방식이 흥미롭지만, 그 의미가 무엇일지 고개를 갸우뚱할 수 있다. 첫 수업을 이렇게 시작하는 건, 학생들을 '소통'이라는 물통에 흠뻑 담갔다가 꺼내는 것과 같다.

성교육은 사람간의 관계 교육이다. 그중에서도 성적자기결정권은 반복하여 점층적으로 가르쳐야 하는 주요 개념으로, 특히 타인의 성적자기결정권을 침해하지 않기 위해서 관계, 소통, 평등, 존중, 동의 등은 반드시 가르쳐야 할 필수 가치다. 다만 이를 말로 가르치면 자칫 어른의 잔소리가 될 수 있으므로, 본격적인 성교육을 시작하기에 앞서 '협동 놀이' 속에서 자연스레 관계를 형성하며 소통하는 법을 배울 수 있도록 이끄는 것이다.

이때 교사는 학생들을 편견 없이 평등하게 존중으로 대하고, 활동 중에 사용하는 용어와 규칙 등에 대해 학생들에게 선택권을 주는 의미에서 의견을 물어 진행한다. 또 학생이 변형된 규칙을 제안할 때, 안전에 문제가 없다면 다른 학생들의 의견을 물어 반영한다. 어려운 개념이 많거나 긴 설명이 필요한 주제를 다루는 수업일수록 협동하여 미션을 해결하는 활동을 통해 자연스럽게 익히게 하면 좋다.

한 번의 수업으로 큰 변화를 기대하기는 어렵지만, 학생과의 라포르 형성은 포인트 적립과 같다고 생각하고, 첫 수업을 시작으로 매 수업 시간마다 알뜰살뜰 모아보자.

# 2강
## 학습자 파악

## 개요

성교육 시간에 학습자의 성의식에 도덕적 잣대를 엄격하게 들이대면 형식적인 수업이 되고, 자유롭게 익명성만을 보장하면 도가 지나친 성적 언행으로 같은 공간에 있는 학습자들이 불편함을 느낄 수 있다. 성교육 시간의 '그라운드 룰'은 다소 무거운 주제가 될 수 있지만 앞서 라포르 형성을 충분히 했다면 이를 믿고 진지하게 접근하자.

## 이 수업 후에 학습자는

청소년기 성적 발달에 따른 자신의 욕구를 이해하고 타인에게 불쾌감을 주지 않는 방법으로 표현할 수 있다.

## 주요 활동

| 1. 안전한 성교육 시간을 위한 약속 정하기 | |
|---|---|
| 시간 | 7분. |
| 준비물 | 교사: 없음.<br>학생: 없음. |
| 목적 | 성에 대해 자유롭게 이야기할 수 있는 안전한 환경 조성을 위해 학생들 스스로 규칙을 만든다. |
| 방식 | 1 교사는 솔직하고 안전한 성교육 시간이 되기 위해 어떤 약속이 필요할지 학생들에게 묻는다.<br>2 솔직한 이야기를 나누기 위해 익명 활동을 자주 할 것을 알린다.<br>3 교사가 생각하는 하지 말아야 할 것들을 예시와 함께 말한다.<br>　① 다른 사람의 이름을 특정하여 성 정체성이나 성적 지향 쓰지 않기.<br>　② 욕이나 혐오 표현 하지 않기. |

③ 질문에 대해 비난하거나 뒤에서 흉보지 않기.
④ 사적 영역 침범하지 않기.

## 2. 성 질문 솔직하게 쓰기

| | |
|---|---|
| **시간** | 5분. |
| **준비물** | 교사: A5 크기의 종이, 학생 수만큼의 컴퓨터용 사인펜, 바구니.<br>학생: 없음. |
| **목적** | 성 질문을 솔직하게 쓸 수 있는 안전한 환경을 조성하여 질문을 쓰도록 한다. |
| **방식** | **1** 교사는 A5 크기의 종이와 컴퓨터용 사인펜을 학생들에게 나눠준다.<br>**2** 학생들에게 각자 궁금한 것을 쓰라고 한다.<br>※ 이름이나 자기가 드러날 정보는 쓰지 않는 익명 활동이다.<br>※ 궁금한 것이 없다고 하면, 왜 궁금한 것이 없는지 쓰게 한다.<br>**3** 질문을 썼다면 종이를 완전히 구겨 공을 만들라고 한다.<br>※ 접는 방식으로 누군지 알 수 있으므로 공으로 만든다.<br>※ 어떤 것을 써야 할지 모르겠다고 하면 질문의 예시를 읽어주어도 좋다.<br>**4** 교사는 교실 중앙이나 앞에 빈 바구니를 놓고, 학생들은 공 모양으로 종이를 구긴 뒤 던져서 넣는다. |

## 3. 성 질문 읽기

| | |
|---|---|
| **시간** | 25분. |
| **준비물** | 교사: 질문을 적은 종이 공이 들어 있는 바구니.<br>학생: 의자. |
| **목적** | 교사는 학생들이 성에 대해 어떤 생각을 가지고 있는지 파악한다. 학생들은 질문을 읽고 답하며 자신과 타인이 얼마나 같고 다른지 알게 된다. |

| | |
|---|---|
| **방식** | 1 교실 가운데에 교사와 학생이 의자를 놓고 둥글게 모여 앉는다. |
| | 2 쪽지를 읽기 전 앞서 약속한 네 가지(44쪽 참고)를 떠올리게 한다. |
| | ※ 성적으로 불쾌한 내용이라면 읽지 않고 교사에게 넘겨준다는 약속을 추가한다. |
| | 3 한 명씩 바구니에 있는 종이 공을 펼쳐 질문을 읽는다. |
| | ※ 바구니는 쪽지를 읽고 나서 다음 사람에게 넘긴다. |
| | 4 질문에 답변하고 싶은 학생이 있는 경우 시간과 상황을 고려해 허락한다. |
| | ※ 열 명 이내로 답변할 수 있는 기회를 준다. |

| **4. 가장 기억에 남는 것과 그 이유 쓰기** ||
|---|---|
| **시간** | 5분. |
| **준비물** | 교사: A5 크기의 종이와 컴퓨터용 사인펜, 바구니.<br>학생: 없음. |
| **목적** | 학생들의 성에 대한 이해도를 파악하고 이후 수업에 반영한다. |
| **방식** | 1 교사는 학생들에게 종이와 컴퓨터용 사인펜을 다시 나눠준다.<br>2 학생들은 익명으로 오늘 수업 중 가장 기억에 남는 것과 질문을 종이에 자유롭게 쓴다.<br>3 학생들은 교탁에 놓인 바구니에 개별적으로 제출한다. |

# 진화하는 성 질문, 모여서 속닥속닥

앞으로 어떤 성교육 시간이 되길 바라는지 자유롭게 말해달라고 했다. 초등학교 때 성교육을 받은 경험이 있는 학생들은 실질적인 성교육을 원하면서도 성에 대한 자신의 생각을 솔직하게 표현하는 것을 불편해했다.

"솔직하게 말하면 나중에 '성 박사'라고 놀려요." "변태라고 '뒷담화'해서 솔직히 말하기 어려워요." "너무 야한 질문은 불편하기도 해요." "진짜 솔직하게 물어봐도 돼요?" "근데 요즘 야한 거 잘못 이야기하면 성희롱으로 걸릴 수도 있는데, 어디까지가 야한 질문이고 어디부터 성희롱인지 구분이 안 가요. 혹시 제가 잘 모르고 말하게 될까 봐 걱정돼요."

'야한 이야기와 성희롱의 구분 기준을 묻는 학생'이 성희롱 행위자로 미디어에 오르내리는 어른보다 훨씬 낫다. 온라인 매체가 발달하는 속도에 맞춰 성에 대한 학생들의 생각은 매년 다르다. '아기는 어떻게 생겨요?'부터 '강간당하고 싶어요'까지 한 교실에 있는 학생들의 성에 대한 스펙트럼도 더 넓어지고 있다. 지도할 학생들의 현 위치를 모르는 채로 시작하는 수업은 방향을 잃은 수업이다.

## 1. 안전한 성교육 시간을 위한 약속 정하기

"오늘부터 성교육을 할 건데, 여러분이 원하는 실질적인 성교육 시간이 되기 위해서는 몇 가지를 먼저 약속할 거예요. 어떤 약속이 필요할까요?"

나의 발문에 학생 중 한 명이 답했다.

"솔직하게 말해야 해요."

나는 학생에게 바로 공감해주었다. 솔직하게 말하는 것은 성교육에서 가장 중요하다. 하지만 학생들은 성 질문을 하는 것에 있어 다른 사람의 시선과 평가를 염려했다. 솔직한 이야기가 오가기 위해서 가장 좋은 장치는 '익명'으로 말하는 것이었다. 나는 이 장치를 활용해보기로 했다. 한편 익명으로 활동하게 되면 그에 따른 부작용도 있기 마련이었다. 그래서 '그라운드 룰'이 필요했다. 그라운드 룰이란 야구에서 유래한 용어로, 특정 상황에만 적용하는 규정을 의미한다. 성교육 시간은 다른 교과 시간과 다른 특수성이 있다. 학생들이 성에 대해 자유롭게 질문하고 대답하려면 수업 공간을 포함한 교육 공간이 안전한 곳이라고 생각해야 한다. 따라서 학생들이 원하는 실질적인 성교육을 함께 만들기 위해서는 그라운드 룰을 정해야 한다. 이것은 성희롱예방교육이기도 하다.

"솔직하게 이야기를 나누기 위해 익명 활동을 많이 하게 될 거예요. 그래서 익명 뒤에 숨어서 하지 말아야 할 것들이 있어요. 첫째, 다른 사람 이름을 특정하고 성 정체성이나 성적 지향에 관해 공개적으로 쓰는 것. 둘째, 욕이나 혐오 표현하는 것. 셋째, 질문에 대해 비난하거나 뒤에서 흉보는 것. 넷째, 사적 영역 침범하는 것. 이 네 가지는 앞으로 우리 수업 시간에 하지 않기로 해요."

익명으로 성 질문을 하는 쪽지 쓰기를 할 때나 패들렛 같은 온라인 소통 공간을 이용할 때 친구의 이름을 거론하며 성적 표현을 쓰는 사례가 꼭 등장한다. 예를 들면 '○○○는 레즈' '○○○은 게이' 같은. 따라서 이런 내용이 나오면 그 쪽지는 제외하고 수업하겠다고 말해야 한다. 설령 그 친구의 성 정체성이나 성적 지향이 사실이라고 할지라도 그것을 수업 시간에 공공연히 말할 필요가 없으며, 그 친구가 불편해지면 학교 폭력으로 신고될 수 있다는 점도 분명히 한다. 성 정체성이나 성적 지향을 비난하거나 놀리기 이전에 우리는 모두 존중받아야 하는 존재라는 것을 강조한다. 마지막으로 호기심 많은 학생이 성적 지향이나 성 정체성에 대해 끝까지 물어본다면 현재 학교 성교육 과정에서는 다룰 수 없는 주제임을 명확히 할 필요가 있다.

다음으로 교육 현장에서 교사가 욕이나 혐오 표현을 마주치는 빈

도는 생각보다 잦다. '씨발' 하고 수업 중에 툭 던지는 학생의 말을 들었을 때, 이전에는 다투는 일도 많았다. 보통 따져 물으면 "저 혼자 한 말이에요."라고 했다. 누군가 욕을 하면 교실 안의 교사와 학생들이 듣게 된다. 욕은 언어폭력이며, 어떤 갈등도 욕이나 폭력으로 해결할 수 없다. 감정을 상하게 해서 상황을 더 나쁘게 할 뿐이다. 하지만 수업 방식을 바꾸고 나서, 이제 나는 언제 저런 말을 들었는지 기억도 나지 않는다. 존중을 주니 존중으로 돌아왔다.

친구의 질문에 비난하거나 뒤에서 흉보는 일도 솔직한 성 질문을 제약하는 장벽이다. 본격적으로 수업을 시작하면 꼭 듣는 말이 있다. 바로 '○○○은 성 박사'. 몇몇 학생들이 특정 학생을 바라보며 하는 말이다. 이때 학생들의 장난쯤으로 생각하고 넘기면, 결국 학생들의 진솔한 이야기를 들을 기회를 잃게 된다.

"우리 반에서 나왔던 야한 질문을 다른 데 가서 소문내고 다니면 다음부터는 솔직하게 말하는 친구가 점점 줄어들 거예요. 그러면 진짜 재미없는 수업이 되겠지요? 또 여러분도 궁금한 것일 수도 있는데 차마 부끄러워서 말 못 할 수도 있거든요. 여러분 대신 물어봐준 고마운 친구라고 생각하세요." 내가 이렇게 말하자 한 학생이 물었다.

"조금 야한 질문인지, 불편한 질문인지 어떻게 구분해요?"

내가 주로 내어놓는 답은 '애매할 것 같으면 일단 정지!'다. 공개된 수업 시간에 말하지 말고 교사에게 개인적으로 찾아와서 물어보라고 했다. 진짜 몰라서 묻는 것에 대해 비난하지 않고 상담하겠다는 약속도 했다. 다른 사람에게 성적 불쾌감을 주는 말인지 아닌지만 판단할 수 있어도, 판단이 어려울 때 멈추기만 해도, 우리 사회의 수많은 성희롱 사건이 줄어들 것이다.

마지막으로 많이 등장하는 쪽지는 '○○○이 어제 야동 봤대요.' '○○○가 지난주에 키스했대요.' 하며 친구의 이야기를 하는 것이다. 오래 전 성교육 자료집 중에는 도입부에서 '이성 친구 있는 사람?' '야동 본적 있는 사람?' 같은 발문을 하는 자료들이 꽤 있었다. 이렇게 배운 학생들은 선생님들에게 '애인 있어요?' '섹스하면 어떤 기분이에요?' '애인과 진도 어디까지 나갔어요?' '첫날밤 얘기 들려주세요.' 하고 배운 대로 돌려주었다. 개인의 성에 대한 이야기는 사적 영역이다. 다른 사람의 개인적인 영역을 존중하는 것은 관계의 기본이다.

첫 시간과 달리 내가 '하지 말라'는 말만 계속하니 학생들은 약간 긴장했다. 하지만 오랜 시간 학생들과 진솔하게 수업을 이어가기 위해서는 꼭 필요한 단계다.

## 2. 성 질문 솔직하게 쓰기

질문을 쓸 수 있는 A5 정도 크기의 쪽지와 컴퓨터용 사인펜을 나눠주고, 솔직한 성 질문을 쓰는 시간을 갖는다. "넌 뭐 쓸 거야?" "나 뭐 쓸까?" "궁금한 게 없는데." "다 아는데." 하며 교실 여기저기서 속닥거림이 들려온다. 이때 안전한 성교육 시간을 만들기 위해서는 세심한 지도가 필요하다. 우선 글씨체가 드러날까 염려된다면 평소 사용하지 않는 손으로 써도 된다고 일러둔다. 다음으로 다 함께 둘러앉아 질문을 열어볼 것이니 각자 궁금한 것을 쓰라고 한다. 마지막으로 궁금한 것이 없다거나 다 안다고 하는 학생들에게는 '왜 궁금한 것이 없는지' '언제 다 알게 되었는지' 등을 쓰게 한다. 보통 궁금한 것이 없다는 학생들의 답은 '갑자기 쓰라고 하니 생각이 안 난다' '부모님이 대학 가서 생각하라고 했다' '아는 게 없어서 궁금한 게 없다' '쑥스럽다' '정말 솔직하게 물어보면 안 될 것 같다' 등이다. 즉, 다 아는 학생은 없었다. '대학 가면 성에 대해 누가 알려줄까, 자동으로 알게 되나.' 하는 생각이 스쳤다.

학생들이 질문을 쓰는 동안 나는 교실 중앙이나 교탁에 빈 바구니를 가져다뒀다. 다 쓴 학생들은 누가 쓴 건지 알아볼 수 없도록 완전히 구겨서 공을 만들어서 자기 자리에서 던져 바구니에 넣으라고 했다. 한 번에 골이 안 되면 주워서 넣어도 된다고 말했다. 처음에는 쪽지를 접어서 바구니에 넣게 했는데, 학생들은 신기하게도 접은 모양만 보고도 누가 쓴 쪽지인지 알아맞혔다. 쪽지를 누가 썼는지 알아맞히려는 학생들과 자기가 쓴 것이 아니라고 부인하는 학생들. 자기가 쓴 것이 들켜서 부끄러워 어쩔 줄 모르는 학생들을 보며 완전히 구겨서 공을 만들자고 하게 되었다. 이런 상황만 보아도 학생들이 성교육 시간에 '익명 활동'을 얼마나 원하는지 알 수 있다. 내가 한 것은 모두 같은 펜과 종이에 익명으로 적고 공처럼 구겨서 바구니에 던진다는 작은 변화였다. 그런데 그것만으로도 학생들의 마음 문을 활짝 열 수 있다.

# 학생들이 자주 하는 질문 모음

성 질문 쓰기를 할 때 아무것도 못 쓰고 있다면, 선배들은 이런 질문을 했다며 예시로 사용할 수 있다. 몇 가지 주제로 분리했고, 월경과 자위에 대한 질문은 3강과 6강에 별도로 정리했다. 교사로서 이 질문들에 어떻게 답하거나 대처할지 고민해보아도 좋다.

| 성 발달 | • 음경이 커서 고민이에요.<br>• 생식기에 털이 나니? |
|---|---|
| 연애 | • 여자 친구는 언제부터 사귀어야 좋나요?<br>• 연애하니? 모솔이니? |
| 성행동 | • 키스는 어떻게 하는 거?<br>• 청소년 때 이성 교제 단계는 어느 정도까지 나가야 하나요? |
| 성관계 | • 청소년이 관계하는 건 나쁜 게 아니라고 들었는데, 부모님한테 동의를 구하고 어디에서 하는 게 적절한가요?<br>• 저희 엄마 아빠도 성관계해서 나를 낳았나요? |
| 피임 | • 남자랑 성관계를 했을 때 아기를 안 낳을 방법이 있나요?<br>• 콘돔은 어디에 끼는 건가요? |
| 성매개감염병 | • 성관계를 해서 생길 수 있는 병에는 무엇이 있나요?<br>• 진짜 레즈면 이상한 병 걸리나요? |
| 음란물* | • 야동을 보는 건 자연스러운 건가요?<br>• 질 안에 오이를 넣었는데 어떻게 되나요? |
| 성적 지향과 성 정체성 | • 게이들은 서로 그거(섹스) 하나요? 하면 어떤 방식으로 하나요?<br>• SM이 뭐죠? |

\* '음란물'은 미성년자 출연물이 아니더라도 여자를 성적 대상화하는 '성착취물'이다. 표기에 대해서 많은 고민을 했으나 이 책에서는 대중적인 소통을 위해 '음란물'로 표기했다.

# 3. 성 질문 읽기

"재미난 이야기는 원래 옹기종기 모여 앉아 하는 거잖아요? 우리, 의자만 갖고 나와서 둥글게 모여 앉아요. 무릎이 닿을 정도로 가까이."

학생들은 한껏 들떠 상기된 얼굴이었다. 나도 그중에 한 자리를 차지하고 앉았다.

"지나가는 사람이 들을 것 같아요."

갑자기 한 학생이 일어나 열린 모든 문을 닫았다. 순서대로 돌아가면서 모두 읽을 건데도 서로 먼저 읽겠다고 소란스러워진다. 이럴 때는 교사를 기준으로 돌고, 앞 사람이 쪽지를 다 읽은 후 다음 사람에게 바구니를 넘기도록 한다. 쪽지를 읽기 전에 다음 사람에게 바구니를 넘기면 다음 사람이 자기가 뽑은 쪽지를 보느라고 다른 친구들의 쪽지를 읽는 것에 집중을 못 하기 때문이다.

"뽑았는데 자기 쪽지면 어떻게 해요?"

이럴 땐 교사가 대답하는 대신 학생들이 답하게 하는 것이 제일 좋다.

"자기 것이 아닌 척, 그냥 태연하게 읽거나 다른 것을 읽고 싶으면 다시 넣고 잘 섞은 다음에 다시 뽑아서 읽어요."

학생들은 이렇게 문제를 해결하는 방식을 알고 있다. 교사가 할 일은 앞으로 벌어질 일에 대해 예견하고 안전한 교실을 만들기 위해 준비하는 것이다. 이 활동을 안전하게 하기 위해서는 앞서 약속한 네 가지 그라운드 룰을 다시 떠올리게 한다.

"쪽지를 뽑았는데 성적으로 불쾌한 내용이라면 읽지 말고 선생님에게 넘겨주세요. 선생님에게 넘겨줄 때는 본인이 읽기 불편하니 선생님이 대신 읽어주기를 원하는지 또는 누구에게라도 성적인 불쾌감을 줄 수 있어서 읽지 않았으면 좋겠는지 의견을 말해주세요."

'이 정도는 괜찮은데'라는 생각이 드는 쪽지를 건네받아도 그 쪽지를 건넨 학생의 의견을 존중해준다. 성적으로 불쾌한 내용은 끝까지 아무도 읽지 않게 되므로 당사자는 알 수 있고 '다음부터는 주의할 것'이라고 믿고 있다. 믿고 또 믿어주면 결국은 그렇게 되었다. 불쾌함을 표현하는 것도, 타인의 불쾌함을 받아들이는 것도 연습이 필요하다. 때로는 좀 과하다 싶을 정도로 연습을 해야 일상에서 자연스레 할 수 있게 될 것이다. 우리 삶은 분절되어 있지 않다. 성희롱, 성폭력이 예고 없이 어디서나 일어나듯이 그 예방을 위한 교육도 성교육 시간 내내, 아니 학교 교육 과정 내에서 수도 없이 반복해야 한다.

학생들은 자기 차례가 되면 조금이라도 재미나거나 엉뚱한 질문을 뽑고 싶은 마음에 쪽지를 들었다 놓았다 한다. 나머지 학생들은 그 사이 참지 못하고 "야! 빨리 뽑아!" 하고 소리치지만, 자기 차례가 되면 앞사람과 같은 동작을 반복한다. 다른 친구가 질문을 읽을 때 자기가 쓴 것이 나오면 의도치 않게 깜짝 놀라며 "저거 내가 쓴 건데." 하고 밝혀서 웃음바다가 되기도 했다.

질문에 답하고 싶어하는 학생들도 있는데, 대답을 모두 허용했다가는 한 시간 안에 질문을 다 못 읽을 수도 있다. 학급당 학생 수를 고려하여 열 명 이내로 발표 기회를 준다. 바르게 아는 경우도 있고 잘

못 알고 있는 경우도 있다. 그 자리에서 '맞다' '틀리다' 하고 교사가 답하면 학생들이 입을 다물 수 있으니 판단은 미루자. 학생들이 친구들의 질문에 답변하는 내용도 중요한 수업 재료가 되므로 잘 듣고 수업이 끝난 후 기록해둔다. 학생들과의 상호작용 속에 수업이 가야 할 길이 보일 것이다. 학생들은 이 시간을 '30분을 3분으로 만드는 마법의 시간'이라고 표현했다.

질문 읽기를 마치면, 학생들이 적어낸 질문을 성교육 과정과 비교하여 분류하고, 관련 주제 수업 시간에 동기유발용 자료로 읽어준다. 또래의 이야기는 가장 강력한 동기유발제이다. 그래서 나의 성교육 시간에는 동기유발용 동영상이 없다.

## 4. 가장 기억에 남는 것과 그 이유 쓰기

보건실로 돌아와 접힌 쪽지를 펼쳐보니 청소년기 호르몬의 변화로 성에 대한 호기심에 적응을 못 하던 학생들이 안도했다는 걸 확인할 수 있었다. 학생들은 같은 궁금증을 가진 친구들이 많다는 것에 위로받았다고 했다. 성은 드러내어 말하기 어렵고, 성에 관한 말을 하면 변태 취급을 당하기 일쑤인데, 질문만 나눴음에도 '많은 것을 배웠다'라고 표현했다. 공감대가 형성된 학생들은 이어지는 수업 시간 동안 공동의 학습 목표 달성을 위해 강력한 힘을 발휘한다. 다음은 학생들이 직접 쓴 내용이다.

- 내가 궁금한 걸 알게 되었다.
- 친구들, 선생님과 모여서 이야기했다는 거 자체가 좋았다.
- 내가 성에 대해 궁금했던 게 애들도 궁금했다는 걸 알 수 있어서 좋았다.
- 자유로운 분위기가 재미있었다.
- 해방된 기분이었다.
- 얼굴이 빨개졌다.
- 공식적으로 성교육 시간에 구체적으로 배우지 않았는데 오늘 오픈된 이야기를 해서 좋았다.
- 애들이 겁나 당당하게 말해서 좋았다.

# 수업 시간에 불쾌한 질문이 나올 때

사전에 충분히 고지했음에도 학생들이 수업 시간에 돌아가면서 읽다보니 성행동에 대한 구체적인 질문이나 사적 질문, 성희롱과 같은 '선을 넘는 글'이 나올 수 있다. 학생 중 누군가 그 쪽지를 읽었을 때 그 자리에 있는 다른 학생들은 교사가 어떻게 대처하는지를 관심 있게 본다. '선을 넘는 글'은 익명 쪽지에 쓴 언어적 성희롱이다. 일단 성희롱의 개념과 판단 기준을 제시하고, 교사가 '성적 불쾌감'을 말로 표현한 후 그 자리에 있는 학생 중에 불쾌감을 느낀 학생이 있는지 묻거나 익명 쪽지에 적어내도록 한다.

성적으로 부적절한 언행을 하는 학생 중의 일부는 다른 사람들에게 '성적 굴욕감' 또는 '성적 수치심'을 일으키는 것을 목표로 하는 경우가 있다. 따라서 학생의 부적절한 언행으로 교사가 '굴욕감'이나 '수치심'을 느꼈다고 표현하는 것은 해당 학생의 의도가 달성되었음을 알려주는 꼴이다. 길을 걷던 중 행인이 내 뒤통수를 때렸을 때는 굴욕감이나 수치심을 느끼기보다 화가 나고 '불쾌감'을 느낀다. 성희롱도 마찬가지다. 굴욕감과 수치심은 심적으로 숨고 싶게 만들기 때문에 불쾌감으로 인식하도록 해야 적극적으로 대처할 힘이 생긴다.

# 3강
## 월경 이해

## 개요

여성 학습자는 월경 고민을, 남성 학습자는 월경에 대해 궁금한 점을 쓰고 그 답을 들은 다음 여성은 건강관리법을 익히고 남성은 여성에 대한 이해를 높인다.

## 이 수업 후에 학습자는

**1** 월경과 생리를 구분해서 말할 수 있다.
**2** 남성도 여성의 월경에 대해 알아야 하는 이유를 설명할 수 있다.

## 주요 활동

| 1. 월경 이해하기 | |
|---|---|
| 시간 | 10분. |
| 준비물 | 교사: 일회용 월경대, 면 월경대.<br>학생: 없음. |
| 목적 | 월경의 원래 이름을 찾아주고, 남성이 월경에 대해 알아야 하는 이유를 설명한다. |
| 방식 | **1** 월경대의 기원을 설명한다.<br>**2** 남성이 월경에 대해 알아야 하는 이유를 사회적 맥락과 개인적 상황을 바탕으로 설명한다.<br>**3** 월경의 바른 이름을 알려준다.<br>**4** 여성의 성적 발달에 대해 이해할 수 있도록 월경의 과정과 현상을 설명한다. |

## 2. 월경 고민 자랑과 무인 월드 카페

| | |
|---|---|
| **시간** | 25분. |
| **준비물** | 교사: A3 용지에 인쇄한 활동지(404쪽 참고), 재접착 메모지(또는 패들렛).<br>학생: 필기도구(또는 디지털 기기). |
| **목적** | 토론 방법의 하나인 월드 카페를 응용하여 월경에 대한 질문과 고민을 해결한다. |
| **방식** | **1** 5분 동안 자유롭게 월경으로 인한 불편함과 질문을 방송에 사연 보내듯 쓴다.<br>※ 또래가 상담자가 되어 댓글을 쓸 것이니 '공개해도 되는 내용'으로 쓰도록 한다.<br>**2** 학생들은 10분간 모둠을 이동하며 고민에 공감하거나 조언이 담긴 댓글을 쓴다.<br>**3** 학생들에게 베스트 사연과 댓글에 투표하도록 안내한다.<br>**4** 교사는 가장 많은 표를 받은 베스트 사연 세 개를 읽어준다.<br>**5** 가장 많은 표를 받은 베스트 댓글 세 개는 해당 댓글을 작성한 학생이 읽도록 기회를 준다. |

## 3. 가장 기억에 남는 내용과 이유 쓰기

| | |
|---|---|
| **시간** | 5분. |
| **준비물** | 교사: A5 크기의 종이와 컴퓨터용 사인펜, 바구니(또는 패들렛이나 온라인 설문폼).<br>학생: 없음(또는 디지털 기기). |
| **목적** | 학습자의 이해도를 파악하고 이후 수업에 반영한다. |
| **방식** | **1** 교사는 학생들에게 종이와 컴퓨터용 사인펜을 다시 나눠준다.<br>**2** 학생들은 익명으로 송이에 자유롭게 오늘 느낀 점과 기억에 남는 질문을 쓴다.<br>**3** 학생들은 교탁에 놓인 바구니에 개별적으로 제출한다. |

# 당당한 월경, 고민 자랑

남녀 합반 교실에서 처음으로 월경용품을 보여주며 설명할 때였다. 여학생들은 남학생 앞에서 월경 이야기하는 것 자체를 부끄러워했고, 일부 남학생들은 고개를 돌리고 외면하거나 아예 책상에 얼굴을 파묻고 엎드리기도 했다. 월경용품을 살펴보는 모둠 활동을 시작하자 어떤 남학생은 모둠에서 책상을 조금 빼서 떨어져 앉거나 자기 책상에 올라와 있는 월경용품에 손도 대지 못하고 '빨리 치우라'며 소리치기도 했다. 어떤 여학생은 "으, 선생님 안 돼요. 남학생 있는 데서 생리대라니요." 하며 민망해했다.

어느 날은 한 어머니가 보건실로 전화를 했다. 딸이 곧 월경을 할 텐데 부끄러워서 말을 못하겠으니 보건 수업 시간에 꼭 알려달라는 부탁이었다. 같은 여성인 어머니도 딸에게 월경을 가르치지 못한다면, 아버지 혼자 또는 조부모가 여아를 키우는 가정은 어떻게 할까?

앞으로 적어도 30~40년은 월경을 해야 하는 여학생들에게 월경에 대한 정확한 정보를 제공하고, 자기 몸을 부끄러워하지 않고, 당당하게 삶의 주인이 될 수 있도록 가르치고 싶었다. 그래서 수업을 시작하며 지난 시간, 학생들이 직접 써서 내놓은 월경에 관한 질문들을 따로 모아서 읽어주기로 했다.

"적당한 초경 시기 다섯 명, 끝나는 시기 두 명, 생리통 줄이는 방법 열두 명, 불규칙한 생리주기 열다섯 명, 생리와 키의 관계 여덟 명, 일회용 생리대 이외의 생리용품 열 명."

중복되는 게 제법 있었는데, 이때 반복하여 읽는 대신 비슷한 질문은 모아서 같은 질문을 몇 명이 했는지 알려주니 학생들 표정이 제법 진지해졌다. 답을 듣고 싶은 것이다.


## 1. 월경 이해하기

"남자가 왜 여성의 '월경'에 대해 알아야 해요?"

남녀 합반에서 월경 수업을 시작하면 남학생들이 꼭 하는 말이다. 월경 없이 태어난 인류는 없다. 월경에 대해 이해하는 것은 함께 살아가는 인류의 절반인 여성을 이해하고 존중하는 것의 시작이며 결국 남성 자신을 위하는 길이다. 나는 평소 인권 교육과 장애 이해 교육을 예로 들며, 그것이 자기 이외의 다른 사람의 입장과 어려움을 이해하고, 함께 살아가는 공동체, 시민으로 성장하기 위한 교육임을 설명했다.

그러나 이 정도로 이야기해서는 남학생들이 꿈나라로 가는 것을 막을 수 없다.

"여자들이 가장 많이 사용하는 일회용 월경대의 시작은 언제부터일까요?"

월경에 대해 이야기하기 꺼리는 여학생들과 관심 없는 남학생들로 인해 나의 질문에 교실에 침묵이 흘렀다.

"1차 세계 대전 때 부족했던 거즈의 대용품으로 만들어진 것이 셀루코튼Cellucotton인데, 당시 야전병원 간호사들이 사용한 것이 일회용 월경대의 시작이었어요."

월경대의 시작이 전쟁 중이었다는 말에 학생들은 솔깃했다. 이때를 놓치지 않고 일회용 월경대를 들고 물었다.

"지금 여러분이 보고 있는 이 월경대 회사의 대표님은 여자일까요? 남자일까요?"

학생들이 갸웃하며 작은 목소리로 "남자…" 하고 말끝을 흐렸다. 이번에는 면 월경대를 들어서 같은 질문을 했다. 학생들은 여전히 물음표를 머리에 띄운 채 자신 없는 목소리로 "남자?" 하고 대답했다.

"맞아요. 모두 남자예요. 월경혈에서 건강정보를 수집하는 월경컵을 만든 남자도 있고, 월경컵 소독기를 만든 남자도 있어요."

이쯤 되면 잠자는 남학생은 없다. '맞다! 나도 대표도 될 수 있고 발명가도 될 수 있지' 하는 얼굴로 살짝 미소를 지었다.

"월경용품과 관련된 회사의 직원들은 모두 여자일까요? 모든 월경용품에 들어가는 부자재, 예를 들면 일회용 월경대의 접착제, 탐폰

어플리케이터의 플라스틱, 월경컵의 실리콘 등을 만드는 회사에서는 여자만 채용해도 될까요? 지원 자격에 '남성 제외' 이렇게 쓰여 있다면 어떨까요?"

남학생들이 여기저기서 고개를 절레절레 흔들며 "안 돼요!"라고 답했다.

"여자를 위한 월경용품은 아기 기저귀, 노인을 위한 기저귀, 거동을 못하는 환자들의 위생용품과도 관련이 있어요. 또 환경 문제와도 연관되어 있어요. 사용 후 버려진 일회용 월경대를 태우면 1급 발암물질인 다이옥신과 기타 독성물질이 대기 중으로 배출되고, 땅에 묻을 경우 분해되려면 400~500년 정도가 걸린다고 해요."

결국 생리대는 전 인류의 건강과 밀접한 관계를 맺고 있다는 점을 강조하며, 이에 남녀 구분 없이 지혜를 모아야 한다고 말했다. 그러려면 월경에 대한 이해가 필요한 것은 당연했다. 학생들은 자기도 모르게 고개를 계속 끄덕이며 듣고 있었다. 학생들이 월경에 대해 알아야 하는 관점에 대해 납득하자, 이제 일상적으로 조명할 필요가 있었다.

"여러 이유로 아빠 혼자 딸을 키워야 할 수도 있어요. 딸이 월경을 하면 어떻게 할까요? 인터넷 검색해서 찾아보겠죠? 난생처음 월경용품 사러 가는 딸에게는 어떻게 해야 할까요? 주변에 도와줄 여자 어른이 없다면요? 소중하게 키운 딸이 초경할 때 '아빠는 남자라서 잘 모르니까 돈 줄 테니 마트에 혼자 가서 사거라' 하면 딸의 마음은 어떨까요? 그렇게 말하는 아빠의 마음은 어떨까요?"

한 남학생이 고개를 돌리고 얼굴을 일그러뜨리며 "마음 아플 거 같아요."라고 했다. 나는 그 대답을 놓치지 않고 이어서 말했다.

"남녀 구분 없이 인류의 건강에 도움이 되는 월경용품을 만들고, 여자 청소년을 키우는 어른은 누구라도 마트에 함께 가서 건강한 월경용품을 선택할 수 있어야 해요."

이쯤 되면 눈을 반짝이며 수업에 집중하는 학생들의 모습이 감동스럽기까지 했다. 마치 자신들도 인류 건강을 위해 무엇인가를 할 것 같은 얼굴이었다. 나는 마음속으로 '앗싸' 하고 외쳤다. 중2의 마음을 움직였다. 그것도 남학생 마음을!

이제 '월경' 용어를 바로 알려줄 타이밍이다. 학생들이 쓴 질문을 보면 '월경'이라는 말 대신 '생리'라는 표현이 압도적으로 많았다. 나는 칠판에 '생리'라고 썼다. 그리고 물었다.

"생리는 남자도 하는데, 남자는 생리 고민 없어요?"

내 질문에 학생들은 "네? 남자가 생리를 한다고요?" 하며 몹시 당황스러워했다. 칠판에 '대변, 소변, 방귀, 트림'을 쓰자 그제야 학생들은 "아." 하며 고개를 끄덕였다. 남녀가 공통으로 하는 생리현상에는 각자 고유의 이름이 있다. 그런데 왜 여자의 '생리'는 그냥 뭉뚱그려서 '생리'라고 표현하는지 의문을 던졌다. 학생 중 하나가 '창피해서'라고 말끝을 흐리며 대답했다.

그 말이 맞았다. 감춰야 하고, 창피하다는 인식 때문이었다.

"여자는 태어날 때부터 아기 난자를 갖고 태어나요. 사춘기가 되면 호르몬의 영향을 받아 난소에서 15~20개의 아기 난자를 키우는데 그중에서 한 달에 단 한 개의 난자만 크게 성장해요. 선별 과정을 거치는 거죠. 성숙한 난자가 난소로부터 '뿅' 하고 위대한 점프를 하며 나오는데, 이것을 배란이라고 해요. 여자 중에는 이때 배란통을 느끼는 사람도 있어요. 난관채가 점프한 난자를 얼른 낚아채 나팔관으로 이동시키고 난자는 점막을 따라 서서히 자궁 쪽으로 이동하면서 정자를 기다려요. 동시에 자궁도 내막 안쪽에 혈관을 증식시켜서 난자와 정자가 만난 수정란이 자리를 잡고 성장할 수 있도록 준비해요. 그러나 난자와 정자가 못 만나면 준비했던 자궁내막 조직을 허물어 배출하는 것이 월경이에요. 매달 태아를 위해 새로운 자리를 준비하는 거예요. 새로운 생명을 탄생시키기 위해 매달 새 자리를 준비하고 자신의 몸 일부를 허물어내는 결과물이 부끄럽고 더러운 것일까요? 여기 교실에 있는 여러분 모두는 어머니의 새 자궁내막에 자리 잡아 성장하고 태어난 사람이에요. 여러분이 거쳐 나온 그 자리는 허물어져 없어질 수도 있었던 자리예요. 그러면 우리는 '생리' 말고 어떤 표현을 사용할까요?"

이론적 설명을 마치고 학생들의 표정을 살폈다. 분명 나의 설명처럼 월경이 부끄럽거나 감춰야 하는 것이 아니라는 건 알겠지만, 그래도 자기 입으로 꺼내지는 못 하겠다는 표정이었다.

"'마법'에 걸렸다고 해요." "'그날'이라고도 해요."

아까부터 교사가 '월경'이라고 말을 하고 있는데도 이 용어를 말할 때면 유독 목소리가 작아지거나 안 나오기도 한다.

"대변, 소변, 기침, 재채기, 트림, 방귀 이런 것들도 모두 고유의 이름이 있잖아요? 기침할 때는 '기침한다', 재채기할 때는 '재채기한다',

이렇게 표현하지요. 밥 잘 먹고 트림하면서 '밥을 맛있게 먹었더니 생리가 나오네' 하는 사람 있나요? 기침하면서 '감기가 걸렸나? 생리가 나오네' 하는 사람 있나요?"

여기저기서 키득거리는 웃음소리와 함께 '생리가 나오네'를 따라하는 학생도 있었다.

여자에게만 일어나는 생리현상을 유독 부끄럽게 생각하는 것은 월경을 시작하는 사춘기 이후 여자가 자신을 부정적으로 바라보게 한다.

"오늘부터 '월경의 이름'을 찾아주기로 해요. 대소변도 이름도 있잖아요. 대소변은 잠시 참을 수라도 있지요. 월경은 참을 수도 없어요. 일단 시작하면 의지로 조절이 안 되고 울컥울컥 흘러내리잖아요. 1초도 참을 수 없잖아요."

한 남학생이 깜짝 놀라 눈을 동그랗게 뜨고 자기도 모르게 반쯤 일어났다.

"1초도 못 참는다고요? 그게 말이 돼요? 어떻게 그럴 수가 있어요?"

나는 내가 대답하는 대신 여학생들에게 답해달라고 했다. 여학생들은 입을 모아 "그걸 어떻게 참아요. 안 돼요. 못 참아요!"라고 했다. 한 여학생은 남학생들을 향해 "너네 그것도 몰랐어? 어떻게 그걸 모를수가 있어?" 하고 볼멘소리를 했다. 사방에서 웅성거리는 소리, 남녀모두, 어이없다는 목소리와 표정인데 그 분위기는 사뭇 달랐다. 성교육을 남녀가 함께 받아야 하는 이유다. 상대를 알아야 존중도 가능하기 때문이다. 대소변을 정상적으로 배출해야 건강하듯이 월경은 여성 건강의 척도이고 인류를 유지해온 뿌리다.

"선생님은 여러분이 편안하게 월경대를 사용할 수 있도록 항상 준비하고 있어요. 그리고 갑작스런 월경으로 속옷을 버렸어도 염려 말고 보건실에 찾아오세요. 일회용 속옷도 준비하고 있어요."

여학생들의 환호성과 함께 박수 소리가 교실을 채웠다. 갑작스런 월경으로 속옷을 버렸을 때 학교에서만큼은 안심해도 된다는 안도감이 보였다. 월경을 월경이라 소리 내어 불러볼 수 있는 얼굴이 얼마나 빛났는지! 수업 시작할 때 이렇게 용어를 정리하고 시작하면 그간 월경을 부끄럽게 생각해서 일어났던 일 같은 모든 사연이 공유된다.

## 2. 월경 고민 자랑과 무인 월드 카페

'병은 소문을 내라'고 했다. 월경이 '병'은 아니지만 의학적으로도 도움을 받기 어려운 한계가 있다. 자신의 고민을 털어놓고 공감과 조언을 얻고 베스트 사연을 선정하는 TV 프로그램인 〈대국민 토크쇼 안녕하세요〉에서 힌트를 얻어 월경 고민을 자랑하는 판을 벌였다. 시작할 때는 4~5명이 하나의 모둠을 이루도록 책상을 붙여 앉는다.

여학교에서는 모둠으로 앉아서 실명 활동을 하면 월경에 대한 자기 생각을 소곤소곤 나누고 서로 공감하며 즐겁게 활동하는 모습을 볼 수 있었다. 그런데 남녀 합반에서는 남학생들 앞에서 여학생들이 월경 고민을 실명으로 작성하는 것이 아예 불가능했다. 당당함도 좋지만 불편함을 감수하라고 강요하는 것도 적절하지 않다. 그래서 남녀 합반에서 수업을 한다면 익명 활동이 완벽히 보장되는 '패들렛' 사용을 권장한다. 학생들이 각자의 스마트폰이나 태블릿으로 참여할 수 있어서 이제는 대중화된 에듀테크 프로그램 중 하나이다. '띵커벨'이나 '퀴즈앤' 등 유사한 온라인 소통 공간이 많으니 편리한 것을 사용하면 된다. 코로나 시기 전후로 하여 디지털 기기 활용 수업은 교육부의 방침이기도 하다.

패들렛을 사용할 수 없는 환경이라면, 활동지를 배부하고 월경으로 인한 불편함, 질문을 방송에 사연 보내듯이 쓰도록 하면 된다. 또래가 상담자가 되어 댓글을 쓸 것이니 '공개해도 되는 내용'으로 쓰라고 한다. '익명' 또는 '실명'은 학생들과 상의해서 정한다.

고민 사연을 쓰는 동안 교사는 돌아다니며 학생들이 주고받는 대화를 경청하고 질문에 답을 하면서 댓글 쓰기용 재접착 메모지 더미를 각 모둠 책상 중앙에 올려주어 댓글 쓸 준비를 한다. 고민 사연 작성이 완료되면 모둠 내에서 먼저 댓글 쓰기를 한다. 사연을 오른쪽 또는 왼쪽으로 한 칸씩 보낸다. 댓글은 공감, 칭찬, 꿀팁 등을 쓰고, 욕과 비속어, 비난은 금지다.

사연을 읽다보면 평소 잘 몰랐던 친구에 대해 이해하게 되어 좋은 관계로 발전하기도 한다. 댓글을 쓰면서 작은 팁들을 나누기도 하여 교실은 점점 왁자지껄해진다. 모둠 내에서 댓글 쓰기가 끝나면 무인 월드 카페 활동을 한다.

월드 카페 활동이란 각 테이블마다 호스트와 주제가 있고 4~6명
이 앉아 카페와 같은 자유로운 분위기에서 이동하며 토론하는 방식이
다. 이를 응용하여 내가 개발한 활동인 '무인 월드 카페' 활동은 호스트
가 없고 다른 모둠으로 이동하며 사연을 읽고 댓글을 단다.

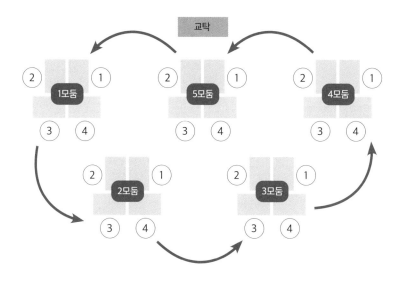

학생들이 무인 월드 카페 활동을 하는 동안 교사는 서로 다른 모
양의 스티커 한 세트를 각 책상 위에 모둠원 수만큼 올려둔다. 스티커
한 장은 읽은 사연 중 베스트 사연에, 다른 스티커 한 장은 베스트 댓
글에 붙일 예정이다. 모둠 활동을 할 때는 단계별로 명확히 제시하지
않으면 학생들이 우왕좌왕하게 되어 의미 있는 수업을 하고도 교사
와 학생 모두가 지치게 되고 수업 마무리가 안 될 수 있다. 따라서 교
사는 활동에서 낙오하는 학생들이 없도록 세심하게 살펴야 한다. 예

를 들면 '하트' 모양 스티커와 '병아리' 모양 스티커를 사용한다면, 모든 학생들이 한 바퀴를 돌아 자기 책상으로 돌아왔을 때, 교사는 '하트' 모양 스티커를 들어올리며 "여러분의 책상 위에 '하트' 모양 스티커와 '병아리' 모양 스티커를 한 세트씩 올려두었어요. '하트' 모양 스티커 먼저 들어볼까요?" 하고 묻고, 모든 학생들이 '하트' 스티커 드는 것을 확인한다.

"지금부터 베스트 사연을 뽑을 거예요. 조금 전까지 읽었던 친구들의 사연을 떠올려보고 '이 사연이 제일 고민이겠다' 싶은 사연에 가서 붙이고 오세요."

사연을 잊기 전에 베스트 사연 선정을 먼저 한다. 다 읽고 왔는데도 베스트 사연에 새로 붙은 댓글을 읽거나 붙은 댓글에 대댓글을 더 쓰고 싶어서 웅성거린다. 그럴 때는 댓글을 하나씩 더 쓸 수 있게 해도 된다.

추가 댓글을 더 쓴 학생들은 다시 자기 자리로 돌아와서 자기 고민 글에 '하트' 모양 스티커가 붙었는지 확인도 하고 친구들이 써준 댓글도 열심히 읽는다. 학급 분위기에 따라 어떤 반은 완전히 고요함 그 자체, 어떤 반은 시끌벅적 왁자지껄, 웃음소리가 가득했다.

"이번에는 여러분의 고민 글에 붙어 있는 댓글 중 베스트 댓글을 뽑을 거예요. '병아리' 모양 스티커를 들어볼까요?"

모든 학생들이 '병아리' 모양 스티커를 손에 드는 것을 확인한다.

"여러분의 글에 붙어 있는 댓글 중에서 내 마음에 쏙 들어온 '내맘 쏙' 댓글에 '병아리' 모양 스티커를 붙여주세요."

베스트 사연 스티커가 가장 많이 붙은 세 개 작품을 선정해 해당 학생이 뽑은 베스트 댓글을 발표한다. 베스트 댓글을 읽기 시작하면 해당 댓글을 쓴 학생의 얼굴에 미소가 번지며 기뻐하는 것을 볼 수 있었다.

자기 댓글도 읽어주기를 바라는 학생이 더 있는지 묻고 고민 사연자가 읽도록 한다. 열심히 적었으나 베스트 댓글로 뽑히지 못하는 학생들이 대부분이다. 이에 대한 설명이 필요하다.

"고민 글을 쓴 친구의 상황에 따라 마음에 닿는 정도가 다를 수 있어요. 여러분이 쓴 글이 오늘은 그 마음에 닿지 못했다 하더라도 고민자가 또 다른 상황에 처하면 오늘 여러분의 댓글이 큰 도움이 될 수 있어요. 친구의 고민에 공감하며 쓴 모든 글이 베스트 댓글이에요."

교사는 학생들의 질문 중 간단하게 즉답을 할 수 있는 것들은 빠르게 설명을 한다. 가장 많이 나오는 질문은 '월경통 완화 방법'이니 사전에 준비해서 반드시 설명해준다.

수업이 끝난 후 결과물을 걷어서 모두 살펴보면서 올바르게 아는 것과 잘못 알고 있는 것을 확인한다. 미해결 고민과 오류가 있는 부분은 다음 수업 시작할 때 5~10분 설명한다.

그동안 보았던 학생들의 사연과 댓글 중 기억에 남는 세 가지를 소개한다. 학생들은 교사가 짐작하는 것보다 현명한 방향을 제시하고, 좋은 질문과 답을 찾을 줄 안다. 학생들의 글을 보며 성 건강의 중요성과 인간의 발달 시기에 대해 제대로 된 정보를 전달해야겠다는 생각을 했다.

## 사연 1

언니가 월경을 하면 갑자기 욕하고 때리고 성질을 부립니다. 심부름도 시키고 막무가내예요. 세상에 자기만 월경하고 배 아픈 것 같고 자기만 짜증난다는 듯이 굽니다.

[댓글] 언니가 생리하는 날이면 최대한 언니를 마주치지 않는 것은 어떨까요? 님이 힘들더라도 언니의 기분을 최대한 맞추어주며 화가 나지 않게 하는 것이 좋을 것 같아요.

## 사연 2

저희 가족은 엄마, 아빠, 언니, 동생, 저로 구성되어 있습니다. 근데 월경하는 주기가 예를 들면 엄마는 3~7일, 언니는 10~17일, 저는 21~28일 이렇게 한 달을 채울 정도의 간격으로 해서 워터파크를 잘 못 가요. 엄마가 월경이 끝날 때 동생이 할 텐데 워터파크랑 찜질방 가고 싶어요.

[댓글] 공감합니다. 월경 때문에 워터파크 못 간 적 많아요. 흑. 어머님은 성인이시니까 생리 늦추는 약을 말씀드리는 건 어떨까요?

## 사연 3

제가 3월에 잠시 아팠는데 (열나고 기침) 그 뒤로 월경 양이 갑자기 완전 적어진 거예요. 원래는 하루에 오버나이트를 한 3~4번 정도 갈아야 될 정도로 많이 나왔는데 아픈 뒤로 팬티라이너 그 완전 얇고 작은 거를 하루에 1~2번 정도만 갈아도 충분할 정도로 양이 적어졌어요. 설마 막 커서 애기 못 낳거나 기형아 낳거나 그러는 거 아니죠? 저한테 좀 중요해서. 참고로 저는 초6에 한 10월 달쯤 시작했습니다.

[댓글] 저도 처음 시작했을 때와 지금 시기의 양이 달라요. 사람 몸에 따라서 다르지 않을까요? 정 많이 걱정되시면 병원에 가서 상담을 받아보세요. 제 생각에는 월경이 멈춘 게 아니라면 정상이라고 생각합니다. 횟팅!

# 3. 가장 기억에 남는 내용과 이유 쓰기

수업을 마무리하기 전에 학생들에게 오늘 배운 내용 중 수업을 통해 새롭게 알게 된 사실, 그로 인해 자신의 삶에 어떤 변화가 예상될지 등을 쓰도록 한다. 여학생들은 '그날'이 아닌 '월경'으로 당당하게 말할 수 있게 되었다는 이야기를 가장 많이 했고, 월경으로 인한 불안감이 사그라졌다는 소감을 썼다. 남학생들도 '생리'와 '월경'을 구분해서 말해야겠다는 것을 깨달았다는 이야기와 본인들이 생각했던 것보다 피가 더 많이 흐르며, 얼마나 힘든지 알게 되었다고 말했다. 무엇보다 월경에 대해 남녀 모두 알아야 한다는 것이라고 이야기했다. 이제 다음 수업을 할 준비가 되었다.

다음은 학생들이 직접 쓴 질문 내용이다. 중학교 1학년쯤 되면 여학생의 과반은 월경이 시작되어 자신의 경험을 바탕으로 구체적인 질문을 한다. 반면 남학생들이 가장 궁금해하는 것은 '얼마나 아픈가'이다. 패들렛을 이용하면 실시간으로 여학생들이 댓글로 답을 해주므로 또래들의 생생한 표현을 통해 이해할 수 있다.

- 남자 선생님께 월경통으로 보건실 가겠다고 말하기 어려워요.
- 수업 중에 갑자기 생리대가 많이 젖어서 화장실 다녀올 때 시간이 오래 걸리는데, 이때 남자 선생님께서 왜 이렇게 늦었느냐고 물어보면 대답하기 곤란해요.
- 월경할 때 왜 배가 아파요?

- 월경, 어떤 느낌이에요?
- 어느 정도 아픈가요? 월경통을 한마디로 표현해주세요.
- 저의 누나가 월경을 언제 하는지를 모르겠어요. 주기가 며칠 정도 되나요?
- 아직 월경을 안 했는데 만약에 월경할 때 월경대, 탐폰, 이런 거중에 어떤 걸 써야 적절할까요?
- 월경할 때 뛰면 아픈가요? 건들면 짜증날 정도로 아픈가요?
- 월경할 때 약을 안 먹을 수 없을 만큼 아파요. 하루에 4번은 먹는 거 같은데 어떻게 하면 약을 줄일 수 있을까요?
- 월경을 하면 아래쪽에서 쪼그만 덩어리 느낌이 나요. 왜 그런 걸까요?
- 월경할 때 뛰어다니면 몸에 해로운가요?
- 월경 중에 자위를 했는데 문제가 있나요?

# 4강

# 월경용품 이해와
# 성평등 언어 사용

체외형과 체내형 월경용품에 대해 설명하고, 처녀막 용어를 '질 입구 주름'으로 바로잡은 후 모둠별로 월경용품을 살펴본다.

## 이 수업 후에 학습자는

1 다양한 월경용품을 이해하고 선택과 사용법에 대해 설명할 수 있다.
2 불평등한 언어가 삶에 미치는 영향을 이해하고 성평등한 언어 사용 방안을 제시할 수 있다.

## 주요 활동

| 1. 월경용품 설명 | |
|---|---|
| 시간 | 20분. |
| 준비물 | 교사: 월경용품 교구 세트.<br>※ 세트 개수는 학생 수에 맞춰 준비한다.<br>1 체외형 월경용품<br>• 일회용 월경대: 순면, 순면커버, 유기농 등 다양한 종류, 제품 포장지.<br>• 면 월경대: 팬티라이너, 소형, 중형, 대형, 오버나이트 등 사이즈별로 준비.<br>• 월경 팬티(위생 팬티 아님).<br>2 체내형 월경용품<br>• 탐폰: 사이즈별(레귤러, 슈퍼)로 제품 포장지와 함께 준비.<br>• 월경컵: 다양한 모양을 사이즈별(라지, 스몰)로 준비, 월경컵 사용 설명서.<br>3 여성 생식기 측면 모형 또는 측면 단면도. |

| | |
|---|---|
| | **4** 가위, 교구 세트 파우치, 200cc 플라스틱컵, 쓰레기 처리용 비닐 봉투.<br>학생: 없음. |
| **목적** | 다양한 월경용품에 대한 이해를 높인다. |
| **방식** | **1** 교사는 월경용품 교구 세트를 교탁에 모두 꺼내 펼쳐둔다.<br>**2** 체외형 월경용품을 하나씩 보여주고 장단점과 특징을 설명한다.<br>※ 안전한 월경대 선택 기준을 알려준다.<br>**3** 체내형 월경용품을 하나씩 보여주고 장단점과 특징을 알아본다. |

## 2. '처녀막'의 진짜 이름 찾기

| | |
|---|---|
| **시간** | 5분. |
| **준비물** | 교사: 없음.<br>학생: 없음. |
| **목적** | 체내형 월경용품 설명 시 '처녀막' 용어의 성 불평등 의미를 알려주고 '질 입구 주름'으로 바로잡는다. |
| **방식** | **1** 다양한 질 입구 주름을 그리며 사람의 얼굴처럼 모두 다르게 생겼다는 것을 설명한다.<br>**2** 사전에 '처녀막'이 '질 입구 주름의 전 용어'로 정의되어 있으니 의식의 전환이 필요하다는 것을 안내한다.<br>**3** 질 입구 주름과 여성의 몸에 대한 자기결정권을 침해하는 사례를 소개한다. |

## 3. 월경용품 살펴보기

| | |
|---|---|
| **시간** | 20분. |
| **준비물** | 교사: 월경용품 교구 세트, 활동지(405쪽 참고).<br>학생: 필기도구. |

| 목적 | 월경용품을 직접 만져보면서 연령대와 월경주기에 맞는 건강한 용품을 선택할 수 있도록 한다. |
|------|------|
| 방식 | 1 학생들은 모둠별로 앉는다.<br>2 교사는 월경용품 교구 세트를 모둠 구성원 수에 맞춰 모둠별로 배부하고, 활동지는 개별로 나눠준다.<br>3 월경용품 교구 세트에 담긴 용품들의 이름과 활동 방법에 대해 안내한다.<br>4 학생들은 활동지에 근거하여 월경용품을 관찰 후 개별 활동지를 작성하여 교사에게 제출한다. |

### 4. 가장 기억에 남는 것과 그 이유 쓰기

| 시간 | 5분. |
|------|------|
| 준비물 | 교사: A5 크기의 종이, 컴퓨터용 사인펜, 바구니(또는 패들렛이나 온라인 설문폼)<br>학생: 없음(또는 디지털 기기) |
| 목적 | 학습자의 이해도를 파악하고 이후 수업에 반영한다. |
| 방식 | 1 교사는 학생들에게 종이와 컴퓨터용 사인펜을 다시 나눠준다.<br>2 학생들은 익명으로 오늘 수업 중 가장 기억에 남는 것과 질문을 종이에 자유롭게 쓴다.<br>3 학생들은 교탁에 놓인 바구니에 개별적으로 제출한다. |

# 처녀막 보존을 위해 사용 금지된
# 월경용품이 있다고?

"어떤 생리대 써야 해요?"

　2017년에 월경대 유해물질 파동이 일어났고, 학생들이 연일 보건교사인 나를 찾아와 안전한 월경대를 추천해달라고 했다. 이즈음 '생리컵은 신세계'라는 이야기를 들은 학생들이 비싼 새 제품 대신 '중고'를 온라인 마켓에서 사겠다고 하여 나에게 충격을 안겼다. 2018년 10월에는 월경대 전성분표시제가 의무화되었다. 2019년, 선배가 초경을 앞둔 후배에게 월경용품을 추천하는 글쓰기 수업을 시작했다. 대다수 학생들이 월경대 유해물질 파동에도 불구하고 별다른 고민 없이 엄마가 쓰던 것, 싼 것을 선택한다는 사실을 알게 되었다. 나 또한 그렇게 살아왔지만 다양한 월경용품이 존재하는 이 시대의 여학생들에게만큼은 월경용품에 관한 제대로 된 정보를 제공해야겠다고 생각하게 된 계기였다.

"오늘은 월경용품을 살펴볼 거예요. 그전에 여러분이 '성 질문 쓰기'와 '월경 고민 자랑' 수업 때 어떤 질문을 했는지 먼저 살펴볼게요."

'월경대 가는 기준이 있나요?' '엄마가 탐폰은 처녀막이 파열될 수 있으니 결혼한 다음에 써야 한다던데.' '학교에서 월경컵을 쓰는 게 부끄러워요.' '월경대 사이즈 선택은 어떻게 하나요?' 등을 포함해 여러 이야기를 소개했다. 학생들은 본인이 했던 질문이 있는지, 다른 친구들은 무엇을 궁금해하는지, 평소 궁금했던 이야기가 있는지 등에 관심을 보였다. 이전 수업에서 왜 남자도 월경과 월경용품에 대해 알아야 하는지, 여자가 월경으로 어떤 어려움을 겪는지 배웠기 때문인지 남학생들도 호기심 어린 표정으로 들었다.

## 1. 월경용품 설명

나는 준비해온 '월경용품 교구 세트'를 교탁에 쭉 펼쳤다. 수업 중 교구를 찾느라 파우치를 뒤적거리면 수업 흐름이 끊어질 수 있고, 무엇보다 이 행동만으로도 학생들의 호기심이 폭발한다. 교실 뒤편에 앉아 있는 학생들은 조금이라도 더 잘 보려고 허리를 곧게 펴고 고개를 쭉 뺐다.

"피부 표피에 바르는 화장품은 피부 타입과 성분 따져서 신체 부위별로 사지요? 월경용품은 표피보다 더 민감한 외음부 점막에 직접 닿는 물건이에요. 점막이란 콧속, 입속과 같은 상태예요. 어떤 물질이 닿았을 때 바로 혈관을 통해 우리 몸속으로 흡수될 수 있으니 화장품보다 더 깐깐하게 따져보고 사야 해요. 보통 엄마가 사용하던 것 그대로 사용할 때가 많은데 그렇더라도 제품의 안전성에 대해 알고 써야겠지요?"

월경용품 교구 세트를 먼저 배부 후 설명하면 학생들이 교구를 살펴보느라 교사의 설명에 집중하기 어렵다. 교사가 먼저 월경용품을 하나씩 들어 보이며 설명한 후, 모둠별로 교구를 배부하는 것이 좋다.

이때 남학생 몇 명이 불쑥 끼어들며 "화장품은 다 똑같은 거 아니에요?" "한 가지만 바르는 거 아니었어요?"라고 물었다. 그러자 여학생들이 "야, 얼굴, 몸, 손에 바르는 거 다 달라."라며 '어떻게 그런 걸 모를 수 있지?' 하는 표정으로 대답했다. 남학생들은 이 말을 듣고 이해가 안 간다는 표정으로 갸우뚱 갸우뚱. 그 모습에 몇몇 여학생들이 키득거렸다.

"월경용품은 속옷에 붙여서 사용하는 체외형과 질 속에 넣어서 사용하는 체내형으로 나눌 수 있고, 한 번 쓰고 버리는 일회용과 씻거나 세탁해서 재사용할 수 있는 다회용으로 나눌 수 있어요. 체외형은 패드 형태가 대부분이에요."

학생들에게 가장 익숙한 일회용 월경대 하나를 뜯어서 사용 방법을 알려주었다. 사용 후 폐기하는 방법도 설명했다. 이때 '여자가 칠칠치 못하게' 같은 성역할 고정관념을 표현하지 않도록 주의한다.

"대변 배설물이 그대로 드러난 채로 화장실 쓰레기통에 버려진 휴지를 본 적 있죠? 그때 기분 어땠어요?"

남학생 한 명이 일그러진 표정을 지으며 얼굴을 옆으로 돌렸다.

"파리 같은 해충들이 꼬일 수 있고, 나의 배설물로 인해 다른 사람에게 불쾌감이 생길 수 있으니 잘 감싸서 버리는 것은 화장실 사용 에티켓이에요."

이어서 일회용 월경대의 안전성에 대한 설명을 하기 위해 면 월경대를 들어올렸다. "이 면 월경대에 비해서 일회용 월경대는 흡수체의 종류에 따라 열 배에서 천 배 가까이 월경혈을 흡수할 수 있기 때문에 월경혈이 새어나올 염려가 적어요. 새어나올 염려가 적을수록 좋을까요?" 면 월경대를 내려놓고 일회용 월경대를 들어올렸다.

질문을 던지자 고개를 갸웃하는 학생, 눈치껏 "아니요." 대답하는 학생들이 여기저기서 보인다. 학생들의 궁금증은 바로 해소해준다.

일회용 월경대에는 수백 종의 화학물질이 포함되어 있는데 그 유해성이 아직 다 밝혀지지 않았다. 각각의 물질이 인체에 미치는 영향은 아주 적지만 물질들이 섞였을 때 화학 반응을 일으킬 수도 있다. 이런 물질들이 월경혈과 화학반응을 일으켜 냄새의 원인이 되고 피부병을 일으켜 외음부 간지럼증의 원인이 되기도 한다. 좋은 향기가 나는 월경대는 향기를 위한 화학물질이 더 첨가된 제품이다. 그런 월경대는 월경혈이 안 묻은 새 제품일 때는 좋은 향기가 나지만 월경혈이 묻은 다음에는 추가된 향기 물질 때문에 냄새가 더 난다. 이런 화학물질에 오랫동안 노출되면 암이 발생할 수도 있다고 한다. 학생들 중에는 냄새에 민감하여 향이 나는 월경대를 사용하는 경우가 많은데, 이 수업 이후에는 좀더 안전한 선택을 한다.

"손가락이나 무릎을 다쳤을 때 피가 나죠? 그때는 출혈되는 양도 적고 외부로 노출되어 냄새가 날아가니까 피 냄새가 나는지 잘 모를 거예요. 다쳤을 때 나는 피와 월경혈의 구성 성분이 좀 다르기는 하지만 냄새는 거의 비슷해요. 월경혈은 따뜻한 체온 속에 장시간 고여 있고 소변도 조금씩 묻으니 아무리 깨끗이 관리해도 세균 번식이 일어나서 냄새가 더 나요. 그러니 아무리 양이 적어도 생식기 건강관리를 위해 서너 시간마다 바꿔주는 것이 좋아요. 학교 화장실에서 패드 바꾸는 것이 불편하다고 오버나이트 하나로 학교에 있는 내내 사용하는 경우가 있는데 그것은 생식기 건강을 위해 절대 안 되는 일이에요."

이쯤 되면 냄새를 어떻게 해야 할지 모르겠다는 표정이 여학생들의 얼굴을 스친다. 따라서 피가 나니까 피 냄새가 나는 것이므로 부끄러워할 필요가 없다는 것을 강조한다. 납득하지 못하는 남학생들을 위해 '운동하고 나면 땀 냄새가 나지만 다들 이해하지 않느냐'라는 말과 함께.

일회용 월경대에도 사용기한이 있다. 그런데 이를 모르고 저렴할 때 사서 쟁였다가 사용기한이 지난 일회용 월경대를 쓰는 경우도 적지 않다. 따라서 사용기한이 지난 일회용 월경대는 사용하지 않은 것이라도 세균이 증식하여 피부 트러블을 일으킬 수 있으니 사용하면 안 된다고 주의를 준다.

문제는 사용기한이 상품 겉포장지에만 있다는 점이다. 그래서 학생들에게 일회용 월경대를 보관할 때는 꼭 겉포장지와 함께 보관하라고 일렀다. 유명 월경대 제조사 회의에 참석할 기회가 있어서 낱개 포장에도 사용기한을 표기해달라고 건의한 적이 있는데 몇 년이 지난 지금도 낱개 포장에 표기를 하지 않고 있다. 이런 작은 일에도 여러 사람이 목소리를 합쳐야 하는 걸까?

일회용 월경대를 사용하는 방법에 대해 익혔으니, 이제 일회용 월경대에 대해 알아볼 차례다. 처음에는 전성분을 꼼꼼하게 보는 법을 가르치려고 제품 포장지를 살펴보고 제조사 홈페이지에 들어가고 식약처도 방문했다. 그러나 당시에는 전성분이 표시되어 있지도 않았고, 그나마 표시된 것도 기능 위주였다. 간호학을 전공한 나도 듣도 보도 못한 화학물질이 대부분이었다. 현실적으로 학생들을 이해시킬 수 없었다. 그래서 좀더 대범한 방법을 생각해냈다.

내 손에 일회용 월경대와 가위가 들리자 학생들은 '헉' 하는 소리를 내며 "잘라요?" 하고 물었다. 월경대를 가위로 자른다는 것은 생각도 못 했나 보다. 자른 월경대 솜을 살살 뜯어내고 흡수체를 분리해서 보여주었다. 놀란 토끼 눈의 학생들. '월경대 안에 저런 것이 들었다고?' 하는 눈치였다.

이제 면 월경대를 살펴본다. 면 월경대는 크기를 비교해서 보여주기 위해 겹쳐 들었다. 외출 시 사용법, 세탁법 등을 설명했다. 세탁 후 핏자국 때문에 염려하는 학생들이 있어서 부연 설명이 꼭 필요하다.

"세탁해도 핏자국이 조금 남는다고 걱정하지 마세요. 사용할 때 남에게 보여주는 물건이 아니잖아요. 집 안에서 널어 말릴 때 남자 가족이 볼까 감출 필요도 없어요. 매월 여자가 흘렸던 월경혈의 희생 없이 태어난 사람은 없어요. 세탁 후에 남아 있는 커피 얼룩, 김칫국물

얼룩에 비하면 훨씬 거룩한 얼룩이에요. 여러분 손가락에 났던 피가 옷에 묻어서 세탁 후에도 얼룩이 남아 있으면 부끄러웠어요?"

학생들은 나의 말뜻을 이해하고 고개를 끄덕였다. 이외에도 속옷 일체형인 월경 팬티도 소개했으며 안전한 월경대를 선택하는 기준을 정리하는 것을 끝으로 체외형 월경용품에 대한 설명을 마쳤다.

### 안전한 월경대 선택 기준

- 향료가 들어 있는 제품은 피한다.
- 방수층(필름)이 들어 있는 면 월경대는 삶아서 사용한다.
- 팬티라이너 사용을 줄이거나 면 제품을 사용한다.
- 월경대 부작용이 있는 경우 전문의와 상담하거나 제조업체에 불편사항을 접수하여 관련 기록이 누적되도록 한다.

이번에는 체내형 월경용품에 대해 살펴볼 차례이다. 엄마와 언니, 본인의 월경 기간이 서로 달라서 온 가족이 물놀이를 못 갔다는 월경 고민 자랑 때 나왔던 사연을 꺼냈다.

"질은 항상 열려 있는 상태가 아니고 손바닥을 맞대고 합장하고 있는 것처럼 점막이 서로 맞닿아 있는 상태라서 물놀이를 할 때 체내형 월경용품을 사용할 수 있어요." 나는 손을 맞대어 합장하여 보여주며 학생들이 상상할 수 있게 도왔다. 그러고는 월경컵과 탐폰을 꺼내 들었다.

"이 두 가지가 질 안에 삽입해 사용하는 체내형 월경용품이에요.

월경컵은 세척하거나 소독하여 다시 사용할 수 있고, 탐폰은 한 번 사용 후 버려요."

먼저 두 가지 사이즈의 탐폰을 들어 보여주며 설명했다. 탐폰은 월경량에 맞춰 레귤러나 슈퍼 사이즈 중 선택하며, 사용기한을 확인한 다음 손을 씻고 사용해야 하고, 한번 개봉한 탐폰은 사용하지 않았더라도 폐기해야 한다는 점을 알려줬다. 삽입 방법에 대해 설명할 때 여성 생식기 측면 모형이나 단면도를 준비해서 후방 사선으로 삽입하는 시범을 보였다. 탐폰은 여학생들이 가장 사용해보고 싶어하는 용품이고 남학생들은 대부분 처음 보는 물건이라 모두 집중해서 잘 듣는다.

"실이 끊어지거나 안으로 들어갔을 때에는 손가락을 넣어 억지로 찾으려 하지 말고 병원에 가서 제거해야 해요." 하고 말하자 학생들은 얼굴을 찡그리며 불편한 표정을 지었다.

"월경 기간 외음부는 예민하고 질 안은 평소보다 세균감염에 취약한 상태라 물놀이하거나 욕조에서 목욕하는 것을 피하는 게 좋지만 부득이 물놀이를 가야 한다면 탐폰을 사용할 수 있어요."

이때 세균감염 위험을 줄이기 위해 물놀이는 두 시간 이내로 하고, 탐폰에 달린 실이 물에 오염되니 물놀이가 끝나면 바로 교체해야 한다는 것도 숙지시켜야 한다. 물놀이뿐만이 아니라 평소에도 여덟 시간 이상 사용하면 포도상구균에 의한 급성 독성쇼크증후군toxic shock syndrome(TSS)이 발생할 수 있으니, 사용 중 심한 고열, 저혈압, 구토, 복통, 설사, 발진 등 독성쇼크증후군이 의심된다면 바로 탐폰을 제거하고 병원을 방문하도록 일러준다. 이때 남학생이 질문을 했다.

"여덟 시간 이상 사용하면 안 된다니, 잘 때는 사용하면 안 되겠네요?"

"와우, 최고예요! 선생님 설명을 그렇게 찰떡같이 이해했다니!"

'양손 엄지 척' 폭풍 칭찬을 해준 후 학생들 호기심이 최대로 폭발하는 월경컵으로 넘어갔다. 월경용품 수업의 클라이맥스다. 다양한 모양의 월경컵을 하나씩 들어서 보여주며 "왜 이렇게 모양이 서로 다를까요?" 하고 물었다.

학생들은 눈을 반짝이며 더 잘 보려고 엉덩이를 들썩였다. 여태껏 월경용품에 대해 들은 설명을 바탕으로 추정해서는 "월경량에 따라 모양이 달라요?" 질문하듯 답했다.

월경컵은 다른 월경용품과 달리 월경량 뿐만 아니라 질 형태에 맞는 것을 사용한다. 사람들의 생김새가 모두 다르듯 질의 모양과 깊이도 사람마다 모두 다르다. 그래서 월경컵을 쓰기에 앞서 먼저 손을 깨끗이 씻고 질 안에 손가락을 넣어 머릿속에 그림을 그리며 자궁경부까지의 깊이와 형태를 탐색해야 한다. 손톱이나 손톱 장식 등으로 질 내부에 상처가 생기지 않도록 미리 정리해야 한다는 것은 학생들에게 꼭 말해준다. 월경컵이 너무 작으면 월경혈이 새어나오고 너무 크거나 형태가 맞지 않으면 이물감과 압박감이 있어서 사용이 어렵다.

"월경컵을 사서 써봤는데 사이즈가 안 맞거나 소재에 따라 알레르기가 있을 수도 있어요. 이럴 때 돈을 좀 아낄 요량으로 이런 행동을 하는 사람들이 있어요. 어떤 행동일까요?"

학생들이 눈을 동그랗게 뜨며, "설마 '당근'?" 하고 말했다.

"맞아요. 중고 거래를 할 수 있는 온라인 마켓에 판매하는 경우가 있는데, 열탕 소독으로도 죽지 않는 세균도 있으니 중고로 팔아도 안 되고, 궁금하다고, 싸다고 중고로 사도 안 돼요."

월경컵을 중고로 샀다는 학생들이 잊히지 않아 내가 매번 강조하는 부분이다. 앞서 소개한 탐폰과 마찬가지로 사용 전 손 씻기, 접는 방법, 삽입하는 방법을 말해줬다.

"삽입 후에는 질 점막과 밀착되어 진공이 잘되었는지 확인하고 제거할 때는 월경컵 아래쪽을 살짝 눌러 진공을 풀고 살살 돌려서 빼요."

월경컵 사용 시에도 탐폰과 같이 독성쇼크증후군 발생 보고가 있으니 주의사항, 증상, 대처법을 알려준다.

학생들이 가장 궁금해 하는 것은 '청소년이 사용해도 되는가'이다. 월경컵 제품에 동봉된 사용설명서를 펼쳐서 그대로 읽어주고 학생 수의 두 배만큼 준비한 교구 세트에도 같은 사용설명서를 넣어서 학생들이 직접 확인할 수 있도록 한다. 사용설명서에는 "성장 발달의 속도는 개인차가 있어서 성장 발달이 완성될 때까지는 질 내에 삽입하여 사용하는 월경컵의 사용을 피하는 것이 좋다."[*]라고 쓰여 있다.

여기까지 설명하고 나면 여학생들은 불편하게만 생각하던 월경 기간 동안 선택할 수 있는 다양한 제품들이 있다는 것에 다소 편안한 얼굴이 된다. 남학생들은 민망하게만 생각하던 월경용품을 조금은 편안한 눈빛으로 바라본다. 그럼에도 불구하고 '처녀막'이라는 거대한 장벽이 여학생들이 체내형 월경용품을 선뜻 선택하는 것을 가로막고

---

＊　Luna cup, 〈월경컵 입문자를 위한 월경컵 tmi〉 (lunacup.co.kr/Book).

있다. 이때가 대표적인 성 불평등 용어인 '처녀막'을 '질 입구 주름'으로 바로잡을 타이밍이니 자연스럽게 화제를 질 입구 주름으로 전환한다.

## 2. '처녀막'의 진짜 이름 찾기

"체내형 월경용품을 사용하면 처녀막이 파열될까 염려하는 사람들이 있죠?"

처녀막은 질 입구에 있는 주름 또는 막 모양의 조직으로, 사람들의 얼굴이 모두 다르게 생긴 것처럼 사람의 모든 신체기관도, 질 입구 주름도 다르게 생겼다는 점을 칠판에 간단하게 그리며 이야기했다.

"처녀막은 태어날 때부터 아예 없기도 하고, 막혀 있기도 해요. 만약 막혀 있다면 월경혈이 흘러나오지 못해서 병원에 가서 절개를 해야 해요. 첫 성관계 때 손상될 수도, 아닐 수도 있어요. 승마, 자전거 타기, 다리를 찢는 스트레칭, 탐폰 사용 같은 성관계 이외의 다른 활동 중에 손상될 수도, 안 될 수도 있어요. 손상되었을 때 통증이나 출혈이 없을 수도 있고 약간 따갑거나 피가 날 수도 있어요. 똑같이 넘어져도 누구는 발목을 삐고, 누구는 다치지 않는 것과 같아요. 과거에는 처녀막을 성관계 여부와 관련지어 생각했던 적이 있는데 그건 잘못된 생각이에요. 처녀막 유무를 묻는 것, 자체가 여성의 몸에 대한 자기결정권을 침해하는 폭력이에요."

처녀막에 대한 잘못된 인식이 오랫동안 문화 속에 자리 잡고 있던 만큼 학생들은 집중해서 들었다. 표준국어대사전에 찾아보면 '질 입구 주름의 전 용어'라고 나온다. 변경된 시기는 2021년 7월 23일. 이날 이후로 역사의 저편으로 사라졌으니 이제는 올바른 용어를 사용하고 의식을 전환해야 한다. 앞으로 질 입구 주름을 확인하고자 하는 생각도, 누구에게 확인받고자 하는 생각도 하지 않아야 한다. '학생들 가방 속 소지품 검사도 인권침해로 금지된 사항'인데 하물며 '사람 몸속 검사는 당연한 인권침해'임을 설명했더니 학생들은 쉽게 공감하며 이해했다. 여기에 '시댁 식구들을 모아 며느리 처녀막 검사를 한 시엄마'라는 뉴스 자료를 더했다. "그거 성폭력 아니에요? 어떻게 옷을 벗기고 그럴 수가 있어요!" 하고 대다수의 여학생들은 분개했고, 남학생들 또한 말도 안 된다는 표정을 지어 보였다.

## 3. 월경용품 살펴보기

이때쯤 되면 학생들은 내가 들고 온 월경용품에 대한 호기심이 최고조에 이른다. 활동지를 한 장씩 먼저 나누고 활동지 항목을 설명한다. 이때 제품 포장지, 플라스틱 컵, 일회용 월경대와 가위, 탐폰 등을 교대로 보이며 구체적으로 설명해야 혼란이 없다.

"일회용 월경대와 탐폰의 사용기한은 제품 포장지에 있습니다. 물은 플라스틱 컵에 담아 오세요. 일회용 월경대를 가위로 잘라서 흡수체를 분리해서 확인하고, 탐폰 삽입 연습은 어플리케이터 제거하는 것까지 각자 모두 해보세요. '제품 안전성 판단'과 '오늘 수업 중 가장 기업에 남는 것'은 자신의 생각을 쓰면 됩니다. 정답은 없어요."

탐폰 삽입은 플라스틱 컵에 물을 담아서 밀어서 넣어보도록 하면 되고, 측면도와 모형은 온라인 검색을 통해 준비하면 된다.

체험 활동 시작부터 마칠 때까지 해야 할 일, 활동지 작성 방법을 먼저 안내한 후에 마지막으로 교구 세트를 배부해야 원활한 활동을 할 수 있다. 활동을 마무리할 무렵이 되면 주의를 집중시킨 후 정리하는 법도 구체적으로 설명한다.

"이제 정리 활동을 할게요. 파우치 안에 비닐이 한 장 있어요. 거기에 모든 쓰레기를 담아 잘 묶으세요. 젖은 탐폰은 플라스틱 컵에 대고 물기를 꼭 짜서 버리고, 물은 화장실에 버리세요. 쓰레기가 아닌 체험 교구는 파우치에 담고, 작성한 활동지, 쓰레기 담은 비닐까지, 모두 앞으로 갖고 나오세요."

모둠 활동 후 남은 월경용품을 갖고 장난치면 누군가가 성적 불쾌감을 느낄 수 있으니 남은 쓰레기는 반드시 교사가 가지고 가서 폐기한다.

남학생들이 월경용품에 대해 알아야 하는 이유를 이해했기 때문일까? 키득거리는 남학생도 있기는 했지만 대부분 진지하게 열심히 참여했고 여학생보다도 질문이 더 많았다. 나는 교실을 돌아다니며 탐폰 어플리케이터를 어설프게 잡고 있는 손을 일일이 고쳐 잡아주었고, 일회용 월경대 흡수체 분리하는 것을 도와주었다.

"지난 시간에 이어 두 번에 걸쳐서 월경 수업을 했어요. 일회용 월경대 이외에도 필요에 따라 적절한 용품을 선택할 수 있다는 것을 알았기를 바라요. 여자라면 초경 이후로 평생 450~500번, 거의 매달 하는 월경이 많이 힘들기는 해요. 그렇지만 여성에게 자궁은 제2의 심장이라고 할 만큼 건강 이상 여부를 알려주는 소중한 기관이에요. 선생님이 월경을 시작했을 때는 천 기저귀로 월경대를 사용해야 했어요. 지금은 월경을 편하게 할 수 있도록 훨씬 다양한 제품들이 나와 있어요. 그렇지만 다른 생활용품, 과학 발전의 속도와 비교하면 많이 더디고 갈 길이 멀어요. 친환경적인 인류 위생용품이 개발될 수 있도록 남녀 모두 지혜를 모으기를 바라요. 똑똑하게 참여하는 소비자가 되어 기업에 적극 요구하고, 이런 문제를 해결하는 기업가가 되기를 바라요. 월경용품의 발전은 결국 인류의 위생용품의 발전으로 이어질 거예요."라고 당부하며 수업을 마쳤다.

수업을 마치고 교실 문을 나설 때 일부 학생들은 문 앞까지 따라 나와서 "안녕히 가세요."라며 한 번 더 인사했다. 여학생들 얼굴엔 부끄러움은 사라지고 밝은 당당함이 보였다. 어떤 남학생은 "오늘 너무 좋은 수업이었습니다." 하며 고개 숙여 꾸벅 인사했다.

## 4. 가장 기억에 남는 것과 그 이유 쓰기

활동을 마친 후 학생들에게 기억에 남는 것과 그 이유를 쓰게 하는 것은 매우 중요하다. 학생들의 소감은 다음 수업의 재료가 되기도 하고, 보완해야 할 지점을 발견하게도 한다. 교사가 가르치고 싶은 것을 넘어서 실제로 학생들이 무엇을 배웠는지 확인할 수 있다. 다음은 학생들이 쓴 내용이다.

- 일회용 월경대 잘라본 것. 한 번도 잘라볼 생각을 못 해봤기 때문에.
- 처녀막. 나도 잘 몰랐던 내 몸에 대해서 알게 되었다.
- 탐폰이 그렇게 빨리 부풀어 오르는지 몰랐다.
- 처녀막을 검사했다는 말에 화가 났다. 내 몸은 내 것이다.
- 여러 가지 월경용품에 대해 알게 되어 잘 골라 쓸 수 있을 것 같다.
- 이다음에 여자 친구가 월경할 때 월경용품에 대해 잘 알려줄 수 있을 것 같다.
- 월경용품의 안전성을 판단하기 어려웠다.
- 월경대부터 면월경대, 탐폰, 월경컵까지 직접 만져보고 물을 부어볼 수 있어서 좋았다.

5강

# 남자 청소년 성 건강

## 개요

에듀테크 프로그램을 활용하여 남학생은 자신의 성 건강에 대한 고민이나 궁금한 점을, 여학생은 남자에 대해 궁금한 점에 대해 질문을 쓰고, 교사는 이를 바탕으로 남자의 성과 성 건강관리 방법에 대해 설명한다.

## 이 수업 후에 학습자는

1 청소년기에 자주 발생하는 남자 성 건강 문제를 이해하고 올바른 관리 방법을 설명할 수 있다.
2 술, 담배가 남자 성 건강에 미치는 영향을 알고 건강한 성적 발달을 위한 방안을 제시할 수 있다.

## 주요 활동

| | 1. 익명으로 질문하고 댓글 달기 |
|---|---|
| 시간 | 15분. |
| 준비물 | 교사: 패들렛.<br>학생: 디지털 기기. |
| 목적 | 남자의 성 건강에 대해 궁금한 점을 표현할 수 있도록 한다. |
| 방식 | 1 교사는 패들렛에 익명으로 글을 쓰고 댓글을 작성할 수 있는 공동 작업 공간을 만든다.<br>2 디지털 기기를 이용해 남학생은 자신의 성 고민을, 여학생은 남자의 성에 관해 궁금한 점을 쓴다.<br>3 교사는 학생들이 쓴 글을 살펴보고 문제가 없는 경우 '승인'을 클릭한다.<br>4 고민 글이 거의 다 작성되었으면, '댓글'과 '반응' 기능을 활성화한다. |

**5** 학생들은 친구들의 글에 댓글과 대댓글을 쓰며 의견을 나눈다.

※ 성적 불쾌감을 줄 정도의 글은 이유를 설명하고 '3초 룰'을 적용한다.

| | **2. 남자 성 건강관리 이야기하기** |
|---|---|
| **시간** | 20분. |
| **준비물** | 교사: 패들렛.<br>학생: 디지털 기기. |
| **목적** | 남자의 성 건강관리 방법과 청소년기에 생길 수 있는 성 질환에 대해 안다. |
| **방식** | **1** 익명 질문에 나왔던 내용 중 성기 크기 고민, 환상절제술, 음낭(고환) 타박상 등 반드시 다루어야 할 내용을 설명한다.<br>**2** 질문에는 나오지 않지만 알아야 할 남자 성 건강에 관한 내용을 설명한다.<br>① 담배와 술이 남자의 성 건강에 미치는 영향.<br>② 고환염전, 정계정맥류. |

| | **3. 가장 기억에 남는 것과 그 이유 쓰기** |
|---|---|
| **시간** | 5분. |
| **준비물** | 교사: A5 크기의 종이, 컴퓨터용 사인펜, 바구니(또는 패들렛이나 온라인 설문폼).<br>학생: 없음(또는 디지털 기기). |
| **목적** | 학습자의 이해도를 파악하고 이후 수업에 반영한다. |
| **방식** | **1** 교사는 학생들에게 종이와 컴퓨터용 사인펜을 다시 나눠준다.<br>**2** 학생들은 익명으로 오늘 수업 중 가장 기억에 남는 것과 질문을 종이에 자유롭게 쓴다.<br>**3** 학생들은 교탁에 놓인 바구니에 개별적으로 제출한다. |

# 정력이 다일까?
# 살펴야 할 건 따로 있다

〜〜〜〜〜〜〜〜〜〜〜〜〜〜〜〜〜〜〜〜〜〜〜〜〜

'자위' '발기' '포경수술'은 남자 청소년들이 가장 궁금해하는 부분이다. 또한 이 시기에는 음경의 급격한 성장이 이루어지고 자신과 타인의 음경 크기를 비교하는데, 음란물에 노출된 경우에는 음란물 속의 과장된 음경 크기에 위축되기도 한다. 생식기의 기능, 크기, 형태 못지않게 노년에도 생식기가 최상의 상태를 유지하려면 성 건강이 최우선. 청소년기부터 자신의 성 건강에 관심을 갖고 관리하는 습관을 생활화할 필요가 있다.

"오늘은 성평등하게 남자 성 고민 자랑을 할 거예요."라는 말로 수업의 문을 열었다. 앞선 수업에서 학생들이 직접 종이에 적어 종이 공을 만들었던 '성 질문' 중 남성의 성과 관련한 질문들을 모아 읽어주었다. 언제나 변함없이 1등을 차지하는 건 자위 질문. 고개를 숙이고 옆으로 돌리며 여기저기서 키득거리며 속삭이는 남학생들의 얼굴에는

'다른 친구들도 나와 같구나' 하는 표정들이 스쳤다. 여학생들은 호기심 가득한 눈빛으로 장난스럽게 웃으며 집중해서 듣는가 하면, '나는 남자에게 관심 없다'는 '애써' 무덤덤한 얼굴도 여기저기 보였다. 남자의 성 이야기를 듣는 것이 민망해서였을까? 진짜 관심이 없을까? 여자는 남자의 성에 대해 몰라도 된다거나, 몰라야 한다고 생각하는 걸까? 내 머릿속에는 많은 생각이 오갔다. 여중에서 수업하던 때의 기억을 더듬어보면 여학생들만의 세상에서 자유롭게 드러냈던 남자에 대한 정보는 음란물 속 모습이었다. 음란물에 성교육을 맡길 수는 없지 않은가.

## ◯ 1. 익명으로 질문하고 댓글 달기

성 질문 읽기가 끝나면 남자의 성 고민이나 질문을 패들렛에 구체적으로 써볼 차례다. 쪽지를 나누어주고 쪽지에 먼저 쓴 다음에 패들렛에 옮겨 적을 수도 있는데, 이렇게 하면 학생들이 작성한 쪽지는 수업이 끝날 때 걷어서 교사가 폐기하는 것이 좋다. 패들렛에 질문을 적으라고 한 뒤 쭉 둘러보는데, 한 여학생이 조용히 손을 들어 나를 부르더니 속삭였다.

"저는 연애도, 결혼도 안 할 거라 남자에 대해서는 알고 싶지 않은데 어떻게 해요?"

여자와 남자는 연애와 결혼의 대상만이 아니다.

"남성이 사용하는 피임도구인 콘돔을 만드는 회사 중에 여성 CEO 가 있어요. 남성 속옷 디자이너는 모두 남성일까요? 여성도 당연히 있어요. 남성의 성 건강을 위해서는 음낭을 시원하게 해주는 디자인과 소재가 필요해요. 금녀의 구역이라고 생각했던 비뇨의학과에도 여성 의사가 있어요. 남성을 위한 의류, 면도기 같은 남성 용품, 남성 화장품. 헤아릴 수 없이 많은 남성 관련 산업 분야에서 직원을 채용할 때 여성을 제외하면 될까요?"

여학생들이 '안 된다'는 의미로 고개를 가로저었지만 관심을 끌기에 부족한 느낌이 들어서 덧붙였다.

"엄마가 되어 아들을 키울 수도 있겠죠? 아들이 사춘기가 되면 몽정, 유정, 자위를 할 때 엄마가 남자의 성 발달에 대해 아무것도 모르면 어떤 일이 일어날까요?"

"책 사주고 읽으라고 하면 돼요. 저 초경 때 엄마가 책 사주고 읽으라고 했어요."

부모님이 책을 사서 함께 읽고 사춘기 성에 대해 이야기를 나누었다면 최고의 성교육이 되었을 것이다.

"여러분이 세상을 살아가는 동안 만나는 사람 중의 반은 남성이에요. 현재 나의 가족 중에 있고 미래의 가족 중에, 직장 동료 중에도 남성이 있어요. 나를 사랑하는 사람, 내가 사랑하는 사람 중의 반은 남성이에요. 나와 다른 성을 이해하고, 존중, 배려하며 함께 살아가기 위해서는 상대에 대해 알아야 해요."

여학생들은 대체적으로 무표정했고 어떤 말이 설득력이 있었는지, 이때는 알 수 없었다. 하지만 수업 후 '가장 기억에 남는 것과 그 이유'에 쓴 글을 읽고 알게 되었다.

패들렛에 올라오는 글을 확인 후 학생의 질문을 존중하는 의미를 담아 "승인하겠습니다."라고 말하며 '승인'을 클릭했다. 남성 고민 자랑 수업을 할 때면 성욕이나 성적 능력에 대한 내용들이 많이 올라온다. 교사는 이를 비난 또는 무시하거나 장난스럽게 대하지 않고 진지하게 다루어주는 것이 필요하다. 특히 '야동을 너무 많이 봤구나' 같은 말은 하지 않도록 주의한다. 성적 불쾌감을 줄 정도의 글은 이유를 설명하고, 학생 스스로 3초 이내에 삭제할 기회를 주거나 3초가 지나도 삭제하지 않으면 교사가 삭제하는 '3초 룰'을 적용한다. 그리고 오히려 학생들이 성욕에 대해 드러내어 말해볼 수 있도록 멍석을 깔아준다.

자위는 성욕, 음란물과 연관하여 설명하는 것이 자연스럽다. 그래서 '성욕을 느껴본 적이 있나요?' 하는 추가 발문을 하여 다음 차시를 위한 준비를 했다. 교사 앞에서 드러내어 말하면 또래끼리 음지에 숨어서 정확하지 않은 지식과 정보를 나누지 않도록 할 수 있고, 용어를 수정해줄 수 있으며, 부정확한 지식은 바로잡을 수 있다.

패들렛에 고민 글이 거의 다 올라왔을 때, '댓글'과 '반응' 기능을 활성화시켰다. 처음부터 '댓글'과 '좋아요' 기능을 활성화하면 자기 글은 쓰지 않고 다른 학생이 글을 쓰기만을 기다릴 수 있다. 즉, '눈팅 방지'이다.

다음 수업에서 다룰 자위 고민과 성욕에 대한 고민을 제외하고, 학생들의 고민을 살펴봤다. '유튜브에서 콘돔 사용하는 법에 관한 영상을 본 적 있는데, 거기에서 사용하는 남성 생식기 모형 크기가 평균 크기인가요?' '몽정은 하루만 하는 건가요? 아니면 월경처럼 계속하는 건가요?' '남성은 오줌을 어떻게 싸나요? 음경 끝 구멍에서 오줌이 나오나요?' '포경수술은 꼭 해야 하나요? 많이 아픈가요?' '야한 생각을 하면 왜 거기가 서나요?' 같은 질문이 이어졌다.

"친구의 질문에 자신의 생각을 댓글 또는 대댓글로 쓸 수 있어요. 친구가 쓴 질문이 나도 궁금했던 것이거나 공감이 가면 '좋아요'를 눌러주세요. 여러분의 아낌없는 '댓글'과 '좋아요'는 질문을 쓴 친구에게 힘이 될 거예요."

발기, 몽정, 유정, 변성기와 같은 질문에는 즉답을 했다. 몽정, 유정에 대한 설명을 하려는데 남학생 한 명이 갑자기 큰 소리로 주변을 둘러보며 물었다.

"몽정해본 사람? 유정해본 사람?"

이때를 놓치지 말고 '성교육 시간의 그라운드 룰'을 다시 상기시켜야 한다. 남녀 합반 수업일 때는 더욱 그렇다. 수업이 끝나면 몽정, 유정은 남자 인간의 성적 발달에 따른 생리적 현상에 불과한 것임을 이해할 수 있지만 수업 초반에는 듣는 것도 민망해하는 학생이 있기 때문이다. 질문 내용이 명확하지 못한 경우에는 댓글이나 구두로 추가 설명을 요구했다. 질문을 쓴 학생은 자신의 글에 댓글로 설명을 더해서 교사와 소통했다. 개인 상담이 필요한 내용에는 '시간을 내어 보건실을 방문하면 상담을 하고 필요하면 병원 진료를 권유하겠다'라고 했다. 이 말에 남성 성 고민 외에 여성 비뇨생식기 계통의 건강 상담도

요청했고 병원 진료로 이어진 경우가 꽤 있었다. 교사를 제외한 학생들이 익명이라 가능한 일이었다.

교사가 대답하기 어려운 고민(질문)이나 처음 들어보는 용어가 나왔을 때가 가장 난감할 것이다. 학습자와 소통하는 수업의 가장 큰 장애물이라고 할 수 있다. 교사가 모든 것을 다 알 수 없으니 당황하지 마시라. 작성한 사람이 '알고 있는 것'이나 '알게 된 경위'를 설명해줄 수 있는지 물어본다. 익명으로 작성했으니 질문한 사람이 나타나지 않을 확률이 높다. "선생님이 대략 짐작은 가지만 정확한 것을 좀 찾아보고 다음 시간에 알려주겠다."라고 솔직하게 말하고 다음 시간에 정리해주면 된다.

## 2. 남자 성 건강관리 이야기하기

질문 중에 가장 흔하게 나오는 남자 성 고민 세 가지, '성기 크기' '포경수술' '음낭(고환) 타박상'은 꼭 다룬다. 다음은 내가 받았던 질문을 재구성한 것이다.

Q.

**성기가 너무 커서 (작아서) 고민이에요.**

성교육을 처음 시작했을 때, '성기 크기'에 대한 질문은 너무 당황스러워서 무시하고 넘어가거나 적당히 얼버무리기 일쑤였다. 특히 '큰 성기가 고민'이라는 말은 더 당황스러웠다. 그저 인간의 성장 발달 과정으로 생각하면 될 것을.

"성기가 커도 고민, 작아도 고민이지요? 여러분은 아직 성장이 모두 끝나지 않았어요. 성기도 사춘기가 끝날 때까지 성장해요."

나의 말에 학생들은 "진짜요? 성기도 계속 커요?" 하고 물었다.

"여러분 키 성장 다 끝났어요? 끝났으면 좋겠어요?"

"아뇨! 더 커야 해요."

"청소년기의 성장은 신체 부위에 따라 빠르거나 늦는 등 개인차가 있어요. 성기도 마찬가지예요."

위에서 내려다보는 성기의 크기는 실제보다 축소되어 보인다는 점, 성기 크기와 성관계 시 성적 만족도와의 관계도 설명한다. 100세 시대이니 삶에서 성 건강관리의 중요성에 대한 것도 꼭 짚어준다.

"성관계는 노인이 돼서도 할 수 있어요. 이때 가장 중요한 것은 생식기 건강과 두 사람의 친밀감이에요. 남자의 생식기가 건강하지 못하면 큰 성기가 다 무슨 소용이겠어요."라는 말과 함께 청소년기에 반드시 알아야 하는 생식기 건강과 호발 질환 소개로 자연스럽게 넘어갈 수 있다.


Q.
**포경수술 꼭 해야 해요? 해야 한다면 언제 하는 게 좋아요? 포경수술을 안 해야 좋다던데 저는 부모님이 어렸을 때 해놓아서 억울해요.**

'포경수술'이라는 말만 해도 여기저기서 키득거림과 함께 '컵, 컵,

컵' 하는 소리가 난다. 본인 또는 남동생이 포경수술 후 종이컵을 사용했던 경험을 이야기하는 것이다. '끌려가서' '아이스크림 사준다고 해서'처럼 남학생들의 포경수술 경험은 거의 무용담에 가깝다. 한편, 수술을 안 한 학생은 멀뚱멀뚱 조용하다.

"포경이란 귀두를 덮고 있는 포피의 끝이 좁아 귀두 뒤로 완전히 젖혀지지 않는 상태를 말해요. 출생 시 대부분의 남자아이는 포피가 귀두와 붙어 있으나 성장하면서 포피 안쪽에서 떨어져 나온 각질층이 뭉쳐 귀두지가 쌓이고, 가끔씩 발기가 반복되면서 사춘기 이후에는 대부분 포피를 완전히 젖힐 수 있게 돼요."

'귀두지?' '귀지?' 소리가 소곤소곤 들린다.

"귀지는 귀에 생기는 것이고 귀두에 생기는 것은 귀두지!"라고 딱 정리하고 넘어갔다. '포경수술'의 정확한 용어가 '환상절제술'이라는 것과 그 의미를 설명했다. 반드시 수술을 해야 하는 세 가지 경우, 반복적인 귀두포피염, 포피가 너무 꽉 조이는 진성포경, 포피가 뒤로 젖혀져 링처럼 음경을 꽉 조이는 감돈포경에 대해 설명해준다.

세 가지 경우가 아니라면 음경, 귀두, 포피는 사춘기가 끝날 때까지 성장하기 때문에 그 이후에 부모님과 본인이 충분히 상의한 후에 수술을 결정하는 것이 좋다고 마무리한다. 환상절제술 설명을 시작할 때 수술을 안 한 학생들은 아무 말도 하지 못하고 있었지만 설명이 끝날 무렵에는 '나는 선택권이 있는 사람'이라는 듯 얼굴에는 자부심이 역력했다. 가르친 보람.

귀두포피염과 함께 생식기 건강관리에 대해 설명하면 좀더 집중력 있게 듣는다. 칠판에 귀두와 포피를 간단히 그리고 귀두포피염이 진행되는 과정을 컬러펜으로 덧그리면서 설명하면 생식기를 씻어야 하는 이유와 방법을 쉽게 설명할 수 있다.

Q.

**축구공에 음낭을 맞았는데 왜 그렇게 아픈가요? 축구공에 맞아서 고환이 터지기도 하나요?**

한 번이라도 경험한 남학생이라면 말만 들어도 얼굴을 찡그리는, 음낭(고환) 타박상을 설명할 차례다. 남학생이 벌건 얼굴로 말하기를 머뭇거리며 엉거주춤한 걸음걸이로 보건실을 방문하는 이유이기도 하다.

"축구 중계할 때 보면, 프리킥 찰 때, 수비하려고 장벽 쌓는 선수들이 생식기 부위를 손으로 가리는 거 봤죠? 축구공에 음낭을 맞으면 엄청 아파요. 통증 자극에 반응하는 신경 말단이 다른 부위보다 많기도 하고 음낭을 보호하는 뼈나 근육, 피하지방이 없어서 충격 흡수를 잘 못하니 더 아파요. 고환은 배 속 깊은 곳에서 나온 것이라 원래 있던 곳, 아랫배까지 통증이 뻗치기 때문에 표현하기 어려운 기분 나쁜 통증도 발생해요. 어지럽기도 하고 심한 경우 숨쉬기 어려울 수도 있어요."

음낭(고환) 타박상으로 보건실을 방문한 학생에게 여기까지만 설명해도 '선생님이 내 아픔을 이해하고 있구나' 하며 조금 진정되는 모습을 볼 수 있다.

"다친 정도에 따라 대처법이 달라요. 음낭만 손상될 수도 있고 음낭 안의 고환이 같이 다칠 수도 있어요. 어느 정도 시간이 지나면 통증이 줄어야 하는데 반나절 이상 묵직하게 계속 아프다면 병원에 가보는 것이 좋아요. 죽고 사는 문제는 아니지만 나중에 불임의 원인이 될 수 있으므로 빠르게 병원을 방문하는 것이 좋아요."

"그럼 아기 못 낳아요?"

"오래 방치하면 그럴 수 있으니 빨리 병원에 가서 필요한 처치를 받아야 해요. 만약 고환이 심하게 손상되었다면 고환을 복구하지 못하고 고환을 제거하는 수술을 해야 할 수도 있어요. 음낭과 고환의 외상은 병원을 빨리 방문해야 정확한 진단과 치료에 도움이 돼요."

학생들이 궁금해하는 세 가지에 응답하고 나면 이제는 교사가 가르치고 싶은 세 가지를 이야기할 차례다. 담배와 술이 성 건강에 미치는 영향, 청소년기 호발 질환인 고환염전, 정계정맥류.

'정력' '발기' 이야기로 포문을 열면 학생들의 얼굴에 '헉' 하는 표정이 스쳐간다. 학생들은 이것을 '돌직구 성교육'이라고 표현했다.

"청소년기에는 의도치 않게 음경이 발기돼서 곤란하기도 하고, '나는 정력이 좋구나' 하고 생각하기도 하죠? 그런데 남성의 발기 능력을 떨어뜨리는 물질들이 있어요. 남성의 정력에 좋다는 물질은 많이 들어봤어도 정력을 떨어뜨리는 물질은 못 들어봤죠? 뭘까요?"

정력이 떨어진다는 말에 남학생들 귀는 더 솔깃해진다. 가르친 적도 없는 정력에 대해 학생들은 어찌 이리 관심을 많은지.

나는 패들렛에 미리 올려둔 음경 단면도를 보여줬다. 전자 칠판이

있어서 화면에 전자펜으로 강조점을 표시하며 설명할 수 있으면 금상
첨화다.

"남성의 생식기에는 스펀지 같은 구조의 음경 해면체가 있어요.
음경 해면체에 혈액이 가득 차서 일시적으로 빠져나가지 않는 상태를
발기되었다고 해요. 혈액의 이동 통로인 혈관 건강이 무엇보다 중요
한데 흡연은 음경의 혈관이나 음경 해면체의 탄력성을 낮춰서 발기 능
력을 떨어뜨려요."

'또 담배 피우지 말라는 소리구나' 하는 표정으로 심드렁하게 듣는
몇몇 학생들. 나는 흡연을 풍선에 비유해 이야기를 이어갔다. 풍선 안
에 시멘트를 발랐다고 상상해보라고 한 뒤, 그 풍선이 잘 불어질지 물
었다. 학생들은 "안 불어져요." 하고 대답했다.

"같은 이치예요. 담배를 피울 때마다 혈관벽에 시멘트를 얇게 차
곡차곡 바르는 것과 같아요. 아무리 적은 양이라도 오랜 기간 쌓아가
면 그 결과는 여러분이 상상해보세요. 또 술은 성욕을 불러일으키지
만 과도한 음주는 성기능을 떨어뜨려요. 과음하면 대표적인 남성호르
몬인 테스토스테론 수치가 떨어지기 때문이에요. 술과 담배 두 가지
를 함께 하면 어떻게 될까요?"

청소년기에 친구의 권유나 호기심으로 술과 담배를 시작한 뒤 스
트레스를 해소하거나 또래와 동질감을 얻기 위한 목적으로 지속적으
로 사용하다보면 청소년기에는 잘 모르지만 소리 소문 없이 점점 성
적 능력이 떨어지게 된다. 그러면 근거도 없이 정력에 좋다는 식품을
찾게 되는데, 정력에 좋다는 식품들은 대부분 고지방·고단백 식품이

110

남자 청소년 성 건강

라 결국 혈중 콜레스테롤만 높아진다. 이미 탄력을 잃은 혈관벽에 콜레스테롤까지 쌓인다면 비아그라 처방을 받기 위해 병원을 찾게 될 수 있다.

매년 성 질문을 받아보면 뜬금없이 '비아그라'라고만 딸랑 쓴 쪽지를 꼭 발견한다. '비아그라'에 대해서 들어는 봤는데 무엇을 어떻게 물어봐야 할지를 몰라서일까? 아니면 청소년기에도 비아그라를 먹으면 '정력 왕 중의 왕'이 될 거라고 생각해서일까? 성관계에서 정력보다 더 중요한 것이 친밀감인데, 정력 증강에만 변함없이 집중하는 세태가 때로는 안타깝다.

흡연예방교육을 매년 한다. 청소년은 한창 건강한 시기. 학생들 질문에도 있듯이 '근거 없이 자신감이 있는 시기'이다. '흡연이 건강에 미치는 영향' '청소년에게 더 나쁜 이유'를 알려주는 것은 학생들의 관심을 끌기에는 역부족이었다. '왜 사춘기에는 섹드립을 많이 치는 걸까요?'(136쪽 참고) 하는 남자 성 고민은 청소년기에 관심이 성에 집중되어 있다는 것을 알려주는 힌트였다. 물결이 이는 곳에 물고기가 있음을 알고 그물을 재빨리 던져야 한다. '흡연과 술, 발기와 정력'과의 관계를 이야기하면 학생들은 눈도 안 떼고 듣는 것을 볼 수 있다.

이 수업의 막바지, 패들렛에 올려두었던 고환염전과 정계정맥류 그림 쪽으로 걸음을 옮기고 팔을 뻗어 고환염전 그림을 먼저 확대해서 보여줬다.

"여러분이 몰라서 질문 못 하는 청소년기 호발 질환을 살펴볼게요. 이 그림을 보면 고환이 꼬여 있죠? 고환이 꼬이는 질환이 있어요.

111

고환과 부고환은 음낭 안에 축 처져 가라앉아 있는 것이 아니라 고환 집막 안에 매달려 있어요. 고환올림근이 수축하면 고환이 위쪽으로 올라가는데 이때 똑바로 올라가지 않고 회전하며 올라가서 꼬이게 되는 거예요. 여러분 지금 몇 살이죠?"

"열다섯 살이요."

"지금이 딱 생길 나이네요. 고환염전은 고환이 빠르게 성장하는 12~18세 사춘기*, 그러니까 고등학교 졸업할 때까지 가장 잘 발생해요. 고환이 꼬이면 혈관이 꼬여서 피가 안 통해 괴사될 수 있어요. 많이 아프고 부어올라요. 1분 1초를 다투는 응급질환이에요. 시간이 지체되어 영구적으로 조직이 손상되면 고환을 잘라낼 수도 있어요."

"헉. 고환을 잘라내면 어떻게 돼요?" "마취는 하고 자르는 거죠?" "고환이 두 개니까 한쪽을 잘라도 임신은 되는 거죠?"

고환을 잘라낸다는 말이 학생들에게 큰 충격인 듯했다.

"예, 임신은 가능하지만 심리적으로 많이 위축되겠죠? 그래서 인공고환을 삽입하기도 해요. 청소년기에 인공고환을 삽입하면 성장하면서 반대편 고환은 계속 성장하는데 인공고환은 성장을 안 하니 크기를 맞추는 수술을 또 하게 돼요."

고환이 꼬인다고 상상하는 것만으로도 남학생들은 힘든 표정이었다. 다음으로 정계정맥류 그림을 보여주었다.

"청소년기에 자주 발생하는 질환이 한 가지 더 있어요. 근육질 몸을 만들기 위해 운동을 하면 팔에 혈관이 구불구불 튀어나오죠? 운동

* 차우헌, 《나는 비뇨의학과 의사입니다》, 태인문화사, 2020.

을 많이 하면 음낭에도 혈관이 튀어나올까요?"

학생들은 모르겠다는 표정으로 대답을 대신했고, 나는 설명을 이어갔다.

"음낭에 혈관이 튀어나오는 것은 비정상이에요. 고환에 영양을 공급하는 혈관의 판막이 고장이 나면 정맥피가 심장으로 돌아가지 못하고 고환 위쪽 혈관에 고여서 막대 풍선처럼 부풀어 올라요. 이것을 정계정맥류라고 해요. 고환은 체온보다 2~3℃ 낮아야 건강한 정자를 생산할 수 있는데 따뜻한 혈액이 계속 고여 있으면 고환의 온도가 체온만큼 높아지고 혈액순환이 원활하지 못하니 산소와 영양 공급이 안 되겠죠. 생식세포에 치명적인 영향을 주게 되고 불임의 원인*이 될 수 있어요. 반드시 전문의의 진료를 받아야 해요."

비정상적인 고환 그림에 대한 설명까지 모두 끝나면 학생들 얼굴에서 장난기는 사라지고 진지해진다.

"지금까지 남성의 성 발달과 성 건강에 대한 이야기를 했어요. 이제 음경이 공개적으로 보여주고 자랑하기 위한 기관과 기능이 아니라는 것은 알겠죠? 미래에 진정으로 사랑하는 사람을 만나 몸과 마음으로 친밀감을 나누며 소통하는 성관계에 근사하게 사용할 수 있어야 해요. 원할 때 아기도 낳을 수 있어야 하고요. 그러기 위해서는 술과 담배는 멀리하고 평소 샤워할 때 음낭에 이상은 없는지, 고환이 아프지는 않은지 살펴보고 귀두 포피를 부드럽게 쓸어내려 물로 살살 닦아주며 소중하게 관리하는 것이 좋겠어요."

* 차우현, 앞의 책.

자위와 성욕에 대한 이야기는 다음 시간에 집중적으로 다룰 것임을 예고하고 수업을 마쳤다.

이 주제의 수업을 준비할 때 많은 고민을 했다. 여학생들에게는 평생 경험해볼 수 없는 영역이어서 정확한 지식을 불편하지 않은 방법으로 전달하고자 했다. 또한 남학생들은 자신의 성을 유희의 수단으로 여기는 경향이 있어서 평생 성 건강관리 방안을 진지하게 접근하려고 고심했다. 그래서 수업을 마친 후 소감이 정말 궁금했다.


## 3. 가장 기억에 남는 것과 그 이유 쓰기

"내가 남자인데 남자의 성에 관련한 용어를 다 새로 알게 된 것 같아서 앞으로는 저런 전문적인 용어를 써서 불러야겠다는 생각이 들었다."

한 남학생이 수업에 대해 남긴 소감이다. 말은 생각을 담는 그릇이다. 학생들이 생식기를 표현할 때 보통 비속어나 저급한 용어를 사용하는 경우가 많다. 나는 이런 것들을 '음지 용어'라고 하며 '양지 용어'로 바꾸어주려고 했다. 용어가 바뀌면 생각도 바뀔 것이라고 기대했기 때문이다. 그리고 실제로 이후 수업에서 학생들의 태도도 달라졌다.

남자에게는 관심이 없다던 여학생의 소감은 어떨까? 정말 끝까지 관심이 없었을까? 그 학생은 "남자 생식기에 대해 배울 기회도 없었고, 생각해본 적도 없고, 아무 관심도 없었고, 부정적으로 민망하게만 생각했다. 그러나 남자에 대해 선생님께서 친절하게 설명해주셨고 고환, 발기 등 함께 살아가는 남성에 대해 더 잘 알게 되는 좋은 기회가 되었다."라고 소감을 남겼다. 학생의 기대 이상의 성장이 놀라웠다.

교사가 성을 민망하게 생각하면 그 태도가 학생에게 고스란히 전달된다. 학생들과 소통하며 부끄러워 얼버무리지 않고 명확하게 설명하는 교사의 태도를 보면서도 배움이 일어난다는 것을 다시 한 번 알게 된 수업이었다.

6강

# 청소년기 성욕과 음란물

## 개요

청소년기의 성 욕구를 정상적인 성장 발달 과정으로 이해하고 주체적으로 관리할 수 있는 능력을 발전시키도록 한다.

## 이 수업 후에 학습자는

1 청소년기 성 욕구를 이해하고 주체적인 관리 방안을 제시할 수 있다.
2 음란물이 성의식 발달에 미치는 영향을 이해하고 바람직한 성의식 형성을 위한 방안을 제시할 수 있다.

## 주요 활동

| 1. 자위에 관한 생각 엿보기 | |
|---|---|
| 시간 | 5분. |
| 준비물 | 교사: 패들렛, 남자 성 건강 질문.<br>학생: 디지털 기기. |
| 목적 | 성 질문과 남자 성 고민 자랑에 나왔던 자위 관련 내용을 소개하여 학습 동기를 유발한다. |
| 방식 | 1 남자 성 고민 자랑 시간에 나왔던 질문 중 지난 시간에 다루지 못한 내용과 자위에 대해 다룰 것임을 밝힌다.<br>2 학생들은 교사의 발문이 쓰인 패들렛에 접속해 익명으로 성욕에 대한 생각을 댓글로 적는다. |

## 2. 주체적인 성욕 관리

| | |
|---|---|
| **시간** | 20분. |
| **준비물** | 교사: 패들렛.<br>학생: 디지털 기기. |
| **목적** | 성욕을 이해하여 청소년기에 내 몸의 주인이 되는 바람직한 방법을 알도록 돕는다. |
| **방식** | **1** 자위와 성욕에 대해 부정적으로 생각하지 않도록 설명한다.<br>**2** '내 몸의 주인이 되는 자위법'을 소개한다.<br>**3** 횟수, 성장과의 관계, 물리적 손상 등 자위를 둘러싼 의문을 해소할 수 있도록 이끈다. |

## 3. 음란물이 성의식에 미치는 영향

| | |
|---|---|
| **시간** | 15분. |
| **준비물** | 교사: 없음.<br>학생: 없음. |
| **목적** | 음란물이 성의식에 미치는 영향을 설명한다. |
| **방식** | **1** 음란물을 정의한다.<br>※ 학생들이 음란물을 본다고 전제하는 발문은 지양한다.<br>**2** 음란물의 중독성이 담배를 끊는 것보다 어려울 수 있다는 것을 설명한다. |

| 4. 가장 기억에 남는 것과 그 이유 쓰기 | |
|---|---|
| **시간** | 5분. |
| **준비물** | 교사: 패들렛.<br>학생: 디지털 기기. |
| **목적** | 학습자의 이해도를 파악하고 이후 수업에 반영한다. |
| **방식** | **1** 교사는 학생들에게 패들렛을 통해 온라인 설문폼 링크를 공유한다.<br>**2** 학생들은 오늘 수업 중 가장 기억에 남는 것과 질문을 패들렛에<br>　자유롭게 쓴다. |

# 음란물 No! 주체적인 성욕 관리

"야동을 안 보면 어디서 섹스를 배워요?"

음란물 수업을 막 시작하려는데 여학생이 물었다.

"정액 맛은 어때요?" "정액 먹어도 돼요?" "정액 먹었는데 속이 부글부글해요." 하는 질문도 심심치 않게 나왔다. 그런가 하면 저경력 교사일 때, '섹스할 때 성기는 어디에 집어넣는' 거냐며 슬금슬금 웃으며 물어보는 남학생들 때문에 당황했던 기억도 있다. 지금까지도 끊임없이 나오는 질문이다. 나는 이럴 때 '섹스'란 남성 생식기를 여성 생식기에 '집어넣는 행위'로, 성기와 쾌락 중심 사고를 하고 있다고 이해하고 진지하게 이야기를 하나하나 풀어간다. 이 모든 것들은 학생들이 이미 음란물을 보고 있다는 표현이다.

일부에서는 성적자기결정권과 피임을 가르치는 성교육이 '학생들을 조기 성애화시킨다'라고 주장한다. 학생들을 조기 성애화시키는 것은 성을 상업적으로 이용하는 어른들이다. 광고, 대중음악, 댄스, 예능 등 미디어만 켜면 활개를 치며 학생들에게 성적 매력을 가꾸라고 유혹한다. 스마트폰에서는 음란물이 아무 때나 튀어나온다. 학생들은 교사를 만나기 전, 이미 어려서부터 상품화된 성에 노출되어 그것을 하나의 문화로 체득한 후 교사를 만난다. 학습자와 소통하는 성교육을 시작한 후로 성에 대한 학생들의 인식을 날것으로 접하며 그들을 음란물이라고 불리는 성착취물의 수렁에서 건져 올리는 것이 나의 과제가 되었고, 그 방안을 고민했다. 그 과정에서 음란물과 자위는 떼려야 뗄 수 없는 관계라는 것도 알게 되었다. 결국 남자 성 고민 자랑에서 나왔던 자위 관련 질문들만 따로 모아서 음란물과 연결하여 수업하기로 했다.

## 1. 자위에 관한 생각 엿보기

남자 성 고민 자랑 시간에 나왔던 질문 중 지난 시간에 다루지 못한 내용과 자위에 대해 다룰 것임을 밝히면서 수업을 시작했다. 자위가 무엇인지부터 횟수, 키 성장과의 관계, 음란물의 불법성 등에 대한 질문이 대부분이다.

청소년기의 성욕을 부정적으로 바라보며 자제의 대상으로 여기는 경향이 있다. 일부 학생들은 자위하는 것에 죄책감을 느끼기도 한다. '자위를 하다가 엄마나 가족한테 들킨 이후로 발기가 안 된다'라는 고민은 안타깝기마저 하다. 청소년기의 성 욕구를 정상적인 성장 발달 과정으로 이해하고 주체적으로 관리할 수 있는 능력을 발전시켜나가도록 하는 것이 필요하다.

"자위는 성욕에 따른 행동이죠. 여러분은 성욕을 느껴본 적이 있나요? 느낀다면 어떤 때 성욕이 있다고 느끼나요? 여기 질문에 댓글로 여러분의 생각을 적어주세요."

학생들이 자유롭게 자신의 생각을 표현할 수 있도록 패들렛에 발문을 썼다. '키스신 볼 때' '자위하고 싶을 때' '여자 친구와 함께 있을 때' '길거리에서 예쁜 여자 봤을 때' '걸그룹 춤출 때 가슴이 흔들리는 것을 보면' 등의 응답이 있었고 '모른다'는 응답도 제법 많았다.

"자위와 성관계에 대한 생각뿐만이 아니라 이성 친구를 사귀고 싶은 마음, 지금은 사귈 생각이 없는 마음, 이성을 보고 설레는 마음, 누군가와 특별히 느끼는 친밀감, 이런 것들 모두 성욕이에요."

그중에서 자위로 먼저 이야기의 문을 열었다. 자위, 자기 위로, 자기 스스로 성기를 자극해서 성적 만족을 느끼는 행동이다. 청소년기 남자만이 하는 것이 아니라 여자도 할 수 있다. 성욕은 여자에게도 있으니까. 성욕은 평생 느끼며 사는 거라는 말과 함께 자위는 왜 하는 것인지 물었다.

너무도 당연한 질문에 대다수의 학생들이 답을 하지 못하고 교사의 입만 쳐다보고 있을 때, 한 남학생이 빙긋이 웃으며 자신의 성기 부위 옷 위로 손을 대고 자위하는 손동작을 했다. 이럴 때는 민망해 말고 '네가 한 행동을 나는 보았고, 왜 그런 행동을 했는지' 차라리 당당하게 물어보자. 일부러 했다고 할 리가 없다. 평소 하던 대로 장난친 기색이 역력했지만 교육의 기회로 삼는다.

"자위를 어떻게 하는지는 선생님도 잘 알고 있으니 굳이 손동작으로 보여줄 필요는 없어요. 자위는 자신만의 공간에서 안전하게 하는 거예요. 장난으로 흉내내는 것도 마찬가지고요. 너도 나도 재미있으면 장난이 맞지만, 너만 재미있고 나는 불쾌했다면 그건 성폭력, 성희롱입니다. 일단, 선생님은 불쾌했고 이 교실 안의 또 누군가가 성적 불쾌감을 느껴서 성희롱으로 신고하면 학교 폭력으로 처리될 수 있으니 주의하세요."

월경 수업 때 쭈뼛거리는 여학생과는 달리, 남학생들은 자신의 성적 욕구를 거침없이 드러내곤 한다. 이때 성교육 하는 교사가 여성이라면 위축되기도 한다. 그 이면에는 '남성과 여성'이라는, 젠더에 기반한 힘의 차이가 '학생과 교사'라는 나이와 직위에 따른 힘의 차이를 뛰어넘는 사회·문화적 배경이 있다. 이때가 바로 교사의 카리스마가 필요한 순간이다. 학생들과 규칙을 정했다면 그것을 어겼을 때 상기시켜주고, 필요하다면 잘못된 행동을 스스로 수정할 수 있는 기회를 주는 것이다. 나는 주의를 환기시킨 후 다시 한번 물었다. 이번에는 학생들이 대답할 수 있도록 발문을 조금 바꾸었다.

## 2. 주체적인 성욕 관리

"보통 자위는 성욕을 '무엇' 하기 위해 한다고 하죠?"

학생들은 '푼다' '해소하다'라고 답했다. 그렇다. 자위는 '성욕을 푼다' 또는 '성욕을 해소한다'라고 표현한다. '푼다'라는 말은 '문제를 푼다' '얽혀 있는 매듭을 풀다'처럼 무엇인가 문제 상황을 해결하기 위해 사용하는 경우가 많다. '해소하다' 또한 어려운 일을 해결하여 없애버리는 것을 말한다. 남녀노소 누구나 느끼는 '성욕'이 문제 상황일까? 없애버려야 하는 대상일까? 인간에게 성욕이 없어진다면 인류의 존재가 위험해질 것이다. 이에 대해 말하고 교실을 쭉 둘러봤다. 학생들은 고개를 끄덕이며 집중하고 있었다.

이제 교사들도 생각을 바꿔 자위에 대해 부정적으로 말하는 대신, 자신에게도 다른 사람에게도 해가 되지 않는 방법으로, 주체적으로 성욕을 관리하며 평생 건강하게 즐길 수 있도록 학생들을 지도해야 한다. 청소년기에 내 몸의 주인이 되는 법을 알고, 그 첫 단추를 잘 끼울 수 있어야 한다. 만약 어떤 내용을 설명해야 할지 모르겠다면 다음 세 가지를 기본으로 하면 된다.

첫째, 나만의 공간에서 편안한 감정일 때 한다. 공개적인 공간에서 타인에게 자위행위를 보여준다면 성폭력이다.

둘째, 안전하게 한다. 자위 전에 손과 성기를 씻는다. 자위용 기구를 무리하게 사용하지 말고 손을 이용해서 내 몸을 사랑하는 마음으로 부드럽게 만져주는 것이 좋다. 날카로운 손톱에 다치지 않도록 손톱은 정리한다. 여성 자위라고 특별히 다르지 않은데 질 속으로 손가락을 넣는 것은 감염의 위험도 있고 긴 손톱이나 손톱 장식 등으로 다칠수 있으니 피한다.

마지막으로 자극적이고 강렬한 이미지와 소리, 성기에 국한된 음란물 없이 내 몸의 느낌에 집중해서 한다.

'내 몸의 주인이 되는 자위법'에 대해 소개하면 낄낄거림 없이 진지하게 수업을 이끌어갈 수 있다.

내 몸의 주인이 되는 자위법을 알아봤다면 안전하지 못한 자위로 인해 일어날 수 있는 물리적 손상과 음경 골절에 대한 설명도 빼놓지 말아야 한다. 나는 음경 단면도를 보여주며 설명하는데, 단면의 의미를 이해하지 못하는 학생들이 제법 많으니 손을 가슴 높이 허공에 대고 위에서 아래로 내려 긋는 동작을 보여주어 음경을 위에서 아래로 자른 것임을 알려준다. 이 동작만으로도 일부 남학생들이 얼굴을 찡그리기도 한다.

"골절은 뼈가 부러지는 건데 음경에 뼈가 있어요?"

"당연히 음경에 뼈는 없어요. 성적 흥분 상태에서 혈액이 음경 해면체에 들어오기 시작하면 음경의 바깥쪽을 감싸고 있는 하얀색 막, 백색막이 수십 배로 늘어나요. 발기되었을 때 외부 충격이 가해지면 백색막이 충격을 받아 파열되면서 '뚝' 하고 뼈 부러지는 소리가 나서 골절이라고 해요. 바람을 넣지 않은 풍선은 건드려도 터지지 않지만 바람을 가득 채운 풍선은 잘못 건드리면 '펑' 하고 터지는 것과 같아요."

풍선이 부풀듯 양손을 점점 크게 둥글게 부풀리다 '펑' 소리를 내며 풍선 터지는 모션을 취했다. 그러고는 1~2초 정도 놀란 듯 눈을 크게 뜨고 학생들을 바라보았다. 사소한 동작이지만 길어지는 설명에도 학생들을 집중시킬 수 있는 방법이다.

"청소년의 경우 몰래 자위를 하다가 인기척에 놀라서 급하게 움직이다 다치는 경우가 많아요. 자다가 발기된 상태로 침대에서 떨어져서 음경이 꺾이는 일도 있고, 기구를 이용하여 지나치게 압박을 주다가 다치기도 해요. 그래서 자위는 자신만의 안전한 공간에서 편안한 감정 상태에서 해야 해요. 음경골절은 치료가 늦어지면 발기불능 상태에 이를 수 있으므로 망설이거나 부끄러워 말고 빨리 병원을 찾아 전문의의 진료를 받아야 해요."

청소년기 이후의 자녀나 형제자매가 있다면 그 방에 벌컥 들어가면 안 되는 이유이다. 음경이 고무풍선처럼 터진다는 설명에 학생들은 여기저기서 놀라움을 금치 못했다.

다음은 학생들에게 받는 대표적인 질문과 나의 답변이다. 이와 같은 질문을 받는다면 어떻게 답변할지 생각해보고 수업에 반영할 수도 있다.

---

**Q. 자위는 일주일에 몇 번 해야 정상이에요?**

자위를 할 때는 내가 내 몸에 주인이어야 해요. 그런데 일상생활에 지장을 줄 정도로 하면 자위가 내 삶의 주인이 되는 거예요. 주당 자위 횟수가 많고 적음에 따라 성적 능력을 판단할 필요는 없어요. 자신에게 적절한 횟수를 알고 건강하게 자위하는 것이 더 중요하지요. 보통은 주 2회 정도가 적당하다고 하지만 적절한 횟수는 자신이 가장 잘 알 수 있어요. 인터넷에 보면 '하룻밤에 자위를 너댓 번 하고도 끄떡없다'고 자랑 아닌 자랑을 늘어놓는 사람들이 있는데요, 확인할 길도 없고, 하룻밤에 너댓 번씩이나 자위해서 뭐하게요. 삶의 최종 목표가 자위인가요? 어떤 것이든 다른 사람과 비교하는 순간 행복 끝, 불행 시작이에요. 자위도 다른 사람과 절대 비교하지 마세요.

## Q. 자위 많이 하면 키 안 커요?

키 성장에 영향을 미치는 요인 연구는 많아요. 유전 70퍼센트, 환경 30퍼센트 정도 영향을 미친다는 것은 공통된 결과입니다. 유전 요인이 70퍼센트이니까 우리 부모님 키가 작으면 환경요인 30퍼센트는 포기할 건가요? 30퍼센트가 작은 숫자가 아니에요. 30퍼센트의 노력은 내가 하는 거예요. 연구 결과를 보면 환경요인으로 운동, 식습관, 수면 등을 꼽지만 방해 요인에 '자위'는 없어요. 이처럼 자위는 키 성장에 직접적으로 영향을 미치는 요인은 아니지만 자위에는 에너지가 많이 소비돼요. 자위 끝나자마자 '공부해야지' '운동해야지' 하고 바로 책상에 앉아 공부하거나 뭔가 생산적인 일을 한 적이 있나요? 일단 좀 쉬어야죠? 과도한 자위는 몸을 지치게 해요. 아까 말한 것처럼 하룻밤에 네댓 번씩 하면 잠이 부족하겠네요. 잠도 못 자고 몸이 지치면 일상생활의 리듬이 깨지고 운동하고 먹는 것에도 영향을 미치겠죠. 간접적인 영향 요인은 될 거예요.

# 3. 음란물이 성의식에 미치는 영향

자위에 관한 수업을 할 때 음란물에 관련하여 자연스레 이어서 이야기할 수 있다. 이때 "여러분도 보아서 알겠지만"하는 말로 시작하지 말아야 한다. 예전에 배부된 교육 자료 중에 '음란물에 있는 것과 없는 것'을 생각해서 적는 활동지가 있었다. 나도 한동안은 그 자료로 수업했다. 그러나 수업을 하면 할수록 마음이 불편했다. 학생들에게 그렇게 발문하는 것은 '학생들이 음란물을 본다는 것'을 전제하는 수업이다. '음란물을 보지 말라'는 수업 시간에 음란물을 본 경험을 묻는 것이다.

"자위할 때 음란물을 보는 사람들이 있어요. 선생님은 이것을 '음란물 자위'라고 불러요."

음란물은 성관계의 중요 요소인 생명, 사랑, 책임은 빠진 채로 성기 삽입에만 국한해서 만들어진 영상이다. 또한 자극적이고 강렬한 이미지와 소리로 구성되어 있어 처음에는 호기심에서 보고 충격을 받기도 한다.

"요즘 유튜브 많이 보죠? 관심 있는 주제의 영상물을 자주 찾아보면 어느새 익숙한 장면은 빨리 넘기고 필요한 부분만 골라보죠? 음란물도 반복적으로 보면 익숙한 장면은 빨리 감기를 해서 넘기고 새롭고 자극적인 부분만 골라서 보고 빠르게 사정을 해요. 사정하고 나서는 몸도 피곤하고 음란물도 재미없어져서 바로 꺼요."

여기저기 쓸쓸하게 웃으며 고개를 끄덕이는 학생들이 보이고, 몇몇 학생들은 고개를 슬그머니 숙이고 귀만 나를 향해 있었다. 현실에서 여성과 남성이 성관계를 하려면 두 사람 모두 몸과 마음의 준비가 필요하다. 성관계는 '성'을 매개로 하는 '사랑의 친밀한 관계 맺기'이지, 장난감 블록 맞추기가 아니다. 몸의 준비만 말하자면 남성의 음경에 혈액이 모여 발기가 되어야 하는 것처럼 여성의 몸도 성관계를 할 준비가 필요하다. 평소 음란물 자위를 하던 남성이 여성이 준비할 시간을 기다리지 못하고 사정을 하면 발기가 끝나고 성관계도 허무하게 끝난다. 이보다 큰 문제는 음란물을 끊지 못하고 계속 보면 더 강렬한 자극을 원하게 되어 자연스레 폭력적인 영상까지 찾아보게 된다는 것이다.

"이런 영상에 익숙해지면 폭력이라는 생각이 희미해져서 '저것이 쾌락인가보다' 인식하게 되고, 현실에서도 영상 속에서 보았던 폭력적 성행동을 하고 싶어져요. 성관계 파트너와 함께하는 현실에서 영상 속의 성폭력, 성착취적인 성관계를 시도하지만 상대가 폭력에 응하지 않으니 할 수 없겠죠. 실제 성관계가 시시해지니 성관계 도중에 음란물에서 보았던 장면을 떠올리거나 얼른 끝내고 음란물이나 보러 가야겠다고 생각하는 사람도 있어요. 때로는 성구매자가 되어 음란물에서 보았던 폭력 행동을 하기도 해요. 결국 현실에서는 성관계뿐만이 아니라 모든 관계 맺기가 어려워져요. 성관계는 두 사람이 사랑과 존중, 신뢰를 바탕으로 서로 감정을 나누고 친밀감을 형성하는 과정이 필요한데 이 모든 것이 불가능한 상태가 되는 거예요. 음란물은 한번 보기 시작하면 끊기 어렵다고 하는데 청소년기에 시작하면 끊기 어려운 것이 또 있어요. 무엇일까요?"

"담배?"

"맞아요. 음란물과 담배, 둘 다 시작하면 뇌에 중독의 갈고리가 하나씩 걸려요. 청소년기에는 뇌 발달이 아직 덜 되어서 갈고리도 더 잘 걸려요. 일시적으로 끊어도 작은 동기만 있으면 방아쇠가 당겨져 다시 접근하게 만들어요. 그러면 음란물과 담배 중에 끊기 어려운 것은 무엇일까요?"

학생들에게 어느 쪽이 더 끊기 어려운 것일지 손을 들어보라고 했다. 담배 쪽에 손을 드는 학생이 훨씬 많았다. 연구 자료에서 근거를 찾지 못했지만, 중독과 관련된 자료를 찾아보면서 내가 내린 결론이라는 말과 함께 다음과 같이 설명했다.

"우리나라에는 이제 흡연할 수 있는 실내 공간이 거의 없어요. 환기가 되는 건물 외곽 장소라도 '금연 구역'이라고 써붙인 곳이 많고, 흡연 가능 구역이라도 주변에 사람들이 많이 지나다니는 공공장소에서 피우면 눈총을 받아요. 담뱃값이 비싸니 돈도 많이 들어요. 그런데 음란물은 어때요? 나만의 조용한 장소에서 소리도 안 나게 볼 수 있어요. 이제는 컴퓨터도 필요 없죠? 손 안의 스마트폰에서 언제나 볼 수 있어요. 보고 있다가 누군가가 나타나면 얼른 끌 수 있어서 보았다는 티도 안 나요. 게다가 공짜인 경우가 대부분이고 냄새도 안 나요. 끊으려고 할 때 담배는 중독 물질 니코틴이라는 한 가지 유혹만 이기면 돼요. 음란물은 자위가 동반돼요. 음란물을 끊으려면 음란물과 자위, 두 가지 쾌락의 유혹을 이겨내야 해요. 그러니 한번 시작하면 담배보다도 더 끊기 어려운 것이 음란물인 것 같아요. 어때요? 여러분도 동의하시나요? '어차피 보는 음란물 알고 보자'가 아니라 아직 한 번도 보지 않았다면 아예 시작하지 말아요. 한 번이라도 보았다면 금연보다 더 독한 마음으로 끊어내야 해요."

곰곰이 생각하며 어찌나 집중해서 듣는지 교실은 고요했다.

'음란물이 아니면 어디서 섹스를 배우냐'는 질문이 있었다. 사랑하는 두 사람이 만나서 할 수 있는 성행동이 성관계만이 다가 아니다. 첫 만남의 두근거림, 처음 손잡을 때의 설렘, 계단에서 하는 가위바위보처럼 사소하거나 유치하지만 재미있는 것을 함께하는 시간, 뜨거운 여름날 갑작스레 내리는 소나기를 쫄딱 맞으며 손잡고 함께 뛰었던 경험, 도서실에서 마주 앉아 책을 읽다 고개를 들었을 때 우연히 마주쳤던 눈빛, 이 모든 것들이 기분 좋은 성행동이다. 성생활은 인간이라면 누구나 몸과 마음을 다해서 사랑하는 사람과 평생 누릴 수 있는 즐거움이다. 음란물에서 성관계를 배운다는 것은 이런 사소하지만 소중한 즐거움을 모두 잃어버리는 것이다.

"내가 원하는 나의 모습을 상상하며 '내 몸의 주인이 되는 자위'를 하세요. 미래에는 진정 사랑하는 사람을 만나 멋진 시간을 차곡차곡 쌓으며 좋은 느낌의 접촉을 하고 어떤 감각이 좋은지 대화하고 몸과 마음을 나누는 소통을 하게 될 거예요. 음란물 제작자가 시키는 대로 성기에만 집중해서 모니터와 허망한 성생활을 하시겠어요? 성구매자, 디지털 성폭력범, 성착취자로 살겠어요?"

# 4. 가장 기억에 남는 것과 그 이유 쓰기

청소년기 학생들도 성적 존재이니 성욕이 있다. 이제는 때가 되었다고 뇌하수체에서 신호를 보내고 성호르몬이 온몸을 폭포처럼 휘감기 시작하는 것은 부정할 수 없는 사실이다. 따라서 자신의 성 욕구를 주체적으로 관리하는 방법을 배워야 하는 적기이기도 하다. 이 수업이 끝난 후 학생들의 소감은 음란물 수업을 고민하며 시도하고 수정하며 보냈던 오랜 시간에 대한 피로회복제였다.

이번 수업은 익명성이 중요하여 패들렛을 활용했으므로 그동안 종이에 써서 제출했던 것과 달리 교사만 제출자를 확인할 수 있는 온라인 설문폼을 만들어 패들렛에 링크를 공유했다.

- 음란물을 한 번도 본 적이 없는데 요번 수업을 듣고 음란물도 중독이 되어 빠져나오기 힘들다 하셔서 호기심에서라도 음란물을 절대 보지 말아야겠다 생각했다.
- 음란물을 끊어야겠다는 생각이 많이 들었고 음란물이 성관계할 때 좋은 영향을 주지 못한다는 것이 기억에 남는다. 나는 음란물을 본 적이 있기 때문이다.
- 건강한 자위 방법에 대해 알게 되었고, 왜 올바른 자위를 해야 하는지 더 자세하게 알게 되었다.
- 자위를 어떻게 하면 도움이 되는지 깨달았다.
- 음란물을 보면 성적인 폭력성이 생길 수 있다는 것을 알게 되었다.
- 남성의 성에 대해서 알 수 있게 되었다. 뼈는 없지만 부러지기도 한다는 것을 알아서 신기했다.

# 난감한 질문에 답하기

다루기 민감한 부분이라 오랜 교직 생활 내내 '설명을 해야 할까? 한다면 어떻게 해야 할까?' 망설였다. 그러나 음란물에 빠진 학생들을 누가 건져 올릴 것인가. '때가 되면 안다'는데 어떻게 알게 될까? 양육자가 가르쳐줄까? 그건 아닐 것 같았다. 학생들의 마음과 수준을 이해하고 청소년 맞춤형으로 설명할 사람은 교사뿐이란 생각이 들었다. 단, 이 설명을 듣고 자칫 음란물에 대한 호기심이 증폭될 수 있으니 질문이 나올 때 바로잡기 위한 목적으로만 다룬다. 다음은 학생들이 했던 난감한 질문과 그에 대한 나의 답이다.

### Q. 정액 맛은 어때요? 정액 먹어도 돼요?

정액은 정낭에서 분비되어 정자의 운동을 돕는 정낭액이 가장 많은 비중을 차지하고, 고환에서 생성되어 부고환에서 성숙한 정자, 전립선액, 쿠퍼액 등으로 구성되어 있어요. 음란물 속의 여자 배우가 남자 배우의 정액을 삼키는 장면은 음란물의 단골 소재예요. 한 남자 배우는 상대 여자 배우가 정액을 삼키고 역겨워하는 표정을 보고 자신도 괴로웠다고 해요. 여자 배우가 정액을 삼킨 후에는 복통과 설사가 많았고 성매개감염병 검사를 해야 했다*고 토로했어요. 성매개감염병의 감염경로에 대해서는 나중에 배울 거예요. 그 맛이 궁금하다면 정자, 정낭액, 전립선액, 쿠퍼액을 한데 섞은 맛이겠죠? 사람 몸에서 나오는 체액은 눈

---

* 잇테츠, 김복희 옮김, 《진짜 섹스 안내서》, 스튜디오오드리, 2020.

물, 콧물, 소변, 침, 혈액 등 일일이 나열하기도 어려울 정도로 많아요. 정액도 체액 중의 하나예요. 성과 관련된 체액이라고 해서 정액을 삼키는 것이 성관계를 더 멋지게 만들 수 있을까요?

참고 이 설명을 해야 한다면 '정액을 먹는다'는 표현보다는 '정액을 삼킨다'라는 표현을 사용하기 바란다. '먹는다'라는 표현은 자칫 정액을 음식과 같은 수준으로 혼돈할 수 있기 때문이다.

### Q. 항문 성교를 하면 느낌이 더 좋다던데요.

인간의 항문은 대변 배설을 위한 기관인데 용도에 맞지 않게 사용하면 탈이 날 수밖에 없어요. 음란물에 나오는 영상을 따라하는 경우가 간혹 있는데, 항문 삽입을 겪은 여자 배우의 항문이 파열되거나 탈출되는 일은 흔해요. 인터넷에 보면 윤활제를 쓰면 항문 성교가 어렵지 않고 그 쾌감이 더 특별하다고 나오지만 위험천만한 행동이에요. 항문이 찢어지기도 하고 괄약근이 손상되어 제 기능을 못하면 대변을 보유하지 못하고 찔끔찔끔 흘리게 되어 수술을 해야 할 수도 있어요. 만일 더 특별한 쾌감이 있다고 하더라도 무엇을 위한 쾌감인가요? 한 사람만 즐겁고 당하는 사람에게는 폭력이에요. 따라할 행동이 아니에요.

참고 항문 괄약근에 대해 설명할 때는 주먹을 쥐었다 풀었다 하면 대변을 흘리게 되는 과정을 좀 더 실감나게 표현할 수 있다.

### Q. 강간당하고 싶어요.

음란물에는 여자를 강간하는 장면이 종종 등장해요. 처음에는 여자 배우가 저항하다가 잠시 후에는 쾌감을 느끼는 설정으로 바뀌죠. 음란물을 성적 판타지라고 하기도 하는데 재미있는 판타지의 소재가 여성을 대상으로 한 폭력물, 성착취물이어야 할까요?

강간물, 성폭력물은 판타지가 될 수 없어요. 범죄일 뿐입니다. 음란물을 보는 사람은 직접 폭력을 가하는 것이 아니고 보기만 하니 가해자가 아니라고 생각할 수도 있지만 폭력을 소비하는 사람이에요. 폭력을 소비하는 사람이 늘어나면 피해자가 늘어날 뿐이에요. 현실과 비슷한 상황과 폭력 상황을 교묘하게 섞어서 아직 그 세계를 경험하지 못한 사람들에게 교본이 되어 삶 속에 스며들어요. 성착취 영상 속 행동을 현실의 사랑하는 사람과는 절대 할 수 없어요. 그래서 온라인으로 옮겨갔고 '노예'를 만들어서 보고 즐기는 무리인 '디지털 성폭력범'들을 생산해냈어요. 음란물을 보는 모든 사람이 성폭력범이 되거나 디지털 성폭력에 가담하지는 않겠지요. 그러나 그 수가 늘어나면 늘어날수록 뒤따라서 발생하는 성착취, 성폭력 가해 행위 수도 늘어나고 종류도 다양해질 수밖에 없어요. 음란물에서의 강간은 연출이에요. 현실에서의 강간은 성폭력이고요.

참고 이러한 질문이 나올 환경에 노출될 학생들을 위해서라도 단순히 '음란물을 보지 말라'고만 할 것이 아니라 그 해악에 대해 구체적으로 가르쳐야 한다.

### Q. 왜 사춘기에는 '섹드립'을 많이 치는 걸까요?

'섹드립'이란 주로 성적인 소재로 다른 사람을 웃길 생각으로 하는 말이죠. 언어적 성희롱이에요. 언어적 성희롱은 상대의 신체에 직접적인 접촉이 없으니 정도가 약한 성적 장난이라고 생각할 수 있는데 그렇지 않아요. 학교 폭력 사안을 보면 "재가 먼저 욕했어요." 하는 경우가 많아요. 즉, 친했던 친구 사이가 폭력으로 발전하는 첫 단계가 주로 욕설인 거죠. 평소 언어적 성희롱을 자주 하면 언어가 빈약해져서 중요한 순간에 머릿속을 뒤져봐도 사용할 말이 없어져요. 결국 누군가에게 불쾌함을 줄 수 있고 관계를 악화시킬 수 있다는 것을 잊지 말아야 해요.

참고  사춘기는 성호르몬의 대방출로 성적 충동이 강해지는 시기인 것은 맞지만, 성적 충동을 스스로 관리하는 방법을 배우는 시기라는 것을 강조한다.

### Q. 길거리에서 예쁜 여자를 보거나 걸그룹 춤출 때 가슴이 흔들리는 걸 보면 저의 성기가 마구 날뜁니다.

이 글은 남학생이 쓴 것으로 추정돼요. 우선 '성기가 마구 날뛴다'라는 표현은 스스로 자신의 성기를 비하하는 표현이므로 '발기된다'로 바꾸어 표현하세요.

'길거리에서 예쁜 여자를 봤을 때' '걸그룹 춤출 때 가슴의 흔들림'을 보면 발기가 된다는 건데요. 여성을 인격적 존재로 보는 게 아니라 남성의 성적 욕망의 대상으로만 보는 거죠. 특히 '걸그룹의 가슴'이란 표현은 여성의 신체를 조각내어 성적 대상화하고 있는 거예요. 이런 사고방식을 바꾸지 않으면 여성을 남자의 성적 욕망의 대상으로 보는 것이 고착화되어 결국 현실 속에서 여성과 관계 맺는 게 어려워져요. 우리 교실에는 여학생들도 있는데 익명 뒤에 숨어서 남학생 중 누군가가 성적 불쾌감을 주는 글을 올린 거잖아요. 여학생들이 어떻게 생각할까요? 그것을 확대해석해서 '남학생들의 머릿속에는 저런 생각들로 가득 찼구나'라고 생각해도 될까요?

성폭력예방교육 시간에 성폭력 가해자 중 90퍼센트 이상이 남자라는 통계를 제시하면 많은 남자들이 자신이 잠재적 가해자가 되는 느낌이라고 억울해하거나 분노해요. 소수의 남학생의 선 넘는 행동 때문에 다수의 남학생이 잠재적 성희롱 가해자로 오해받게 하지는 말아야겠지요. 이를 위해서는 평소에 자신의 말이 타인을 불쾌하게 하지는 않는지 스스로 점검하는 게 습관이 되어야 해요. 친구들은 그런 말을 하지 않도록 알려주세요. 만일 나의 말이 타인을 성적으로 불쾌하게 할지 잘 모르겠다면 일단 멈추세요. 그리고 한 번 더 생각해보고 말하세요. 성희롱은 평소 습관이 툭 튀어나오는 거예요.

청소년기 남학생들의 성적 장난을 '그 나이에는 그럴 수 있지'라고 이해해주는 분위기가 오랫동안 있어왔지만 사람들의 성인지 감수성이 점점 높아지고 있어요. 예전에는 참고 들어주었을 뿐이에요. 여학생들도 성평등을 외치며 남학생을 성희롱하는 사례가 점점 늘어나는 것을 볼 수 있는데요, 남녀가 서로 성희롱하는 것이 성평등인가요? 평생 어렵게 이루어놓은 것을 성희롱·성추행 한 번으로 잃게 되는 어른들의 예시는 일일이 열거하지 않아도 너무 많다는 것을 여러분이 더 잘 알고 있을 거예요. 자신의 언어 습관으로 법적 책임질 날이 올 수 있으니 지금부터 의식적으로 고치려고 민감하게 노력하세요.

참고 자신의 '엄마'를 성적 대상화한 질문도 있었다. 이는 스스로를 모욕하는 것이며, 여성을 인격적인 존재로 보지 않는 것에서 비롯된 것이므로 이 질문과 같은 맥락에서 설명할 수 있다.

# 7강
# 임신과 육아 체험

## 개요

두 명씩 짝을 지어 가상의 부부가 되어 학교 일과 중 임신·육아 체험을 한다. 체험 중에는 미션 활동지를 수행하고 체험 활동이 끝나면 활동지를 작성해서 제출한다. 학습자는 이 활동을 통해 생명에 대한 책임과 부모님께 감사하는 마음을 느낄 수 있다.

## 이 수업 후에 학습자는

1 임신 체험을 통해 생명의 소중함을 이해하고 임신에 따른 책임에 대해 설명할 수 있다.
2 육아 체험을 통해 육아의 어려움을 이해하고 육아 가정에 대한 지원을 제안할 수 있다.
3 임신·육아 과정을 이해하고 부모님께 감사하는 마음을 표현할 수 있다.

## 주요 활동

| 1. 체험 준비 | |
|---|---|
| 시간 | 45분. |
| 준비물 | 교사: **1차** 임신 체험복(5kg), 활동지(407쪽 참고), 번호 쪽지 또는 디지털 뽑기판. <br> **2차** 신생아 실습 모형(2kg), 체험 세트(아기띠, 기저귀 가방, 일회용 기저귀 2~3개. 배냇저고리, 물티슈, 휴대용 휴지, 신생아 싸개, 거즈 손수건, 젖병 2~3개), 활동지(409쪽 참고). <br> 학생: 필기도구. |
| 목적 | 사전 준비를 통해 학내 협조를 구한다. |

| 방식 | 1 예산을 확보하여 교구를 준비한다. |
|---|---|
| | 2 학사 일정을 고려해서 체험 시기 선정한다. |
| | 3 학생들에게 어떤 체험을 할지 이야기하고, 원칙을 정하고 궁금증을 해결한다. |
| | 4 학생들은 체험 짝을 랜덤으로 뽑고 교사는 체험 스케줄을 확정하여 교실과 보건실에 게시한다. |
| | 5 교사는 체험 계획을 교내에 알리고 협조를 구한다. |

## 2. 체험

| 시간 | 팀당 네 시간, 한 학년당 한 달 이내. |
|---|---|
| 준비물 | 교사: 체험 스케줄, 1차 임신 체험복, 2차 신생아 실습 모형과 교구 세트.<br>학생: 없음. |
| 목적 | 직접 몸으로 체험하며 임신과 출산, 책임에 대해 이해한다. |
| 방식 | 1 오전 팀은 체험 준비물을 교사로부터 가져간다. 체험 시간이 끝나면 오후 팀에게 넘긴다.<br>2 오후 팀은 체험을 마친 후 교사에게 체험 준비물을 반납한다.<br>3 체험 기간 중에는 사진 찍기와 같은 미션을 완수하고 활동지를 작성한다.<br>4 교사는 체험 중 발생하는 다양한 변수에 적극적으로 대응한다. |

## 3. 체험 나눔

| 시간 | 20분. |
|---|---|
| 준비물 | 교사: 없음.<br>학생: 없음. |
| 목적 | 체험 기간 동안 일어났던 일을 나누고 그 의미를 파악한다. |

| 방식 | 1 교사는 체험을 하지 않은 학생이나 팀이 있는지 확인한다. 체험 순서인데 깜빡 잊고 체험을 안 한 사람이 있다면 실제 부모라면 어떤 상황일지 꼭 묻는다.<br>2 학생들은 체험 중 힘들었던 일이나 곤란했던 상황을 자유롭게 이야기한다.<br>3 교사는 학생들의 경험을 가족, 이웃, 사회로 확장하여 생각할 수 있도록 돕는다.<br>4 사회 구성원으로서 어떤 책임을 갖는지, 개선되었으면 하는 제도가 있는지 논의한다. |
| --- | --- |

# 우리는 책임질 수 있다고요

"성적자기결정권이 우리에게 있다면서요. 우리 서로 사랑하고 있고요, 피임 잘하고 성관계할 거고요. 혹시라도 태어난 생명에 대해 책임만 질 수 있으면 십대 청소년기에 성관계해도 되는 거 아니에요?"

이 문장 속에는 가르쳐야 할 주제들이 얼마나 많은지, 한 번에 많은 양의 밥을 삼켰을 때 목이 메는 느낌과 똑같았다. '책임만 질 수 있다면' 그 책임의 막중함을 학생들이 가늠할 수 있을까? '리틀 맘에 대해 어떻게 생각하시나요'라는 성 질문을 받았을 때, 성인의 말로 답을 하면 이해할까? 청소년기에 임신을 해도 학습권을 보장하도록 하고 있지만 현실적으로 임신·육아와 학업을 병행하는 것은 성인도 어려운 일이다. 이러한 것들을 백 마디 말보다는 직접 체험하여 느끼게 하고 싶었다. 준비된 부모 교육이 필요했다. 성 체험관에서 하는 일회성 체험이 아니라 종일 체험을 할 수 있도록 해야겠다는 고민을 하던 중이었다. 그러던 중 고등학교에 근무하던 보건선생님과 만나 수다를 떨다가 남자 고등학생이 임신 체험복을 입고 종일 체험을 했다는 이야기를 들었다.

구체적인 실행 계획을 세우며 검색을 해보니 미국의 우는 아기 모형과 성교육 수업 과제에 대해 알게 되었다. 아기가 울 때마다 달래기, 기저귀 갈기, 놀아주기, 우유 먹이기를 해야 했고 수행 기간은 일주일이라고 했다. 다만 우는 아기 모형을 우리나라에서는 구할 수 없었고, 가능하다고 해도 학교 예산으로는 불가능했다. 그렇지만 그 미션을 참고하여 이 체험을 구체화할 수 있었다.

## 1. 체험 준비

임신 체험복은 3kg, 5kg, 7kg 세 종류가 있다. 초등생은 3kg 정도가 적당하고 중학생은 5kg, 7kg 두 종류를 준비해서 학생 체격에 맞게 사용한다. 요통, 추간판탈출증 등 무거운 무게를 감당하기 어려운 질환이 있는 학생들은 체험에서 제외한다.

신생아 무게가 3kg 내외이므로 육아 체험용 아기 모형은 2kg 내외의 신생아 간호 실습 모형이 좋다. 가벼운 패브릭 인형은 무게를 느끼기 어려우니 사용하지 않는다. 아기를 데리고 학교에 등교하는 설정이므로, 아기띠를 준비하고, 기저귀 가방 안에는 일회용 기저귀 2~3개, 배냇저고리, 물티슈, 휴대용 휴지, 신생아 싸개, 거즈 손수건, 젖병

2~3개 등 아기를 데리고 외출할 때 필요한 물품을 넣어둔다.

　교구를 주문하고 택배가 속속 도착할 무렵, 나는 학사 일정과 평가 기간, 특히 실기 평가 일정을 면밀히 살펴서 일정을 정했다. 날씨가 너무 더우면 학생들이 힘들어하고 체험 기간이 길어지면 흥미가 떨어진다. 따뜻한 봄, 다른 수업의 평가 기간을 피해 한 달 이내에 마칠 수 있도록 일정을 계획했다. 학생 수가 많다면 체험 교구를 2~3세트 정도 준비한다.

　일정과 체험용 준비물이 모두 정리가 되어 걱정과 기대를 안고 체험 설명을 위해 교실로 들어섰다. 모형과 기저귀 가방 등 물품을 카트에 한가득 싣고 온 나를 보고 학생들의 눈이 반짝이며 우르르 앞으로 쏟아져 나왔다.

　"선생님, 이거 뭐예요?" "아기다!" "나도 초등학교 때 임신 체험해봤는데!"

　임신 체험복 배를 두드리는 학생, 아기 인형 목과 팔, 다리를 비트는 학생, 아기 괴롭히지 말라고 소리치는 학생들로 떠들썩했다. 이런 모든 상황을 물리치고 수업을 시작했다.

　"성 질문 중에 '리틀 맘에 대해 어떻게 생각하시나요?'라는 질문이 있었어요. 이제 그 답을 하려고 해요."

　"리틀 맘이 뭐예요?"라고 묻는 학생이 있는가 하면 "십대에 엄마가 되는 거야!"라며 이미 알고 있는 경우도 있다.

　"다음 주부터 여러분은 '리틀 맘' '리틀 대디' 체험, 학교에서 임신·육아 체험을 하게 될 거예요. 이전에 해본 사람?"

몇 명의 학생들이 초등학교 보건 수업 시간이나 성체험관에서 잠깐 해봤고 무거웠다고 했다.

이번에는 '잠깐'이 아니라 학교에서 일과 중에 내내 할 거라는 나의 말에, 교실이 갑자기 소란스러워지면서 질문이 쏟아졌다. 한마디로 난리법석. 양손을 들어 '워워' 손짓을 하며 학생들을 진정시켰다.

"잠깐만! 우선 임신은 혼자 하는 것이 아니죠? 그래서 가상 부부가 될 순서를 랜덤으로 뽑고 선생님이 먼저 설명을 한 후에 질문을 받을게요. 괜찮죠?"

학생들에게 자유롭게 짝을 정하라고 하면 소외되어 짝이 없는 학생이 나올 수 있기 때문에 랜덤이 좋다. 디지털 뽑기판을 활용하여 학생들이 보는 앞에서 돌리는 방법도 있고, 쪽지에 번호를 적어 뽑기를 해도 좋다. 쪽지를 활용했을 때는 바로 이름을 적어 제출하게 했다. 그렇지 않으면 설명하는 내내 쪽지를 갖고 있으면서 눈치 빠르게 슬쩍 바꾸기 때문이다. 남녀 합반일 경우에는 민감하게 반응하므로 남녀 색깔이 다른 쪽지를 준비해서 같은 성별끼리 가상 부부가 될 수 있도록 준비한다.

"가상의 부부가 한 팀이 되어 오전에 한 팀, 오후에 한 팀, 하루에 두 팀씩 체험을 할 거예요. 한 사람은 아빠, 한 사람은 엄마가 되어 한 사람당 두 시간씩, 한 팀이 총 네 시간의 체험을 할 거예요. 선생님이 일정을 짜서 학급 게시판에 붙여두겠으니 그것을 보고 오전 팀은 아침에 등교하면 보건실에 와서 체험 모형을 가져가고 오후 팀은 학교가 끝나고 하굣길에 반납하세요."

갑작스레 닥친 일에 학생들은 궁금한 것이 너무 많다. 빨리 설명을 하지 않으면 질문 폭탄을 받을 수 있다.

"임신 체험에 대해 먼저 설명할게요. 엄마 역할을 하는 사람이 먼저 두 시간 체험복을 입고 체험이 끝나면 역할을 바꿔서 입어요."

"엄마가 임신 체험하는 동안 아빠는 뭐 해요?"

"임신 체험복을 입으면 일상생활이 불편하겠죠? 아빠 역할 하는 사람은 옆에서 열심히 도와주세요. 아침에 체험복 입을 때부터 도움이 필요하고, 오후에 반납할 때도 도움이 필요하니 보건실에 올 때도 함께 오세요. 실제로도 여성이 임신하면 주변의 배려와 도움이 많이 필요해요. 오전 네 시간 체험이 끝나면 점심시간에 오후 팀에게 넘겨주세요. 오후 팀은 체험복을 입고 급식을 먹어야 해요."

"헐. 체험복 입고 어떻게 밥 먹어요? 밥 먹을 때는 벗고 먹으면 안 돼요?"

"어머! 여러분 어머니께서 임신하고 식사하실 때는 배 속의 아기 꺼내놓고 식사하고 다시 배 속에 아기 넣었을까요?"

"아니요."

"급식을 받아서 자리로 가는 것도 어려울 거예요. 그럴 때는 어떻게 할까요?"

"아빠가 도와줘야죠."

임신 상태로 학교생활을 하는 것이 본인들의 일이 되었으므로 구체적인 상황에 대해 질문이 이어졌다.

"체육 시간에는 어떻게 해요?"

"체육선생님께 미리 말씀드려놓았으니 평가 시간이 아니라면, 체험복을 입고 할 수 있는 체육활동은 그대로 해도 돼요. 임신을 했다고 운동을 못 하는 것은 아니에요. 만일 체육을 하고 싶지 않거나 할 수 없으면 체험복을 입은 채로 친구들이 하는 것을 보기만 해도 돼요. 만일 체험복을 내려놓고 평가에 참여해야 한다면 부모가 잘 보이는 깨끗한 곳에 내려놓으세요. 현실에서는 불가능하지만 엄마 배 속의 태아가 자신이라고 생각하고 안전한 곳에 벗어놓으세요."

운동을 좋아하는데 보고 앉아 있어야만 하는 것은 싫다는 학생, 다른 애들이나 선생님들이 보는데 임신 체험복 입는 것이 창피하다는 학생 등 질문과 걱정이 이어졌다. 여성이 임신 기간에 포기하는 것이 어디 운동뿐이겠는가. 나는 학생들에게 어머니가 임신을 했을 때의 마음을 이해하는 시간이 되기를 바란다는 말로 답했다.

당시 교장선생님은 급식실에서 임신·육아 체험하는 학생들이 밥은 잘 먹는지, 짝꿍이 밥 먹는 것을 잘 도와주는지 살피고는 했는데 한번은 나에게 전화를 해왔다.

"오늘 임신 체험은 몇 반이 해요? 임신 체험복 입은 아이가 안 보여요."

자초지종을 알아보니 해당 학생이 임신 체험복을 입고 급식실에 가는 것이 창피해서 교실에서 굶고 있었다. 그래서 그다음부터는 안내사항을 하나 더 늘렸다.

"여러분의 어머니께서 임신하셨을 때 식사는 어떻게 하셨을까요? 평소 좋아하던 음식, 예를 들면 커피를 디카페인 커피로 바꾸거나 카페인이 든 음료를 끊으셨을 거예요. 평소 좋아하던 음식이 싫어지기도 하고, 좋아하지 않는 음식이 아기에게 좋다고 하여 일부러 찾아드시기도 했을 거예요. 선생님도 그랬거든요. 때로는 체중 조절을 위해 임신 중에도 다이어트를 하는 여성들이 있는데 영양부족으로 저체중아 출산, 조산 등의 문제가 발생하기도 해요. 너무 많이 먹어도 문제가 되지만 임신 중 심한 다이어트는 아기와 엄마 건강에 좋지 않은 영향을 미쳐요. 임신 체험 중이니 아기와 엄마의 건강을 위해 먹는다 생각하고 급식은 꼭 챙겨먹고 임신 체험 기간만이라도 '나와 아기에게 좋은 음식이 무엇일까?' 생각하면서 드세요.

과제가 두 가지 있어요. 첫번째는 임신 체험 '인증 샷'을 두 장 찍어서 제출하세요. 임신으로 인한 어려움을 표현하는 장면 한 장, 임산부로서 배려받는 장면 한 장. 두번째 과제는 임신 체험 활동지를 작성해서 제출하세요."

작성해야 할 임신·육아 체험 활동지 2종을 배부해서 함께 보면서 설명하면 학생들의 이해를 도울 수 있다. 실제로 임신하고 출산을 하려면 열 달을 기다려야 하지만, 학생들은 하루나 이틀 만에 출산의 고통도 없이 아기를 만나 육아 체험을 할 수 있도록 일정을 짰다. 임신체험과 육아 체험 간의 감정을 자연스레 잇고, 일정을 기억하기 쉽도록 두 체험 간의 간격을 짧게 한 것이었다. 그래서 스케줄은 최대 일주일을 넘기지 않도록 했다.

육아 체험도 임신 체험과 같이 오전에 한 팀, 오후에 한 팀이 체험을 한다. 일정에 맞춰 아침에 아기를 데리고 가고 하교할 때 다시 데려

다준다.

"아기를 데리고 등교하는 거니까 육아 체험할 때는 아기 띠와 외출용 기저귀 가방도 있어요. 임신은 엄마만 할 수 있지만 아기는 '엄빠'가 같이 돌보는 거예요. 육아 체험할 때도 미션이 있어요. 아기에게는 어떤 돌봄이 필요할까요?"

"우유 먹여요." "기저귀 갈아줘요." "저는 동생을 많이 돌봐서 자신 있어요."

실제로 아기를 키울 때는 학생들의 대답보다 더 많은 일을 해야 하지만, 네 시간 동안 돌보는 체험이니 열 가지 미션을 주었다.

"다시 말하지만 아기 돌보는 미션은 '엄빠'가 함께 하는 거예요. 수업 시간에는 할 수 없고 쉬는 시간에만 해야 하니 열 가지를 다 하기 어려울 수도 있어요. 열 가지를 다 하는 게 목표가 아니니 안 한 것을 했다고 표시하지 않아도 돼요. 할 수 있는 만큼만 하세요. 실제 아기는 기저귀를 갈 때 가만히 있지 않고 버둥거리고, 우유를 먹다가 뱉기도 해서 힘들지만, 인형 아기는 얌전하고 우유를 실제로 타지 않아도 되니까 훨씬 쉬워요."

"병원은 어떻게 데리고 가요?" 미션 활동지를 보며 한 학생이 물었다.

"아기가 아플 때는 병원도 데리고 가야 하고 시기에 맞춰서 예방접종도 해야 해요. 두 가지 모두 보건실에 오면 선생님이 의사 선생님처럼 진료도 해주고 예방접종도 해줄 거예요. 아기가 어디가 아픈지는 상상해서 증상을 만들어서 오세요."

학생들은 인형 놀이를 할 생각에 신나는 눈치다.

"우유 먹고 나서 트림을 안 시키고 그냥 눕히면 공기를 토하면서 음식물이 함께 올라와요. 그러면 음식물이 기도로 넘어가며 막아서 부모도 모르는 새에 숨이 막혀 죽을 수도 있으니 반드시 트림을 시켜야 해요."

인형 아기를 세워서 트림시키는 시범을 보였다.

"이렇게 세워서 트림시키다가 아기가 먹은 우유를 토해서 옷을 다 버리기도 해요. 인형 아기는 안 그럴 거니까 다행이죠? 여러분의 부모님께서는 당연히 '그러려니' 하면서 여러분을 키우셨어요."

"목욕은 어떻게 시켜요?" 이번에는 다른 학생이 질문을 했다.

"진짜 아기는 버둥거리고 미끈거려서 목욕시키기가 너무 어려워요. 인형 아기는 이 물티슈를 이용해 닦아주는 것으로 대신할게요. 이것도 너무 쉽죠? 기저귀는 이 새 기저귀로 갈아주고 사용한 기저귀는 이렇게 잘 감싸서 쓰레기통에 버리세요."

기저귀 하나를 뜯어서 싸서 버리는 시범을 보였다. 인형 아기의 성별이 궁금해서라도 '기저귀 갈기'는 학생들 대부분이 꼭 하는 미션이다. '기타'에는 활동지에 제시된 미션 이외에 한 것이 있으면 적으라고 했다.

"수업 시간에 아기를 내려놓아야 할 때가 있겠죠? 아기 싸개에 잘 싸서 부모가 잘 볼 수 있는 안전하고 깨끗한 곳에 내려놓으세요. 언제나 '무엇을 어떻게 할까?' 잘 모를 때는 아기가 '나 자신'이라고 생각하세요. '나'라고 생각하면 다른 사람이 인형 아기의 목이나 팔을 비틀거나, 아기의 생식기를 장난으로라도 만지도록 놓아두지 않겠죠? 그런 것은 폭력이에요. 인형이더라도 소중하게 대해주세요."

가끔 인형의 목이나 팔을 비틀기도 하고 머리를 빼거나 생식기를 장난스럽게 만지기도 하므로 미리 사전에 고지를 한다.

"아기는 인기가 많아요. 자칫 잠깐 사이에 없어질 수도 있으니 항상 잘 돌보세요."

이전에 체험했던 선배 학생이 1년 만에 만난 아기가 반갑고 예쁘다며 체험 학생이 잠시 내려놓은 사이에 인형을 갖고 간 적이 있다. 체험 학생이 온 학교를 찾아 헤매다 못 찾고 울먹이며 아기를 잃어버렸다며 나를 찾아왔다. 잃어버린 학생에게 염려 말라고 하고 귀가시켰고 아기는 다음날 무사히 보건실로 돌아왔다.

"여러분의 멋진 체험을 기원합니다!"

## 2. 체험

체험이 시작된 어느 날, 출근 시간이었다. 중앙 현관을 들어서니 보건실 문 앞에 학생 둘이 도란도란 이야기하며 서성이고 있었다. '어디가 아파서 왔나?' 싶어서 자물쇠를 열며 물었다.

"무슨 일?"

"저희 오늘 임신 체험하는 날이잖아요."

보건실 문을 열기도 전에 기대에 찬 얼굴로 문 앞에서 기다리는 팀이 있는가 하면 아예 가지러 오지 않는 팀도 있었다. 오지 않는 팀을 불러다 억지로 시킬 필요는 없다. 이것은 나중에 체험 나눔 시간에 이야기 소재가 된다. 육아 체험 물품을 가지러 왔을 때는 엄마 아빠 역할 중 누가 먼저 아기 띠에 아기를 안을 것인지 물은 뒤 아기를 안겨주고 다른 한 학생에게 기저귀 가방과 물품을 넘겨주었다. 가끔 아기 띠를 사용하는 것이 창피하다고 그냥 아기를 안고 다니겠다고 하는 경우에는 편하게 하되 잘 돌보기만 하라고 했다.

체험 물품을 가지러 올 때부터 정해진 짝과 함께 오지 않고 다른 친구와 함께 오는 학생들도 제법 있었고, 때로는 혼자 오는 학생들도 있었다. 혼자 오는 학생은 체험일 뿐인데도 좀 힘이 없어 보였다. 이 체험을 진행하면서 예상했던 것보다 더 많은 것을 느낄 수 있었다. 임신·육아와 관련해 세상에서 일어나는 크고 작은 사건들이 학생들의 짧은 체험에도 고스란히 드러났다.

육아 체험 중 예방접종과 진료를 위해서 보건실을 방문했을 때는 실제 병원처럼 이것저것 묻고 청진도 했다. 동생을 돌봤던 경험이 있는 학생들은 천연덕스럽게 진짜 부모처럼 말을 했다.

"오늘 무슨 일로 오셨어요?"

"오늘 예방접종하려고요. 근데 어제 아기가 아파서 우유도 잘 안 먹고, 조금 먹은 것도 토했어요. 밤새 울고 보채느라 잠을 못 잤어요."

"열이 좀 있어서 오늘 접종은 안 되겠고 우선 주사 맞고 약 처방해 드릴 테니 약 잘 먹이고 3일 후 다시 볼게요. 주사 맞게 엉덩이 좀 보여주세요."

"우리 아기, 주사 안 아프게 놓아주세요."

나와 학생들과의 약속으로 시작된 체험인데 한편으로는 학교 구성원 모두의 체험이 되어가고 있었다. 남자 선생님이 봄꽃이 활짝 핀 교정에서 학생 임신 체험복을 빌려 입고 '인증 샷' 찍은 것을 보여주셨다. 이 시기에 배가 불러왔던 임신한 선생님은 학교 안에서 최고 수혜자가 되었다. 선생님이 지나가면 학생들이 무거운 것도 다 들어주고 특별대우를 해준다고 했다.

어느 선생님은 아기 인형 미아 신고 전화를 하기도 했다.

"선생님, 제가 교실을 지나가는데 인형 아기만 교실에 혼자 있어 미아 신고합니다. ○학년 ○반에 있어요. 제가 아기 데리고 갈게요."

잠시 후 그 아기의 '부모님께서' 쩔쩔매며 나타나셨다.

"선생님, 어떡해요? 아기를 잠깐 놓고 나갔는데 아기가 없어졌어요. 학교를 다 뒤져도 없어요. 죄송해요."

학생들은 온 학교를 뛰어다녔는지 얼굴에 땀이 송글송글 맺혔고 울기 직전이었다.

"나에게 죄송할 건 없지요. 아기를 잃어버렸으니 아기에게 미안한 거지요. 아기는 여기 있어요. 아기에게 미안하다고 하세요."

"잃어버린 거 아니에요! 잠시 놓고 화장실 다녀왔더니 없어졌더라고요."

"잃어버린 게 아니고 잠시 놓고 나간 거였군요. 두 사람 중에 한 사람은 돌봤어야지요. 여러분이 갓난아이일 때 부모님께서 공원에 산책을 갔다고 생각해봐요. 갑자기 급해서 화장실 가실 때, 여러분만 덩그러니 공원 벤치에 두고 두 분 다 가셨다면 어떻게 되었을까요?"

"우리 부모님은 안 그러세요!"

"그렇지 그럴 리가 없지요. 그러니 여러분도 그러면 안 되는 거였어요."

아기를 업고 혼자 외출했는데 급하게 화장실을 가야할 때가 있었다. 주변에 도와줄 사람이 없을 때 아기를 업은 채로 볼일을 봤던 내 기억을 되살려 답을 해주었다.

## ⟨ 3. 체험 나눔

모든 체험이 끝난 후에는 체험 중에 일어난 일에 대해서 나누는 시간을 가졌다.

"쟤는 임신 체험복을 사물함에 넣어놓고 체험을 아예 안 했어요."
한 학생의 제보에 당사자는 과제도 해야 하고 너무 힘들어서 그랬다고 답하며 죄송하다고 했다. 가상의 상황이지만, 나는 이게 실제라면 어떤 상황인지 학생들에게 발문했다.

"바쁘고 힘들다고 태아를 장롱 속에 넣고 돌보지 않은 거니까 태아에게 미안해 해야죠. 진짜 태아라면 어떤 상황이었을까요?"

학교에 엘리베이터가 없으니까 임신 체험복 입고 다니기 힘들어서 그랬다는 경우도 있었다.

"그렇죠. 많이 힘들었죠. 여러분의 어머니께서 임신하셨을 때 다니는 모든 곳에 엘리베이터나 에스컬레이터가 있었을까요? 우리 사회에 임산부를 위한 시설이 부족한데 그런 시설 없는 곳에는 방문을 안 하셨을까요?"

실제로 힘들었을 것이다. 이럴 때는 학생 개인에게 책임을 묻고 끝내기보다는 사회구성원으로서 다시 돌아볼 기회를 갖도록 알려주는 것이 좋다. 귀찮아서 안 한 학생도 있었다. 당사자는 힘든 걸 피해서 좋았지만 태아는 어떻게 된 걸까? 결혼, 임신, 출산은 모두 개인의 선택이다. 그러니 반드시 임신을 해야 하는 것은 아니지만 임신 체험을 하기로 한 것은 임신한 상태로 가상 설정된 것이므로 임신 체험을 안 한 학생들은 깜빡 잊고 체험을 안 했든, 일부러 안 했든 임신이 중단된 상태가 된 것임을 알렸다. 그런가 하면 체험을 열심히 한 학생들의 불만에 찬 목소리도 있었다.

"수업 시간에 아기를 무릎에 올려놓고 수업을 듣고 있는데 ○○선생님께서 아기를 사물함에 넣고 오라고 하셨어요. 어떻게 그럴 수가 있어요? 제 아기인데."

체험 첫해에 다른 교사의 이해 부족으로 일어난 일이었다. 이해를 구하는 메시지를 한 번 더 보내자 이듬해부터는 이런 불만은 없어졌다.

"제 짝이 안 도와주고 나 몰라라 해서 힘들었어요." "짝이 결석(조퇴)해서 혼자 아기 돌보느라 힘들었어요."

"실생활 속에서도 그런 일이 일어나기도 하죠? 어떤 경우일까요?"

'한 사람이 죽었을 때' '미혼모' '이혼' '돈 벌러 멀리 갔을 때' '한 사람이 일이 바빠서' '사이가 안 좋을 때' 등의 대답이 나왔다. 그러나 '미혼부'라는 말은 거의 나오지 않는다. 현실에서는 결혼하지 않은 남성이 혼자 키우는 경우도 많은데.

이런 대화를 통해서 단지 '사랑=책임' 등식이 반드시 성립하는 것은 아니라는 것을 학생들의 입을 통해 알 수 있었다.

"실생활에서 그런 경우에 도움이 필요하면 보통 어떻게 해요?"

"할머니, 할아버지가 도와줘요." "아기를 몰래 버리기도 해요."

"그렇죠. 이모, 고모, 삼촌, 친척, 친구, 이웃이 도와주기도 하고, 지역사회와 국가가 도와주기도 해요. 그런데 가끔 아기를 혼자 못 키우는 사람들이 안타깝게도 아기를 버리기도 하죠. '한 아이를 키우는데 온 마을이 필요하다'는 아프리카 속담이 있어요. 학급에서는 어떻게 했어요?"

"친구들이 도와줬어요."

"그래요. 학급의 친구들이 친척, 이웃, 사회, 국가가 되어 임산부와 육아를 도와줘서 고마워요. 간혹 아기 혼자 남아서 시설에 들어가거나 입양되는 경우가 있어요. 태어난 아기가 건강하게 성장할 수 있도록 국가가 지속적으로 노력하고 있지만 많이 부족해요. 이런 체험활동을 한 여러분이 어른이 되었을 때, 필요한 제도를 마련하는 위치에 있는 사람이 되거나 그런 사회적 노력에 참여하는 사람이 되기를 바라요."

교실에는 '한부모 가족' '조손 가족' '이혼 가족' 등 다양한 가족 형태가 혼재한다. 때로는 '사회복지시설'이나 부모의 학대로 '쉼터'에서 다니는 학생들도 있다. 어떤 형태의 가족도 모두 정상이라는 전제하에 수업해야 한다.

학생들이 제출한 힘든 임산부 모습 '인증 샷'을 보자. 교실 의자에 허리를 뒤로 젖히고 어렵게 앉아 있는 모습, 벽을 짚고 서 있는 모습, 모둠 책상에 부른 배를 끌어안고 앉아서 중앙에 있는 필기도구를 잡으려 힘겹게 손을 뻗고 있는 모습, 바닥에 있는 물건을 엎드려 집는 게 힘들어 찡그린 얼굴 등이 있었다.

'엄마가 나를 이렇게 힘들게 낳아주셨구나'라는 느낀 점은 남녀 공통으로 가장 많이 보이는 반응이었으니 이 체험의 학교 밖 최고 수혜자는 어머니다. '남편이 안 도와주었다' '사람들이 귀찮아했다'는 현실 속에서도 마주칠 수 있는 상황인데, 그 짧은 시간에도 느꼈다는 것이 놀라웠다. 계단 오르내릴 때 발밑이 안 보여서 위험했다는 '인증 샷'과 느낀 점을 볼 때는 예전의 내가 떠올랐다. 과거의 경험도 시간이 지남에 따라 잊는데 체험해볼 기회조차 없는 사람들에게 이해와 배려는 너무나 어려운 일이라는 생각이 들었다.

'인증 샷'과 느낀 점을 떠올리며 '우리 사회에서 임산부 배려를 위한 제도 개선에는 무엇이 필요하다고 생각하십니까?'라는 질문에 대한 답을 보면 연관되는 지점을 찾을 수 있다.

대중교통에 대한 의견으로 임산부 자리 늘리기, 눈에 확 띄는 전용 좌석 만들기, 양보하기, 임산부석 앉으면 벌금 물리기 등이 있었다. 도우미 제도, 짐 들어주기, 식당에 임산부 전용 좌석 만들기, 임산부 줄 서면 양보하기, 임산부가 앉기 편한 의자를 곳곳에 설치하기 등의 의견도 냈다. 이외에도 경제적 지원으로 병원비 할인 및 지원, 공공분야 할인 제도, 보조금 등과 같은 의견이 있었고, 임산부 휴직 기간 늘리기, 출산 휴가 눈치 안 보고 사용할 수 있게 하기 등과 같이 사회적 지원까지 확대시킨 의견도 있어서 학생들의 성숙한 생각을 엿볼 수 있었다.

우리 사회에서 육아하는 가정을 위해 필요한 제도가 무엇인지 물어보았다. 보육비 지원, 분유와 장난감 지원, 아기를 낳으면 5년 동안 매달 ○○만 원씩 주기 등과 같이 임산부 체험에 나왔던 경제적 지원에 대한 의견이 또 나왔다. 중학교 1학년 갓 입학한 학생들임에도 육아휴직부터 엄마와 아빠가 동등하게 아이를 돌보기, 사내 유치원 등 돌봄 지원까지 생각하고 있었다.

이때 첫 체험을 한 학생들은 어느새 청년이 되어 인구를 생산할 연령이 되었다. 인구 절벽 시대 해법을 이 청년들에게 물어보아야 하지 않을까? 일상 속 체험이었기에 가능했던 큰 배움이었다. 그러나 학교에서 운영하기 위해서는 학교의 예산 지원과 구성원들의 이해와 배려 등 전폭적인 지원이 필요하다. 여러 의미를 지닌 이 체험 활동을 더 많은 학교에서 운영하기를 바란다.

8강

# 청소년의 연애

## 개요

학습자가 자신의 이상형과 비호감의 기준을 생각해보고 이를 적용하여 연애 예절을 또래의 말로 배우도록 한다. 또한 이상형과 비호감의 특징이 만남과 이별에 미치는 영향을 이해하여 '나다운 나'로 성장하는 밑거름이 되도록 한다.

## 이 수업 후에 학습자는

1 또래 친구들의 이상형과 비호감을 알아보고 타인과의 관계에서 중요한 요소를 설명할 수 있다.
2 또래 친구들의 이상형과 비호감의 특성을 비교·분석하여 만남과 이별에 영향을 미치는 요인에 대해 설명할 수 있다.

## 주요 활동

| 1. 이성 친구 질문 소개 | |
|---|---|
| 시간 | 5분. |
| 준비물 | 교사: 이성 교제 질문.<br>학생: 없음. |
| 목적 | 또래의 이성 친구에 관한 질문을 소개하여 동기를 유발한다. |
| 방식 | 성 질문 중 이성 친구에 관한 내용을 모아 소개한다. |

| | |
|---|---|
| **2. 이상형과 비호감 쓰고 나누기** | |
| **시간** | 15~20분. |
| **준비물** | 교사: 쪽지(또는 패들렛).<br>학생: 필기도구(또는 디지털 기기). |
| **목적** | 또래 친구들의 이상형과 비호감을 통해 연애 예절과 관계 형성의 중요 요소를 알아본다. |
| **방식** | 1 '중학생 시절에 연애를 한다'는 가정하에 이상형과 비호감을 쪽지나 패들렛에 쓴다. 쪽지에 쓸 경우 주제에 따라 색을 다르게 한다.<br>2 교사는 학생들의 쪽지를 모두 걷고, 의자만 가지고 나와 작은 원형으로 모여 앉도록 안내한다.<br>3 학생들은 원형으로 앉아 돌아가며 친구들의 생각을 읽는다. |

| | |
|---|---|
| **3. 나만 바라봄과 집착, 끌림과 이별 이해하기** | |
| **시간** | 10분. |
| **준비물** | 교사: 패들렛.<br>학생: 디지털 기기. |
| **목적** | 또래 친구들의 이상형과 비호감의 특성을 비교 분석하여 끌림과 이별, 성장 이별에 대해 생각한다. |
| **방식** | 1 패들렛을 사용한다면 교사는 그 안에 여친/남친과 여사친/남사친 구분법에 대해 발문을 작성하고, 학생들은 댓글로 답을 한다. 패들렛을 사용하지 않는다면 자유롭게 발표할 수 있도록 한다.<br>2 '나만 바라보는 관심'과 '집착'의 차이에 대해 이야기를 나눈다.<br>3 끌림과 이별에 영향을 미치는 요인을 알아본다. |

| 4. 가장 기억에 남는 것과 그 이유 쓰기 ||
|---|---|
| **시간** | 5분. |
| **준비물** | 교사: A5 크기의 종이와 컴퓨터용 사인펜, 바구니(또는 패들렛이나 온라인 설문폼).<br>학생: 없음(또는 디지털 기기). |
| **목적** | 학습자의 이해도를 파악하고 이후 수업에 반영한다. |
| **방식** | **1** 교사는 학생들에게 종이와 컴퓨터용 사인펜을 다시 나눠준다.<br>**2** 학생들은 익명으로 오늘 수업 중 가장 기억에 남는 것과 질문을 종이에 자유롭게 쓴다.<br>**3** 학생들은 교탁에 놓인 바구니에 개별적으로 제출한다. |

# 어떤 친구가 좋아?

'남녀 간에는 성의식의 차이가 있으니 솔직한 대화와 소통에 기반한 이성 교제를 해야 한다'라는 것은 대부분의 교과서와 성교육 책에서 다루는 내용이다. 어떻게 가르쳐야 학생들 마음에 닿을지, 그리고 진짜 남녀 간에 성의식 차이가 있을지 하는 궁금증도 있었다. 그래서 학생들에게 어떤 친구가 좋은지 물어보기로 했다.

준비물은 쪽지만 있으면 된다. 남녀 합반이라면 성별에 따라 이상형과 비호감을 다른 색깔에 적어야 하므로 총 네 가지 색깔 쪽지를 준비한다. 패들렛을 사용할 때는 이상형과 비호감을 한 개의 패들렛에 작성하면 혼란이 생길 수 있으므로 두 개로 준비하는 것이 좋다.

## 1. 이성 친구 질문 소개

"성 질문 쓰기에서 나왔던 질문 중에 '모솔탈출' '남친/여친 사귀고 싶어요'라는 글이 있었어요. 지피지기면 백전백승, 그동안 월경 고민 자랑, 남자 성 고민 자랑 수업을 하면서 자기 이외의 성에 대한 기초 지식을 쌓았으니 오늘 드디어 '모솔탈출' 방안을 찾는 수업을 하려고 해요."

선생님이 무슨 소리를 하는지 모르겠다는 표정들. 중학생에게 이성 친구가 있다는 것은 자랑이다. 물론 학생들 주변의 교사나 부모님께는 달갑지 않겠지만 중학생 문화가 그러하다. 따라서 이를 받아들이고 건전한 이성 교제를 할 수 있도록 도와서 어른들 몰래 음지로 가지 않도록 양지로 이끄는 것이 차라리 나은 선택이다.

## 2. 이상형과 비호감 쓰고 나누기

"'모솔탈출' 하려면 친구들이 어떤 사람을 좋아하고, 어떤 사람을 싫어하는지 알아야 하겠죠? 그리고 내가 어떤 사람을 좋아하고 싫어하는지도 알아야겠죠? 그래서 오늘은 '만약 지금 연애를 하게 된다면 나는 이런 사람이 좋고 이런 사람은 싫어', 즉 이상형과 비호감을 생각해보는 시간을 보낼 거예요."

환호성, 웃음소리, 책상 두드리는 소리로 순식간에 교실이 떠들썩해진다. 양손을 들어 '워워' 하며 정리하고 수업을 이어갔다.

"우리 맘대로 적어도 돼요?"

"물론, 당연하죠. 여러분의 생각을 적는 거예요."

"익명 활동이에요?"

"실명으로 할까요? 여러분에게 선택권을 주겠어요. 굳이 실명으로 쓰고 싶다면, 원한다면 얼마든지!"

"아니오! 익명으로 써요." "선생님, 이것도 다 읽을 거예요?"

학생 질문에 답을 한 번 할 때마다 교실이 떠나갈 듯 환호성을 지르며 좋아하는 대다수의 학생들 사이로 "그런 거 없는데. 생각해본 적 없어요." 하는 학생도 꼭 있다. 이건 정말 중요한 이야기다. 만일 이렇게 물어보는 학생이 없다면 '이렇게 물어보는 학생이 예전에 있었는데 어떻게 생각하는지' 발문을 해서라도 반드시 짚고 넘어가야 한다.

"여행을 갔는데 지도 앱을 봐도 잘 모르겠거나 지도 앱에도 안 나오는 곳을 찾아가야 할 때는 어떻게 하죠?"

"지나가는 사람에게 물어봐요."

"그렇죠. 만일 그 장소에 대한 정보가 전혀 없다면 지나가는 사람이 알려주는 대로 가는 수밖에 없죠. 그렇지만 내가 조금이라도 정보가 있다면 지나가는 사람이 알려준 길을 참고해서 스스로 판단을 하겠죠? 이상형과 비호감도 그런 거예요. 누군가를 만날 때 '나와 잘 어울리는지, 아닌지'를 판단할 때 내 생각, 상대의 생각, 다른 사람들의 생각, 누구 생각이 기준이 되면 좋겠어요?"

"제 생각이요."

"맞아요. 남들이 다 좋다고 해도 나와 잘 맞지 않으면 그 만남은 행복할 수 없어요. 여러분은 '내' 나름대로 살 거예요? '남' 나름대로 살 거예요?"

"내 나름대로 살래요."

이 답변을 할 때, 학생들은 기세 등등하다. 나는 '당연히 그래야지. 너희는 존엄하니까'라고 생각하며 다음 이야기를 이어간다.

"좋아요. '내 나름대로 산다'는 것은 '내 멋대로 사는 것'이 아니고 '나답게' 사는 거예요. 그럼 이제 이상형과 비호감을 쓸 건데, 비호감은 이상형의 반대말이 아니에요. '내가 만나고 싶은 사람은 ○○한 특징이 있는 사람이어야 해' 이것이 이상형이고요, '○○한 특징을 가진 사람은 절대 만나고 싶지 않아' 이것이 비호감이에요. 그리고 '있으면 좋고' '없어도 크게 상관없는' 중간 지점이 있어요."

한 가지만 써야 하는지 묻는 학생, 얼마나 써야 할지 묻는 학생들에게 쓰고 싶은 것은 모두 쓰라고 답하자 '이 지구상에 존재하지 않는 사람을 만들겠다'는 다짐을 하는 학생도 보인다. '그래 원하는 것 모두 써라. 그래야 다양한 관계 맺음 속에서 진짜 나답게 사는 데 중요한 관계를 추려낼 수 있단다.' 내 마음속 소리였다.

"연예인 이름 쓰고 싶은 사람 있죠? 성교육 첫 시간 약속 중에 누군가의 이름을 쓰지 않기로 규칙 정했던 것 기억하죠? 연예인 이름은 쓰지 마세요."

나의 말에 볼멘소리가 나왔다. 연예인 이름을 말하며, 자기는 그 연예인이 이상형이라고 했다. 이에 나는 그 연예인이 좋은 이유를 써보라고 했다. 사적으로 아는 것이 아니라서 그 사람을 모두 알 수는 없지만, 눈에 보이는 외모, 미디어를 보고 짐작하는 성격 등을 쓰라고 했다. 쓸 것이 생기자 학생의 얼굴에 불만이 사라졌다.

"또 하나의 주의사항이 있어요. 사랑 고백을 쓰는 시간이 아니에요. 누가 봐도 알 수 있는 특정 친구의 특징을 쓰고 '사랑해'라고 덧붙이지 마세요. 공개적으로 갑작스럽게 사랑 고백을 했을 때 효과가 있는 것은 영화나 드라마에서 나오는 설정이에요. 상대는 나에게 관심이 없거나 싫어할 수도 있고, 관심이 있어도 공개적인 사랑 고백을 싫어할 수도 있어요. 만일 이런 학생이 수업 시간에 사랑 고백을 받았다면 어떨 것 같아요?"

"으, 완전히 싫을 거 같아요."

학생들이 온몸으로 거부의사를 표현했다.

"공개적으로 사랑 고백했다가 오히려 역효과가 날 수 있으니 하지 마세요."

비호감 쓰기도 마찬가지 규칙을 정한다. 누가 봐도 알 수 있는 특정 학생의 특징을 적지 않도록 주의시킨다. 호감에 비해 비호감의 대상을 특정하는 건 학교 폭력이다. 한 가지 더. 요즘은 키 때문에 스트레스 받는 사람이 너무 많으므로 키를 구체적으로 쓰는 것은 금지한다. 얼마 전 이 수업을 하던 중 여학생이 쓴 이상형에 '키 180cm'가 나오자 키가 좀 작은 남학생이 크게 실망해서 수업 시간 내내 책상에 엎드려 있었다. 그 이후로 주의사항이 더 늘었다.

성교육을 빙자해서 학교 폭력이 일어나거나 상처받는 학생이 있으면 안 되기 때문에 사전에 반드시 고지해야 한다. 때때로, 성교육의 효과는 디테일에서 결정되기도 한다.

이쯤 되면 학생들은 '알았다'며 빨리 쪽지를 나누어달라고 또는 패들렛 링크를 달라고 아우성이다. 마치 출발선에 부릉거리며 서 있는 레이싱 카 같다.

"두 가지 색깔의 쪽지를 준비했어요. 한 쪽지에는 이상형을 적고, 나머지 쪽지에는 비호감을 적을 거예요. 이상형은 어느 색깔에 적을까요?"

색깔이 정해지면 쪽지를 나누고 적기 시작한다. 사소한 것 하나도 학생들에게 선택권을 줄 수 있는 기회가 있다면 언제나 선택권을 주고 자신의 생각을 자유롭게 표현할 수 있도록 격려한다. 이 모든 것들이 성적자기결정권을 가르치기 위한 예비 연습이다. 스스로 결정하고 표현하기!

진지하게 자기 생각을 열심히 적는 학생이 있는가 하면 옆 친구는 어떤 것을 쓰는지 궁금해서 들여다보는 학생들이 있다. 일부러 익명으로 활동하는데 옆 친구가 무엇을 쓰는지 들여다보면 맘 편히 쓸 수가 없으므로, 쪽지는 모두 걷어서 함께 모여서 읽을 것임을 알려 자신의 것만 집중할 수 있게 한다.

"다 적은 사람은 가로 한 번, 세로 한 번, 똑같이 접어서 여기 준비한 바구니에 넣어주세요. 찾아가는 서비스, 선생님이 바구니를 갖고 갈 테니 손을 들어주세요."

학생들과의 물리적 거리를 가까이하면 심리적 거리도 가까워진다. 교사는 교탁을 지키는 사람이 아니며 학생은 교사의 심부름을 하러 학교에 오는 것이 아니다. 맨 뒤에 앉은 학생이 걸어오는 일은 시키지 말자. 교사가 걸으러 다니니 학생들은 손을 들 때도 두 손을 받쳐 들었고 바구니에 쪽지를 넣을 때도 두 손으로 공손히 넣었다. 쪽지를 받을 때 교사가 활짝 웃으며 "감사합니다." 하고 말하면 작은 행동 하나로 수업 분위기는 더욱 좋아진다.

친구들의 의견을 바로 바로 확인할 수 있는 패들렛을 활용할 때는 본인 것을 다 쓰고 나서 다른 친구의 글을 보고, 좋은 것은 자기 것에 더 추가해도 좋다고 말한다.

쪽지가 모두 모이면 의자를 가지고 움직여 무릎이 닿을 듯 작은 원형을 만들어 모여 앉는다. 학생들이 결과물을 돌아가며 읽을 때 교실 전면을 보고 일방향으로 앉는 것보다 서로 얼굴을 마주하고 원형으로 가깝게 앉는다면 비언어적 표현까지 나눌 수 있어 분위기 조성에 도움이 된다.

"지금부터 이상형과 비호감을 읽을 거예요. 어느 것부터 읽을까요?"*

쪽지를 읽는 교실에는 학생들의 깔깔거리는 웃음소리와 소란스러움이 가득 찬다. 이때 교사는 학생들이 읽는 동안 감탄의 추임새를 넣어줘야 한다. 물론 듣다보면 저절로 나오게 되어 있다. 그중에서 빼놓지 말고 넣어야 하는 추임새가 있다. '사람마다 어쩌면 이렇게 이상형이 이렇게 다를까요?' '그것도 매력이 될 수 있겠네요. 선생님도 생각

---

* 쪽지를 돌아가며 읽는 방법은 45쪽 또는 54쪽 참고.

못 했는데'가 바로 그것이다. 사람마다 모두 다른 매력이 있다고 표현해야 한다. 자신의 외모나 성격이 매력 없다고 생각하는 학생들은 매사에 자신감이 없다. 그러나 학생들이 적어낸 다양한 이상형 속에는 이 세상 대부분의 인간형이 들어 있어 그것을 놓치지 말고 짚어줘야 한다. 때로는 "캬." 같은 한 음절의 추임새가 더 큰 가르침을 줄 때도 있다.

이상형을 읽느라고 한 바퀴를 다 돌고 나면 그다음에는 비호감이 적힌 쪽지를 선택해서 돌아가며 읽는다. 비호감에 '대머리'가 나온 적이 있었다.

"너무하네. 대머리는 자신이 선택할 수 없고 유전적으로 타고나는 건데 그걸 비호감이라고 하면 되냐?"

여학생의 말이었다. 이렇듯 학생들이 교사가 하고 싶은 말을 대신해줘 감동스러울 때가 많다. 한 사람씩 읽을 때마다 다음 학생이 읽기 어려울 정도로 탄식과 함성, 웃음소리가 끊이지 않았다. 학생들은 이상형과 비호감을 돌아가며 읽으면서 자연스레 타인과의 관계 형성에 필요한 요소를 내면화했다. 그 디테일에 있어서는 교과서가 따라올 수 없을 정도이다. 만일 이 내용을 학습할 때 교과서를 읽거나 파워포인트로 자료를 제시하며 가르친다면 학생들이 이렇게 열광하며 집중할까?

다음은 학생들이 자주 썼던 이상형과 비호감에 대한 메모다. 이 수업을 처음 한다면 다음 사례를 예시로 활용할 수 있다.

**이상형**

- 적극적인 사람, 마른 사람, 게임 안 하는 사람, 똑똑한 사람, 애교 많은 사람, 나를 진정으로 예뻐해주고 사랑해줄 수 있는 사람, 나만 좋아해줄 수 있는 사람(다른 여자한테 눈독 들이면 싫어요).
- 성격이 좋은 여자, 똑똑한 여자, 티키타카 되는 여자, 코드가 잘 맞는 여자, 일 잘하는 여자, 연락 많이 하는 여자, 비율 좋은 여자.

**비호감**

- 읽씹하는 여자, 욕 많이 하는 여자, 화장 너무 찐한 여자, 뒷담 하는 여자, 친구 쉽게 버리는 여자, 책임감 없는 여자, 허구헌 날 노는 여자, 때리는 여자, 믿을 수 없는 여자, 말 함부로 하는 여자.
- 눈치 없는 남자, 연락 잘 안 되는 남자, 어장관리 하는 남자, 개념 없는 남자, 표현 잘 안 하는 남자, 폭력적이고 강압적이고 말버릇이 나쁘고 마마보이인 사람, 담배 피우는 사람, 욕하는 사람.

## 3. 나만 바라봄과 집착, 끌림과 이별 이해하기

이상형과 비호감의 조건을 쓰다보면 언제나, 항상, 변함없이 나오는 특성들이 있다. 여친/남친과 여사친/남사친을 구분하는 갈등. '나만 바라보는 사람'과 '집착'. 패들렛을 사용한다면 교사가 바로 발문을 올리고 학생들이 댓글을 쓰는 방식으로 진행할 수 있다.

나와 연애하는 상대가 나만 바라보면 좋겠는데 주변에 여사친/남사친이 너무 많아 불만일 수 있다. 이것은 비단 청소년기에 한정되지 않으며 성인기 이후까지도 이어져서 연인 사이에 갈등을 일으키는 주된 원인이 되기도 한다. 그래서 이상형과 비호감 읽기가 끝나면 '여친/남친과 여사친/남사친은 구분법'을 거꾸로 학생들에게 발문했다. 방금 전까지 열광하던 분위기는 싹 다 가라앉고 생각하는 분위기로 바뀌었다.

"여친/남친과 여사친/남사친이 주변에 많으면 싫다고 했는데 몇 명이면 적당할까요?"

다음 발문을 던졌다. 그러자 학생들은 각각 자기 기준을 말했다. 서너 명도 있었고, 그 이하나 그 이상도 있었다. 잘 모르겠다는 답도 이어졌다.

"지금 여기 교실에 남학생, 여학생이 있는데 여기 있는 사람들은 모두 여사친/남사친일까요?"

나의 발문에 학생들의 표정이 심각해지고 있었다.

"이 다음에 성인이 되었을 때 직장을 다닌다고 생각해봐요. 직장에는 여자, 남자 모두 있겠죠? 직장 특성에 따라 어느 한 성별이 더 많을 수는 있지만 어느 직장에나 남녀 모두 있어요. 거기서 만나는 사람은 여사친/남사친인가요?"

"아니요."

"직장 동료죠. 결국 내가 만나는 연애 상대에게 '여사친/남사친이 있냐?' '있다면 얼마나 많느냐?'의 문제는 두 사람 사이의 신뢰의 문제예요. 상대가 나 말고도 가깝게 만나는 다른 연애 상대가 있는지 의심이 들고 그 의심이 자꾸 커지면 자기 스스로를 '의심 감옥'에 가두는 거예요. 그 과정에서 '나만 바라보는 관심'을 넘어 '집착'으로 변질될 수 있어요. '집착'은 '데이트 폭력'*으로 이어지기도 하고요. '데이트 폭력'은 '데이트'라는 용어를 사용하고 있어서 자칫 '사랑싸움'으로 생각하거나 '나를 너무 사랑해서' '너를 너무 사랑해서'라고 인식하기도 하는데, 아니에요. 그저 '폭력'일 뿐입니다. 첫번째 '폭력'이 일어났을 때 그것은 '사랑'이 아닌 '폭력'임을 인식해야 해요. '데이트'라는 글자를 떼어내고 '아는 사람'으로 바꾸세요. '아는 사람 사이의 폭력'이에요."

연인 사이의 교제 폭력, 부부 사이의 가정 폭력이 일어나는 첫번째 순간에 '저 사람은 내가 그저 아는 사람'이라고 생각하면 대처가 쉽지 않을까.

'나만 바라보는 것'과 '집착'을 어떻게 구분할 수 있는지 한 번 더 학생들에게 물어봤다. 학생들은 점점 더 진지해졌다. 다음은 학생들의 답이다.

- 다른 사람에게 눈길 주지 않고 내게만 다정한 것은 나만 봐주는 거고, 집착은 말하고 싶지 않은 사생활까지 알려고 하는 것.
- 서로를 존중하냐 안 하냐의 차이인 듯.
- 사생활 침해당한다고 느끼면 집착.

---

※ 데이트 폭력은 교제 폭력으로 바꿔 불러야 한다. 이에 관해서는 "16강 교제 폭력과 스토킹범죄"에서 상세히 다룬다.

학생들이 알려준 구분법을 잊지 않기를! 마지막으로 이상형과 비호감의 특징을 분석해서 끌림과 이별에 적용해봤다.

"이상형의 특징과 비호감의 특징을 외모와 성격으로 구분해볼 때 전반적으로 어떤 요소들이 많은 것 같아요?"

"이상형에는 외모가 많은 것 같고, 비호감에는 성격이 많은 것 같아요."

"누군가와의 첫 만남에서 어떤 사람에게 끌리는 이유는 이상형의 특징일까요? 비호감의 특징일까요?"

"이상형의 특징 아닐까요?"

"그렇죠. 일단 첫 만남에 나의 이상형이어야 만남이 이루어지겠죠. 그리고 만남을 계속 이어가거나 이별로 이끄는 요소는 이상형, 비호감 중 어느 특징일까요?"

"비호감일 것 같아요."

"맞아요. 끌림에는 이상형 요소의 영향을 받겠지만 그 만남이 지속하는 데는 비호감 요소의 영향을 받게 되요. 아까 말한 것처럼 이상형에는 외모 요소가 많지만 비호감에는 성격 요소가 많아요. 요즘은 외모를 가꾸는 데 시간과 비용을 많이 투자하지요. 그렇지만 이 결과를 놓고 볼 때 누군가와 만남을 지속하기 위해서는 인성을 가꾸는 것이 더 필요해요. 이상형이라고 생각해서 만나봤는데 막상 만나보니 의외로 그 특징이 나와 안 맞을 수도 있어요. '데이트 코스를 잘 짜는 것'이 좋았는데 만나다보니 '자기주장만 하는 사람'일 수도 있어요. 또 '연락을 자주 하는 것'이 좋아서 만났는데, 시도 때도 없이 연락해서 '1분

이내 '칼답' 안 하면 짜증을 내기도 해요. 단점을 뒤집으면 장점이 되기도 하고 장점을 뒤집으면 단점이 되기도 해요. 그런 것들은 어떻게 하면 알 수 있을까요?"

나와 맞는 상대, 장단점 사례는 그날의 수업 결과물을 보면 얼마든지 골라낼 수 있다. 학생들이 적어낸 이상형과 비호감을 짝지어 이야기하면 집중력은 껑충 뛴다. 더 나아가 교사가 골라내기 시작하면 학생들이 짝을 지어주기 시작한다.

"많이 만나봐야 할 거 같아요." "대화를 많이 해요."

"맞아요. 중학생 시기에 꼭, 반드시 연애를 해야 한다는 것은 아니지만, 만일 연애를 한다면 폭넓게 여러 친구를 만나보기를 권하고 싶어요. 그러다보면 바라는 것 많았던 이상형과 비호감의 특징들이 가지치기가 되고 정말 나와 잘 맞는 사람을 찾는 날이 올 거예요. 오늘 발표한 이상형과 비호감은 언제나 변함이 없을까요?"

"변하겠지요."

수업 초반의 환호성과 장난기는 이미 사라지고 없다. 상황에 따라, 상대에 따라, 나이가 들어 경험이 쌓여가면서 변할 거고 변하는 것은 당연하다. 이제 이 수업의 막바지에 이르렀다. 연애 관계를 친구관계로 확장시켜본다.

"여기 나온 이상형과 비호감을 연애가 아닌 또래 친구와의 관계에 적용해보세요. 여러분은 자신이 적은 이상형의 조건에 맞는 사람일까요? 여러분은 자신이 적은 비호감 행동을 친구에게 한 적은 없을까요?"

177

잠시 이야기를 멈추고 1~2초간 학생들과 눈을 맞추며 생각할 시간을 주었다. 또래 친구가 세상의 전부인 청소년기에 '친구 관계'는 중학생의 가장 큰 고민이다. 눈에 보일 듯 말 듯, 학생들 몸이 아주 미세하게 움찔하는 것을 볼 수 있었다. 마치 깨달음을 얻은 듯한 얼굴로 나를 응시하는 학생들도 있었다.

"일부는 다를 수도 있지만 대부분 인간관계에 그대로 적용해볼 수 있어요. 연애에서든, 또래 친구 관계에서든 오늘 친구들의 의견을 참고해서 '나다운 나'로 성장하는 여러분이 되길 바라요."

## 4. 가장 기억에 남는 것과 그 이유 쓰기

교사의 백 마디 말보다 또래의 한 마디가 훨씬 교육적일 때가 있다. 이 수업의 수업 목표 달성 정도는 학생들의 말들로 대신한다.

- 연애나 짝사랑은 너무 번거로운 것 같고 안 하는 게 좋을 것 같다. 생각보다 이기적이고 비현실적으로 상대방에게 원하는 것이 많다는 것을 알게 되었다.
- 사람들마다 이상형과 비호감이 다른 걸 알았어요.
- 내 이상형을 이렇게 구체적으로 생각해본 건 처음이다.
- 비호감에 있던 내용들이 나 자신을 가꾸기 위해 도움을 준다.
- 나도 남에게 완벽할 수 없고 남도 나에게 완벽할 수 없다고 생각하니까 이상형 중 가장 중요한 걸 생각하고 있어야겠다는 생각이 들었다.

9강
## 연애 가치 사전 만들기

연애할 때 중요한 가치를 학습자 스스로 정의를 내리고 타인의 생각을 비교하여 인간관계 예절로 확대하여 내면화할 수 있도록 한다. 대면 수업에서 에듀테크를 활용한 수업을 하는 방안도 소개하였다.

## 이 수업 후에 학습자는

**1** 연애 관계에서 중요한 추상적 가치 단어를 구체적으로 표현하여 연애 예절을 설명할 수 있다.

**2** 자신과 타인의 연애 예절을 비교·분석하여 인간관계 예절에 적용할 수 있는 방안을 제시할 수 있다.

## 주요 활동

| 1. 내 맘 콕 | |
|---|---|
| **시간** | 5분. |
| **준비물** | 교사: 학생 수에 맞춰 준비한 그림책(예: 《아름다운 가치사전》, 《아홉 살 사전》 시리즈, 《쿠키 한 입의 수업》 시리즈), 재접착 메모지. 학생: 필기도구. |
| **목적** | 추상적 단어에 대해 자기만의 정의를 내리는 연습을 하며, 같은 단어도 사람마다 다르게 받아들일 수 있음을 배운다. |
| **방식** | **1** 교사는 추상어를 구체적으로 표현한 그림책을 학생 수에 맞춰 준비하고, 재접착 메모지와 함께 나눠준다.<br>**2** 학생들은 그림책을 읽고 인상 깊거나 자신의 경험과 비슷한 내용을 골라 재접착 메모지에 그 이유를 써서 책에 붙인다.<br>**3** 교사는 수업이 끝나면 메모지가 붙은 그림책을 보건실에 비치해 오가는 학생들이 보고 추가 의견을 적을 수 있게 한다. |

| 2. 연애 가치 사전 만들기 | |
|---|---|
| **시간** | 20분. |
| **준비물** | 교사: 학생 수에 맞춰 준비한 스크랩북, 그림 스티커, 추상어 쪽지.<br>학생: 필기도구. |
| **목적** | 연애할 때 중요한 가치를 담은 단어들을 고르며 바람직한 연애 태도에 대해 생각한다. |
| **방식** | **1** 학생들은 교사가 준비한 스크랩북과 그림 스티커 한 장, 추상어가 적힌 쪽지를 한 장씩 뽑아서 자리로 돌아간다.<br>※ 추상어 쪽지는 '이상형과 비호감' 수업에서 나왔던 단어 중 연애할 때 중요한 가치가 담긴 단어를 교사가 선정하여 준비한다. 쪽지에는 4~6개 단어가 적혀 있으면 된다.<br>**2** 학생들이 단어마다 또는 전체적으로 연결해서 상황을 설정하여 단어를 정의할 수 있도록 예를 들어 알려준다.<br>**3** 그림 스티커는 설명을 보충하는 자료로 활용할 거라고 안내한다.<br>**4** 학생들은 나눠준 스크랩북에 제목을 쓰고 한 페이지에 한 단어씩 정의하고 스티커를 붙여 '연애 가치 사전'을 완성한다.<br>※ 어려운 부분은 모둠원과 상의하여 해결할 수 있게 유도한다. |

| 3. 무인 월드 카페와 그래서 나는 | |
|---|---|
| **시간** | 15분. |
| **준비물** | 교사: 스크랩북, 색연필과 붓펜과 사인펜 등 꾸미기 도구.<br>학생: 필기도구. |
| **목적** | 또래의 결과물을 둘러보고 질문하고 공감하며, 타인에게 바라는 것을 자신에게도 적용해야 함을 깨닫는다. |

| 방식 | 1 재접착 메모지를 모둠마다 올려둔다. |
|---|---|
| | 2 학생들에게 '연애 가치 사전'을 모둠 책상 위에 올려두고 다른 모둠으로 이동하여 다른 친구들의 결과물을 살펴보라고 한다. |
| | 3 자유롭게 질문과 자기 생각을 재접착 메모지에 적어서 스크랩북에 붙일 수 있다고 안내한다. |
| | 4 무인 월드 카페 활동을 마치면 자기 자리로 돌아가서 스크랩북 마지막 페이지에 '나는 상대에게 이런 사람이 될 거예요'라는 주제로 글을 쓰게 한다. |
| | 5 수업을 마치면 '연애 가치 사전'을 보건실에 전시한다. |

# 연애 예절은 결국 인간관계 예절

"12월 24일, 크리스마스이브였어요."

크리스마스이브라고 하니 학생들은 더 솔깃해서 들었다.

"기말고사도 끝난 학기 말, 크리스마스이브, 생각만 해도 마음이 설레죠? 그날 학생들은 낮부터 기분이 들떠 있었고 보건실에 와서 학교 끝나고 뭘 할 건지 수다를 떨었어요. 오후 4시 20분쯤, 학생들은 일찌감치 하교하고 학교는 조용했어요. 선생님도 컴퓨터를 끄고 퇴근하려는데 보건실 문이 드르륵 열렸어요. 그런데 사람은 들어오지 않고…"

교실 문 쪽으로 천천히 걸어가서 문을 열었다 닫고, 학생들을 빙 둘러봤다. 한 학생이 "귀신?"이라고 하자 다른 학생이 '설마' 하는 얼굴로 나를 봤다.

"사람 말소리는 들리는데 아무도 들어오지는 않는 거예요. 그 학교 보건실은 교실이나 교무실과는 좀 멀리 떨어져 있어서 모두 집에 가고 나면, 아무도 없을 때 엄청 무서웠어요. 그래서 가만히 안에 앉아서 문만 쳐다보고 있는데 여학생 두 명이 드디어 문 앞에 나타났어요. 한 명은 끌고 들어오려고 했고 다른 한 명은 버티고 있었는데 결국 버티던 학생이 보건실로 끌려 들어왔어요. 끌고 들어온 학생이 말하기를 끌려온 친구가 '게임하면서 알게 된 남자애를 만나러 간다고 해서 가지 말라고 했는데, 계속 가려고 한다'고 했어요. 그러자 끌려온 학생이 '오래전부터 알고 지내는 착한 애'라고 말했어요. 그 말에 끌고 들어온 학생이 '게임 채팅에서 만난 애가 착한 걸 어떻게 아느냐'고 했고요. 그래서 선생님도 착한 걸 어떻게 아는지 물었어요. 그랬더니 '속상하고 힘들 때 말을 잘 들어주고 위로해줬다'는 거예요. 또 시험 앞두고는 공부해야 하니까 시험 끝날 때까지 연락도 안 하고, 공부 열심히 해서 시험 잘 보라고 하고 연락을 끊었다고요. 그리고 '시험이 끝나면 시험은 잘 봤는지, 공부하느라고 힘들었을 텐데 힘내라면서 기프티콘도 하나씩 보내줬다'고도 했어요."

"그런 거 사주면 착한 애긴 한데…" "그래도 온라인에서 만난 애를 어떻게 믿어요?"

"그래요? 기프티콘 같은 거 보내주면 착한 애예요? 그리고 진짜 착하게 생겼다고 하면서 선생님에게 그 애가 보낸 사진을 보여줬는데 얼굴에 딱 '모범생'이라고 쓰여 있더라고요."

교실 여기저기서 "사기네. 사기." "사진만 보고 어떻게 알아." "어떻게 그런 것도 몰라?" 라는 말이 들렸고 "디지털 범죄?" 하는 작은 목소리도 들렸다.

"그러면 여러분은 착한 사람을 어떻게 알아볼 수 있어요?"

몇몇 학생들은 입을 달싹거렸지만 대답을 못 했고, 어떤 학생은 그 사람이 하는 말을 들어보면 알 수 있다고 했다. 진짜 그 사람이 하는 말을 들어보면 알 수 있는지 내가 되물으니 자신 없는 목소리로 의견이 나뉘었다.

"오늘은 여러분과 함께 '착한 사람'을 한눈에 딱 알아보는 방법을 찾아볼 거예요."

학생들의 얼굴에는 '엥? 우리가 그걸 어떻게 알아?' 하는 표정이 역력했다. 의도는 이해하는 눈치인데 어떻게 찾을지 막막해 보이기도 했다.


## 1. 내 맘 콕

"'존중' '배려'와 같이 눈으로 확인할 수 없거나 손으로 만져 느낄 수 없는 말을 추상어라고 해요. 오늘은 상대의 추상적인 특성을 어떻게 알아볼 수 있는지 추상어를 구체어로 바꾸는 '연애 가치 사전' 만들기를 할 거예요."

"그게 뭐예요?"

추상어를 구체어로 표현하는 것은 어른들도 어려워하는 일이다. 추상적 단어에 대해 구체적으로 정의를 내린 그림책을 준비해서 같이 보면서 시작하면 훨씬 쉽게 접근할 수 있다. 활동 방법은 다음과 같이 명확하게 알려주어야 한다.

"추상어를 구체어로 바꾸는 걸 도와줄 '내 맘 콕' 활동을 먼저 할 거예요. 그림책을 한 권씩 나누어줄 테니 읽어보고 인상 깊거나 공감이 가거나 비슷한 경험을 한 적이 있다면 바로 그 표현을 선택해서 해당 페이지에 재접착 메모지를 붙이고 이유를 적어주세요. 익명 활동이고 자유롭게 쓰세요. 한 가지 이상만 적으면 돼요. 정답은 없어요."

'부러움'이라는 추상어에 대해 학생이 쓴 것을 예를 들면 '내가 못 하는 것을 다른 아이가 재능이 있어 더 잘한다고 생각하는 것' 같은 식으로 적는 것이다. '준비성'에는 '나도 자기 전에 챙길 걸 챙기고 잠들고, 일어나서 한 번 더 확인하기 때문에 공감이 갔다'고 하며 자신의 경험을 잘 표현하기도 했다.

한 모둠에서 학생들이 서로 다른 그림책을 받았으니 옆자리 학생의 그림책을 궁금해 하는 것은 당연하다. 바꾸어서 보며 '내 맘 콕' 활동을 더 할 수 있다. 이때 옆 사람과 그림책을 반드시 바꾸어 봐야 한다고 지시하지 않도록 주의한다. 읽고 생각하는 것이 빠른 학생도 있고 천천히 오래 생각해야 하는 학생도 있다. 나는 지금도 독서를 할 때 무릎을 탁 치는 구절을 만나면 생각을 정리하여 기존 지식과 통합하느라 책 한 권 읽는 데 시간이 꽤나 오래 걸린다. 교사는 교실을 순회하며 학생들의 질문과 대화에 귀 기울인다. '내 맘 콕' 활동 메모가 붙은 그림책은 수업이 끝나도 메모를 떼지 말고 보건실에 비치하여 오가는 학생들이 자유롭게 보고 추가 의견을 적을 수 있도록 하자.

## 2. 연애 가치 사전 만들기

학생들이 '내 맘 콕' 활동을 하는 동안 교사는 교탁에 '연애 가치 사전' 만들기를 위한 준비물을 나열한다. 다양한 색깔의 스크랩북, 그림 스티커, 추상어 쪽지를 전시하는 것만으로도 학생들의 관심을 집중시킬 수 있다. 그림 스티커는 창의적인 생각을 끌어낼 수 있으며 색감이나 그림이 자극적이지 않은 것이 좋다. 이야기톡 4각 그림 스티커나 학토재 이미지프리즘 스티커도 괜찮다.

'내 맘 콕' 활동을 마친 사람은 한 사람씩 앞으로 나와서 메모를 적은 그림책은 제출하고, '연애 가치 사전' 만들기 준비물을 가져가라고 한다. 학생들이 가져가야 할 준비물을 설명할 때는 하나씩 들어 보여 주며 명확하고 구체적으로 안내하자.

"스크랩북 한 권, 그림 스티커 한 장, 추상어 쪽지 한 장씩을 뽑아 가세요. 그림책을 제출할 때는 여러분이 활동한 것을 선생님이 확인할 수 있도록 자신이 작성한 페이지를 펼쳐서 제출하세요."

학생들이 준비물을 모두 가져가면 여기저기서 질문이 쏟아진다. 쪽지를 펼쳐도 되는지, 다른 친구 쪽지를 봐도 되는지, 모두 다른 내용을 받은 것을 알게 되면 모두 다른 내용을 받은 것이 맞는지 등.

추상어 쪽지는 '이상형과 비호감' 수업에서 나왔던 단어 중, 연애할 때 중요한 가치 단어를 교사가 선정하여 쪽지에 적고, 쪽지에 적힌 글이 안 보이도록 접어서 준비한다. 만일 '배려' '존중' '소통' 등과 같이 교사가 중요하게 생각하는 덕목이 없다면 추가한다. 그러나 그런 경우는 거의 없다. 쪽지 한 장에 들어가는 가치 단어의 개수는 4~6개로 이를 미션 단어로 부여한다. 이만큼의 단어로 활동하려면 두 시간 정도의 수업 시간이 필요하다. 만일 한 시간에 모든 활동을 끝내고자 한다면 이상형과 비호감 구분 없이 학생 한 명당 한 개의 미션 단어를 부여하고 학급 전체가 '연애 가치 사전' 한 권 만들기를 하자. 미션 단어 한 개만으로도 학생들은 대단히 심사숙고해서 활동한다.

"여러분이 뽑은 쪽지를 펼쳐보세요. 단어나 상황이 네 개씩 들어 있지요. 어디서 나온 것일까요?"

여러 가지 답변과 함께 지난 수업 주제였던 '이상형과 비호감' 활동에서 보았던 내용임을 눈치채는 학생이 있다.

"맞아요. 다른 학급에서 나온 의견도 포함해서 여러분이 써낸 이상형과 비호감의 특징을 정리했어요. 그중에서 추상어를 간추려서 이상형 두 개, 비호감 두 개, 한 사람당 총 네 개의 미션을 할당했어요. 가장 많이 나온 말은 무엇이었을까요?"

지난 시간에 모두 읽었으므로 기억을 떠올려 자기 학급에서 많이 나왔던 단어를 여기저기서 말한다. 주로 나오는 단어는 존중, 배려, 착함이다.

"말로는 하늘의 별도 달도 다 따다줄 수 있죠. 그런데 아까 얘기에서처럼 '착함'을 무슨 수로 알아보겠어요. 그래서 '나의 이상형과 비호감' 활동에서 여러분이 적어냈던 단어 중에 추상적인 단어들을 구체적으로 표현하는 활동을 할 거예요. 예를 들어볼까요? '존중'의 사전적 의미는 '높이어 귀중하게 대하는 것'이에요. 실생활에서 '존중'을 좀더 구체적으로 표현할 방법을 찾아볼게요. 수업 시간에 선생님이 여러분을 어떻게 대할 때 존중받고 있다고 느낄까요?"

'존대어로 말할 때' '귀 기울여 들어줄 때' 등 다양한 답이 나왔다.

"'존중'이란 단어를 미션으로 받았다면 지금 여러분이 말한 것처럼 '귀 기울여 듣는 것'이라고 가치 정의를 내릴 수 있어요."

가치 단어를 연애 상황에 맞도록 직접적인 예시를 든 적이 있었는데 '존중' 미션을 받은 학생이 교사가 말한 그대로 적어내는 해프닝이 있었다. 따라서 간접적인 예시를 제시하는 것이 좋다. 가치 단어 예시를 몇 개 더 들어주고 스크랩북을 펼쳐 보이며 작성 방법을 설명한다.

스크랩북은 시판 제품이나 교사가 직접 수작업으로 제작한 것을 사용할 수 있다. 시판 제품은 가로와 세로가 각 15cm 정도 되며, 10페이지짜리 제품이 적절하다. 직접 제작하려면 좀 두꺼운 A4 색상지를 반으로 잘라 A5 크기로 만든다. 색상지는 포장 겉면에 표시되어 있는 중량의 숫자가 클수록 두꺼운 종이이며 수업에 쓰기에는 $180g/m^2$ 정도가 적당하다. A5 크기로 잘라 준비한 다양한 색깔 색상지 두 장을 반으로 접는다. 가운데 접힌 부분을 스테이플러로 찍으면 간단하면서도 깜찍한 8면짜리 스크랩북을 만들 수 있다. 학생들은 한눈에 교사가 만든 것임을 알고 '고맙다'며 인사도 하고 더 소중하게 다룬다. 게다가 스크랩북 색깔이 모두 다르니 고르는 재미로 분위기도 좋아진다. 교사 연수 시간에 직접 제작한 스크랩북을 소개하면 '그걸 어떻게 다 만드느냐'고 하는데, 만들어보시라. 단순 반복 작업은 스트레스 해소에 좋고, 고맙다 인사까지 받으니 일거양득. 만일 학생 한 명당 한 개의

189

미션 단어를 준다면 스크랩북이 아니라 A6(또는 엽서) 크기로 잘라 한 장씩만 배부한다.

모두 배부한 후에는 학생들이 혼란스럽지 않도록 설명과 동시에 칠판에 다음처럼 미션을 쓴다.

표지: 제목, 자유롭게.

2~5쪽: 미션 단어와 가치 정의.

6쪽: 남김.

"단어마다 다른 상황을 설정해도 되고 전체적으로 연결되도록 설정해도 돼요. 연결되는 상황이란 두 사람이 놀이동산에 놀러 간 상황이나 데이트하는 장면 등으로 설정하는 거예요."

"그림 스티커는 어디에 써요?"

"그림 스티커는 여러분이 좀더 폭 넓게 생각할 수 있도록 도와줄 거예요. 그림의 상황 자체를 이용할 수도 있고 그림 속 색깔, 물체, 숫자, 심지어 점 하나도 여러분의 표현을 도와줄 수 있어요. 채팅할 때 글만 쓰는 것보다 이모티콘을 사용하면 느낌을 더 잘 표현할 수 있지요? 그림 스티커도 그런 용도로 사용하는 거예요. 활동이 끝난 후 친구들과 결과물을 공유하는 무인 월드 카페 활동을 할 건데 그때 내 생각을 더 잘 전달할 수 있도록 도와줄 거예요."

이때도 사례를 제시하여 이해를 돕는다. '교제 폭력이란 비행기처럼 무겁고 큰 물건으로 연인을 때리는 것'이라고 가치 정의 내린 것을

190

소개하며 '캐리어를 들고 비행기를 타고 여행을 떠나는' 그림 스티커를 보여주었다. 그림 스티커를 친구 것과 바꾸고 싶어하는 경우, 서로 동의하에 바꾸는 것을 허용한다. 다만 그림에 생각을 가두기보다는 그림을 매개로 생각을 확장할 수 있도록 돕는 것이 더 좋다.

그림 스티커는 A4 크기 한 장에 20~25조각(한 조각의 크기가 가로 4cm, 세로 5cm 정도)이 들어 있는 것을 학생 한 명당 한 장씩 사용할 수 있도록 준비한다. 패들렛을 사용할 계획이라면 패들렛에서 직접 이미지를 검색해서 첨부할 수 있으며, 글만 쓰고 AI가 추천해주는 그림 중에서 선택하는 등 변화하는 수업 환경을 적절히 적용하는 것도 학생들의 몰입도를 올리는 방법이다.

"조금 전에 보았던 그림책 참고자료를 떠올리면서 하세요. 만일 그림책 내용이 잘 기억나지 않으면 다시 나와서 갖고 가서 봐도 돼요. 선생님은 '연애 가치 사전'이라고 제목을 정했지만 사전 제목은 여러분의 생각이 잘 전달되도록 바꾸어도 됩니다. 친구들의 예쁜 연애를 위해 꼭 알려주고 싶은 제목과 내용으로 사전을 만드세요. 모둠원들과 상의해서 써도 돼요."

'연애 사전, 작성자는 솔로' '연하싶(연애하고 싶어)' '나의 남자친구 구별법' '연애의 모든 것' '애인학 개론' '우~♡ 자기야♡' '연애 세포' '핑크빛 연애' '오! 사전' '연애가 궁금해?' '정확한 답변을 원할 때! 사이다 클릭' '남친 만나고 싶지? 꼭 봐라, 후회하면서 혼자 펑펑 울지 말 Go' '조심하면 나쁠 게 없는 세 가지' 등과 같이 톡톡 튀는 제목들이 무인 월드 카페 활동할 때 친구들의 관심을 끌었다.

191

토론하자고 말하지 않아도 해결이 어려운 미션 단어를 모둠원 간에 묻고 답하면서 자연스레 토론이 일어났고, 결과물은 개별 작성하도록 하니 모둠 활동의 부작용이 사라졌다. 무엇보다도 모든 학생들에게 다른 미션 단어를 제시했으므로 따돌림당하는 학생의 미션마저 궁금해서 들여다보고 관련 경험이나 의견을 이야기하며 떠들어 따돌림도 자연스레 해결되었다. 이전 수업까지는 '옆 친구 것 보지 말라'고 조건을 붙였던 반면에 "모둠원들과 상의해서 써도 돼요."라고 한마디 바꿨을 뿐인데, 소통과 협업 등 모둠 활동 효과를 톡톡히 볼 수 있다.

교사는 교실을 순회하며 학생들이 활동을 하는 동안 나누는 대화를 듣고 활동을 돕는다. 학생들이 가장 어려워하는 것은 구체어 표현이다. 이럴 때는 즉각적인 답을 하기보다는 먼저 모둠 학생이나 전체 학생에게 묻고 그래도 해결이 어려우면 개별적으로 그림 스티커를 함께 보며 도와준다.

학생들이 적은 것을 보면 단지 연애하는 사이의 관계를 넘어서 인간으로서 지켜야 할 도리라는 것을 알 수 있다. 예를 들어 '몰상식'이란 추상어에는 '당장 내일 지붕이 무너질 것 같아도 별생각이 없는 것'이라고 쓰며 초가지붕 위에 호박이 그려진 스티커를 붙여둔다. '더러운 사람'에는 '오늘은 안 씻어도 괜찮겠지 하고 생각하는 사람'이라고 쓴 뒤 진흙탕을 뒤집어쓴 자동차 그림 스티커를 붙였다. '마음이 여린 사람'이라는 말에는 '쿠키를 내 마음대로 먹어도 내가 배고프면 용서해주는 거야'라고 쓰기도 했다.

## 3. 무인 월드 카페와 그래서 나는

'연애 가치 사전 만들기'가 마무리될 즈음에는 무인 월드 카페 활동으로 이어가기 위해서 각 모둠 책상 위에 재접착 메모지 더미를 놓아줬다. 발표하는 대신 돌아다니며 질문이나 조언을 적는 무인 월드 카페 활동을 하는 동안 학생들은 다른 친구들의 생각을 들여다보면서 즐거우면서도 진지하게 참여한다. 학급에 따라 분위기는 천차만별이지만 한 명도 빠지지 않고 돌아다니면 집중해서 읽는 편이다. 심지어 자기 것을 대충 쓴 학생도 남의 결과물을 열심히 읽는다. 읽을 시간을 더 달라고 할 때는 보건실에 전시할 것이니 방문해서 다른 학급 학생의 결과물도 살펴보라고 하자.

무인 월드 카페 활동을 마치고 자기 자리로 돌아오면 마지막 활동을 한다. 스크랩북 내지 마지막 면에 '나는 상대에게 이런 사람이 될 거예요'를 쓰도록 한다. 이때 칠판에도 적어야 학생들이 혼선이 없다.

이상형과 비호감으로 시작해서 추상어를 구체어로 바꾸는 과정까지, 자신이 남에게 바라는 사항이다. 상대에 대한 기대가 있다면 자신에게도 적용할 수 있어야 한다. 타인 바라보기에서 시작해서 자신에게 돌아오는 여정이다. 청소년기는 친구 관계 고민이 많은 시기이다. '연애 가치 사전 만들기'는 '건강한 관계 맺기'를 위한 수업이다. 학생들은 친구들의 결과물을 읽으며 자신의 생각과 비교하고 진정한 자기 모습을 정리하는 성찰의 시간을 갖게 된다. 나는 수업을 끝맺으며 말했다.

"오늘 여러분은 연애 상대의 추상적인 특성을 구체적으로 표현하는 활동을 했습니다. 여러분이 작성한 구체적 표현의 주어를 '나'로 바꾸어보세요. '나는 상대에게 그런 사람인가' 생각해보시기 바랍니다. 더 나아가 연애 상대뿐만이 아니라 친구 관계에도 적용해볼 수 있어요. 여러분은 친구에게 그런 사람인가요?"

'그래서 나는?' 쓰기 활동을 한 중학교 1학년 학생들의 마음을 들여다보자. 좋은 글들이 너무나 많아서 읽는 내내 따스함이 느껴져 가슴 뭉클했다. 학생들 마음속에는 올바르게 성장할 씨앗이 있다. 교사는 단지 그 성장을 도울 뿐.

- 저는 상대방이 같이 있을 때 설레면서도 편안하고 늘 같이 있고 싶은, 그리고 '아, 나를 정말 좋아하는구나, 나를 배려해주는구나' 하는 마음과 믿음이 가는 친구가 되겠어요.
- 저는 의리 있고 힘이 되어줄 수 있는 친구가 되고 싶습니다. 친구가 외롭거나 따돌림을 당한다면 손 내밀어주고, 필요할 때만 찾지 않는 가장 소중한 친구가 되고 싶습니다.
- 쿠키를 양보해주는 착한 친구, 쿠키를 나누어주는 부드러운 친구, 존중해주는 예의 있는 친구가 되고 싶어요.

10강

# 성적자기결정권과 동의

원하는 스킨십과 또는 원치 않는 스킨십을 분류하며 그 이유를 생각해보고, 성적자기결정권과 진정한 동의의 개념을 이해한 뒤 성행동에 따르는 책임을 알아본다. 성평등한 욕구 표현과 원치 않는 성행동을 거절하는 첫번째 단계를 연습한다.

## 이 수업 후에 학습자는

**1** 원하는 스킨십의 차이가 있을 수 있음을 이해하고 바람직한 대처 방안을 제시할 수 있다.

**2** 성적자기결정권의 개념을 이해하고 성행동에 따른 책임을 설명할 수 있다.

**3** 동의의 진정한 의미를 이해하고 성적자기결정권 행사를 위해 거절하는 방법을 시연할 수 있다.

## 주요 활동

| 1. 원하는, 원치 않는 스킨십 | |
| --- | --- |
| **시간** | 9분. |
| **준비물** | 교사: 두 가지 색깔 쪽지, 필기도구, 바구니(또는 패들렛).<br>학생: 없음(또는 디지털 기기). |
| **목적** | 성행동의 경계를 스스로 정하고 그 이유를 설명한다. |
| **방식** | **1** 두 가지 색 쪽지를 학생들에게 나눠준다.<br>※ 교사의 질문에 익명으로 작성하는 것임을 알린다.<br>**2** 학생들에게 첫번째 쪽지에 원하는 스킨십과 그 이유를 적게 한다.<br>※ 학생들이 모두 같은 색 쪽지에 적도록 안내하고, 자유롭게 쓰도록 한다. |

| | 3 다른 색 쪽지에는 지금 나이에 절대 하고 싶지 않은 스킨십과 이유를 적는다.<br>4 교사는 바구니를 들고 돌아다니며 쪽지를 걷는다.<br>5 쪽지를 제출한 학생들은 의자를 가지고 나와 둥글게 모여 앉는다.<br>6 원하는 스킨십 쪽지와 원치 않는 스킨십 쪽지를 돌아가며 하나씩 꺼내 읽는다.<br>7 모두 읽은 다음에는 자신이 뽑은 쪽지를 들고 자기 자리로 돌아간다. |
| --- | --- |

## 2. 스킨십 분류와 진정한 동의의 개념 알기

| 시간 | 20분. |
| --- | --- |
| 준비물 | 교사: 스킨십 8종 카드, 원형 자석, 재접착 메모지(또는 패들렛).<br>학생: 없음(또는 디지털 기기). |
| 목적 | 친구들의 성행동의 경계를 확인하고 서로 다름을 이해한다. |
| 방식 | 1 교사는 여덟 가지 스킨십이 적힌 카드를 칠판에 붙인다.<br>※ 스킨십 종류는 손잡기, 어깨걸기, 팔짱끼기, 포옹, 뽀뽀, 키스, 몸 만지기, 성관계로 한다.<br>2 교사는 학생 중 한 명을 선택하여 칠판에 붙은 스킨십 카드를 약하다고 생각하는 것부터 강하다고 생각하는 것까지 순서대로 정리하게 한다.<br>3 학생들은 '원하는 스킨십' 쪽지에 적힌 내용 중 수준이 가장 '높다'고 생각하는 곳에 동그라미를 한다.<br>4 학생들은 '원치 않는 스킨십' 쪽지에 적힌 내용 중 가장 '낮다'고 생각되는 곳에 동그라미를 한다.<br>5 학생들은 칠판에 붙여둔 스킨십 종류 아래에 자신이 뽑은 쪽지를 동그라미 한 것을 기준으로 붙인다. |

## 3. 성평등한 성 욕구 표현

| 시간 | 10분. |
|---|---|
| 준비물 | 교사: 없음.<br>학생: 없음. |
| 목적 | 자신의 성행동의 경계와 이유에 대한 표현을 성평등하게 할 수 있도록 한다. |
| 방식 | **1** 성 욕구 표현을 하는 것에 남녀 모두 평등하다는 것을 전제한다.<br>**2** 성행동을 원하지 않는다는 것도 성 욕구 표현임을 알게 한다.<br>**3** '원치 않는 성행동의 이유'를 떠올리며 성행동 거절 1단계를 학습한다. |

## 4. 가장 기억에 남는 것과 그 이유 쓰기

| 시간 | 5분. |
|---|---|
| 준비물 | 교사: A5 크기의 종이, 컴퓨터용 사인펜, 바구니(또는 패들렛이나 온라인 설문폼).<br>학생: 없음(또는 디지털 기기). |
| 목적 | 학습자의 이해도를 파악하고 이후 수업에 반영한다. |
| 방식 | **1** 교사는 학생들에게 종이와 컴퓨터용 사인펜을 다시 나눠준다.<br>**2** 학생들은 익명으로 오늘 수업 중 가장 기억에 남는 것과 질문을 종이에 자유롭게 쓴다.<br>**3** 학생들은 교탁에 놓인 바구니에 개별적으로 제출한다. |

# 진정한 동의는 소통의 결과물

많은 교과서에서 성적자기결정권을 설명할 때 '성행동에 대해 자신의 의지로 자유롭게 선택할 수 있는 권리로, 그 결과를 책임져야 한다'고 이야기한다. 더불어 '동의'의 개념을 가르치며 그 연장선으로 스킨십이라는 성행동을 소재로 삼아서, 스킨십의 순서를 나열하고 허용하는 범위가 다르다는 내용으로 설명한다. 그러나 이런 설명은 '책임만 질 수 있다면 성행동은 내 마음대로'라는 오류에 빠지게 하며, 스킨십은 범위가 아닌 개별 행동이라는 것을 간과한다. 따라서 내 수업에서는 학생들과 의견을 나누고 해석하며 학생 스스로 올바른 결론에 도달할 수 있도록 해야겠다는 생각이 컸다.

# 1. 원하는, 원치 않는 스킨십

"교제를 하면 스킨십 진도에 관심이 많죠? 오늘은 그 스킨십에 대해 이야기를 나눠볼 거예요."

'스킨십'이라는 말만 나와도 환호성이 터지니 동기유발용 자료나 사례 제시가 필요 없다. 바로 본론으로 들어갔다.

"전에 이상형과 비호감에 대해서 생각해봤죠? 그때 여러분이 썼던 이상형을 만났다고 상상해봐요."

지구상에 존재하지 않는 사람을 만들었다며 학생들이 장난스럽게 답을 했지만, 그럼에도 있다고 가정하고 그 사람을 만나서 사귄다면 어떤 스킨십을 원하는지 상상해서 적어보자고 했다. 그리고 두 가지 색의 쪽지 한 장씩을 남녀 구분 없이 나눠줬다. 나는 파란색 종이와 노란색 종이를 준비했고, 그중 파란색 종이를 들고 학생들에게도 나와 같은 종이를 다함께 들어보자고 했다. 색깔을 바꿔 작성하면 반대로 쓰게 되므로 차근차근 진행하자.

남녀의 성의식 차이를 한눈에 알아볼 수 있어서 성별에 따라 다른 색을 지정해준 적도 있는데, 지금의 성문화는 어른들이 만든 것을 학생들이 습득한 결과이므로 필요 이상으로 성별 차이를 구분하여 가르치며 강화할 필요가 없다는 판단이 들었다. 그래서 현재는 남녀 구분 없이 주제에 따라서 다른 색 종이를 나눠준다.

"먼저, 파란색 쪽지에 적을 질문이에요. 지금 이상형을 만났어요. 완전 대박 행운이죠? 사랑은 언제나 짝사랑으로 시작하는 거 알아요?

두 사람 중 한 사람이 먼저 좋아하는 감정을 느끼고 만남이 이어지면서 '썸'을 타요. 어느 날 한 사람이 고백을 하고 사귀게 되었어요. 두 사람이 스킨십을 하는 순간이 오겠죠? 그때 여러분이 '원하는 스킨십과 그 이유'를 적어보세요. 어떤 스킨십을 하면 기분 나쁘지 않고 달달 로맨틱할 것 같아요?"

학생들은 상기된 얼굴로 '익명 쓰기'인지, 이것도 돌아가면 읽을 것인지, 하나만 적어야 하는지를 물었다.

"익명이고요, 돌아가면서 읽을 거예요. 원하는 것이 많죠? 원하는 것을 모두 적어요. 맘껏 적어요. 한 면으로 부족하면 뒷면까지 적어도 돼요. 범위도 정해줄게요. 성관계까지 적어도 돼요."

'학교 수업 시간에 성관계를 적어도 된다니' 하는 놀란 눈.

"왜요? 성관계는 빼고 쓸까요? 수업 시간에 성관계에 대한 이야기를 하는 것이 불편하면 말하세요. 여러분의 의견을 존중해서 빼고 할게요. '성관계 빼자' 손들어보세요. 그다음, '성관계 포함하자' 손들어보세요."

'성관계는 빼고 하자'는 의견에 손드는 학생을 여태 보지 못했다. 이 활동에서 학생들은 그토록 궁금하던 '성관계'를 드디어 맘껏 적어볼 수 있다. 청소년에게도 성 욕구는 분명히 있는데 말하지 못하게 한다고 없어지는 것도 아니고 차라리 준비된 교사가 있는 교실에서 말하게 하고 교육적으로 이끌어주는 것이 필요하다.

"이유를 꼭 써야 해요?"

빠지지 않는 질문이다. 어떤 것이든 실제로 해보는 것이 가장 효과적이고 기억에 오래 남는 교육법이지만, 수업 중 스킨십을 실제로 해볼 수도 없고, 그래서도 안 된다. 하지만 학생들에게 원하는 스킨십의 이유를 쓰게 하면 기준에 대한 나름의 근거가 생겨 효율적으로 이야기할 수 있다.

"진정 사랑하는 사람을 만나면 평생 할 스킨십이에요. 그래서 근거를 가지고 나의 스킨십 기준을 정하는 연습을 해보는 거니까 써보세요."

"원하는 스킨십이 없는 사람은 어떻게 해요?"

당연히 없을 수 있다. 없으면 '없음'이라고 쓰게 하자. 하지만 '없음'은 '모름'과는 다르다는 것을 분명히 이야기해야 한다.

"'없음'은 '생각해봤지만 중학생 청소년 시절에는 스킨십이라는 것을 하고 싶지 않다'라는 의미예요. 반면에 '모름'은 생각을 안 해본 거예요. 모르는 사람은 '상대가 원하면, 또는 주변 사람이 말하면, 그게 맞는 줄 알고 따르게 될 수도 있다'는 의미예요. 그러니까 지금까지 몰랐던 사람은 지금이라도 생각해보세요. 그래도 없으면 '없음'이라고 쓰세요. 그건 여러분의 선택이에요."

두번째 발문을 하기 전에 노란색 쪽지를 들어보도록 했다.

"두번째 질문 나가요. 역시 지금 중학생 청소년기가 기준이에요. 아무리 이상형이고, 사랑하는 사람이라도 '중학생 시기에는 절대 하고 싶지 않은 스킨십과 그 이유'를 노란색 쪽지에 적으세요."

분명 조용한데 은근한 온기가 교실에 감도는 것을 느낄 수 있다. 두 가지 발문을 학생들에게 던지고 교사는 교실을 순회하며 학생들의 질문에 답을 해야 한다. 주제가 스킨십이다보니 교사가 가까이 다가가면 궁금한 것을 속삭이며 묻는 학생이 있다. 단, 학생들이 쓰고 있는 것을 자세히 들여다보지 않는다. 교사가 들여다보면 솔직히 쓰기 어렵기 때문이다. 학생 질문에 답을 할 때는 학생이 적은 것이 드러나지 않도록 하며 장난스런 표정도 짓지 않도록 주의한다. 비음성 언어가 때로는 음성 언어보다 더 큰 영향을 미칠 때가 있다. 두 가지 쪽지가 모두 완성되었으면 교사는 바구니를 들고 돌아다니며 걷고, 학생들은 의자만 들고 나와 둥글게 모여 앉아서 돌아가며 읽는다. 자신이 뽑아 읽은 쪽지는 교사에게 돌려주지 말고 들고 있도록 한다.

쪽지에는 이것저것 적었다가 지운 흔적들이 역력하다. 무엇을 적을까 고민이 많았던 흔적이다. '시옷'을 두 개 썼다가 어지럽게 줄 그어 지운 것은 '섹스'를 쓰고 싶었던 듯 보였다. 디지털 툴이 아닌 손글씨로 적은 쪽지에는 학생들의 고민과 숨은 마음이 더 잘 드러난다. 결론은 '아기가 생기는 것들'은 하고 싶지 않다는 것이다. 모든 쪽지를 다 읽고 난 후에는 자신이 뽑은 두 장의 쪽지를 들고 자기 자리로 돌아가라고 한다.

## 2. 스킨십 분류와 진정한 동의의 개념 알기

학생들이 의자를 정리하여 제자리로 돌아가는 동안 '손잡기, 어깨걸기, 팔짱끼기, 포옹, 뽀뽀, 키스, 몸 만지기, 성관계' 여덟 가지 스킨십이 적힌 카드를 칠판에 붙인다.

"스킨십의 종류가 더 많기는 하지만 여덟 가지로 분류했어요. 여러분이 뽑은 쪽지를 여기에 분류해볼 거예요. 여덟 가지 스킨십 종류를 약한 것부터 강한 것 순으로 정리해줄 사람?"

정리하는 중에 여기저기서 큰 목소리로 훈수를 두는 학생들이 언제나 있다. 한 명 정도 더 나와서 정리한 후 다른 학생들도 동의하는지 묻고 그다음으로 넘어간다.

"이제부터 여러분의 스킨십에 대한 생각을 분류해보려고 해요. 만일 여러분이 갖고 있는 '원하는 스킨십' 쪽지에 적힌 내용이 '손잡기' '팔짱끼기' '포옹'이라면 그 친구는 여기 있는 여덟 가지 스킨십 종류 중에 어느 수준까지 가능한 걸까요?"

이때 칠판에 붙어 있는 스킨십 카드를 손으로 하나하나 짚어가며 설명하면 이해하기 쉽다.

"포옹이요."

"그렇죠. 지금부터 자신이 갖고 있는 '원하는 스킨십' 내용 중 수준이 가장 '높다'고 생각하는 곳에 동그라미를 해주세요. 이번에는 '지금은 절대로 하고 싶지 않은 스킨십' 쪽지를 분류해볼 거예요. 만일 여러분이 갖고 있는 쪽지에 '키스, 몸 만지기, 성관계'라고 쓰여 있다면 그 친구는 어느 수준 이상은 안 되는 걸까요?"

"키스요."

"맞아요. 그래서 '원치 않는 스킨십'에서는 본인이 생각할 때 수준이 가장 '낮다'라고 생각되는 곳에 동그라미를 해주세요."

성적자기결정권과 동의

가장 높고, 낮은 스킨십을 정하지 못한 학생은 주변 친구들이 도와주도록 한다. 여태껏은 친구의 쪽지를 볼 수 없었는데 공식적으로 옆에 있는 친구 쪽지를 들여다볼 기회가 생겼으니 열기가 더 뜨거워졌다. '지금부터 토론해봅시다'라는 말을 하지 않아도 자연스레 토론이 일어났다.

교사는 교실을 순회하며 학생들 이야기에 귀 기울이고, 교사 의견을 물을 때는 되물어서 학생들이 분류할 수 있도록 돕는다. 어느 정도 정리가 되면 칠판에 붙여둔 스킨십 종류 아래에 쪽지를 붙이도록 한다. 한 학급의 인원이 25명 이하라면 모두 한꺼번에 나와서 분류할 수 있고, 그 이상이라면 인원을 반씩 나눠서 하면 된다.

패들렛을 활용할 수도 있다. 이 경우 파란색은 '내가 받고 싶은 스킨십과 그 이유', 노란색은 '절대 하고 싶지 않은 스킨십과 그 이유'를 쓴다. 학생들이 먼저 색깔을 구분해서 스킨십을 쓴 후 교사가 나중에 분류 제목을 적은 후 학생들이 작성한 것을 모두 함께 의견을 나누며 분류했다.

'원하는 스킨십이 없다'는 학생들이 꽤 많았다. 그 이유를 살펴보면 '불편해질 것 같다' '누가 만지는 게 싫다' '스킨십을 하기에는 아직 어린 나이인 것 같다'라고 했다. 많은 학생들이 포옹 이상은 원치 않는다는 것도 알 수 있었다. 무엇보다 모든 학생들이 중학교 시기에는 성관계를 하고 싶지 않다고 했는데, 그 이유를 살펴보면 '중학교 때 할 수 있는 가벼운 스킨십이 아니라고 생각한다' '성인이 되어서 충분히 할 수 있는 성행동이며 어려서 아직 완벽하게 피임을 할 수 없을 것 같아서' '너무 이른 것 같아서' '책임질 수 없는 나이라서' '매우 불쾌하고 학생이 하기에는 아직 이른 행동이라고 생각한다' '여러 문제가 일어날 수 있기 때문' '아직 학생인데 성관계는 너무 이른 것 같다' '중학생 시절에 실수로 임신을 하면 책임을 지기 어려워서' '너무 빠른 것 같음' 이라고 했다.

이렇듯 스킨십에 대해 진지하게 생각해보고 스스로 근거까지 찾아 적어보도록 하면 중학생 시기뿐만 아니라 성인이 되어도 성행동에 따르는 책임까지 고려하여 신중하게 생각하는 능력을 키울 수 있을 것이다.

원하는 스킨십과 원치 않는 스킨십을 쓰고 분류해보았다면 다음으로는 성적자기결정권의 개념을 알아볼 차례이다.

"'만난 지 며칠 만에는 어떤 스킨십을 해야 해' '무슨 데이에는 어떤 것을 하는 날이야' 그런 것을 정해놓고 그 시기가 되면 마땅히 해야 하는 것처럼 말하는 사람이 있잖아요. 언제 누구와 어떤 장소에서 어떤 성행동을 할 것인지는 누가 정하는 것일까요?"

학생들은 너무 당연하다는 듯 '자기'가 결정한다고 답한다. 쪽지를 쓸 때 부모님께 전화해서 '지금 성교육 시간인데 청소년기의 성행동을 정해보라고 하는데 뭐라고 쓸까요?' 하고 물어보지 않아도, 교사가 '청소년기에는 이러저러한 성행동만 해요'라고 정해주지 않아도, 학생들은 자신의 의지로 청소년기의 성행동의 기준을 정했기 때문이다.

"오늘 정한 성행동의 기준은 나이에 따라 또는 상대와 상황에 따라 달라질 수는 있어요. 자기 몸과 마음에 대한 권리, '언제, 어디서, 누구와 어떤 환경에서 성행동을 할 것인가'를 스스로 결정할 권리를 성적자기결정권이라고 해요. 그리고 모든 권리에는 책임이 따라와요. 여러분이 성행동의 기준을 적을 때 함께 적은 이유를 보니 여러분은 이미 책임에 대해 잘 알고 있는 것으로 보여요. 여러분이 스스로 근거를 생각해보고 정한 기준, 잘 지켜나가길 바라요. 앞으로 성인이 되어 성행동을 할 때에도 오늘처럼 근거를 생각해보고 결정해야 후회 없는 성행동을 할 수 있어요."

여기에 더해 성적자기결정권은 같은 성별이라도 똑같이 적용한 다고 이야기한다. 같은 성별 간에 성적자기결정권을 침해하는 행동을 하고 장난이라고 할 때가 있다. 예를 들면 남학생이 다른 남학생의 성기 만지거나 여학생이 다른 여학생의 가슴 만지는 행동이다.

"성적자기결정권에 따른 성행동의 결과에 대한 책임을 성관계에 따르는 의도치 않은 임신에 대한 책임이라고만 생각하는 청소년들이 많은데, 타인의 권리를 침해했을 때는 법적 책임도 져야 한다는 것을 잊지 마세요. 선생님은 이외에도 성행동에 어떤 책임이 따르는지 앞으로 수업에서 여러분에게 정보를 제공할 거예요."

성관계에 따르는 책임이 임신과 육아뿐이겠는가. 안전하지 못한 성관계는 여러 부작용을 낳을 수밖에 없는데 학생들이 인터넷에서 흘러나오는 부정확한 정보에 의존하지 않도록 올바른 정보를 제공하고 현명한 판단을 할 수 있도록 돕는 것 또한 교사가 할 일이다.

원하는 성행동과 성적자기결정권의 개념을 잘 버무려서 성행동 차이로 인한 갈등이 일어났을 때 동의의 진정한 의미를 알아볼 수 있다. 이 설명을 할 때는 칠판의 쪽지 몇 개를 선택해서 읽으며 설명하면 이해가 쉽다.

"여러분은 나이도 같고, 같은 문화 속에 살고 있으며, 같은 교실에서 공부하는 친구들인데도 성행동에 대한 생각이 모두 다른 것을 볼 수 있어요. 같은 스킨십을 선택했어도 이유가 다르기도 해요. 우리가 성별에 따라 다른 색깔로 작성하지는 않았지만 성별에 따라서도 다르겠지요? 또 교제하는 두 사람 사이에 '원하는 스킨십'이 같더라도 '원치 않는 스킨십'은 다를 수 있겠죠? 서로 좋은 감정으로 만나다가 어느 날 스킨십을 하게 되었어요. 그런데 서로 원하는 성행동이 다를 때 어떻게 하면 좋을까요?"

'원하는 성행동의 차이가 있을 때'라고 칠판에 쓰거나 카드를 만들어서 칠판에 붙인 뒤 학생들에게 각자의 생각을 익명으로 쪽지에 쓰게 한다. 그다음 학생들이 쓴 것을 모아서 교사가 읽는다. 생각하는 연습을 거친 학생들은 성행동에 대해 '나름대로의 생각이 있다' '기준을 지켜야 한다' '존중해야 한다' 등과 같이 자신의 말로 표현할 힘이 생겼다. 반면에 '서로 조금씩 양보한다' 같은 응답도 다수 나온다. 어려서부터 '양보'를 미덕으로 배웠기 때문이다. 그러나 성행동에서는 '양보'보다는 두 사람 간의 '동의'가 필요할 뿐이다. 반드시 설명해야 하는 포인트이니 만일 '양보'란 응답이 안 나왔다면 예시를 들어서라도 설명하자. 다음은 학생들의 답변 중 일부다.

- 서로 상의하고 싫은 건 싫다고 정확하게 이야기하기.
- 서로 타협을 한 뒤 안 되면 서로 운명을 만나기 위해 빠이빠이 한다.
- 스킨십은 의무적인 게 아니기에 상대가 원치 않는 스킨십은 당연히 상대를 존중해서 그 상대가 원하는 정도의 스킨십을 해야 한다.
- 더 보수적인 쪽을 배려해서 기준을 정해야 한다고 생각한다. 상대는 손잡기만 할 수 있는데 스킨십을 원하는 쪽은 그 이상을 바라는 거다. 보수적인 쪽은 자신의 나름대로 생각이 있기 때문에 그 이상은 절대 할 수 없다. 그래서 보수적인 쪽을 배려해줘야 한다고 생각한다.

교제 기간에 따라 적절하다고 생각하는 스킨십 진도와 시기를 학생들과 토론해본 적이 있었다. 스킨십 기준, 순서, 진도, 모두 달랐다. '뽀뽀'를 하고 싶은 친구 A와 '손잡기'만 하고 싶은 친구 B가 있을 때 서로 조금씩 양보해서 중간 지점인 '어깨걸기'까지 해도 될지 학생들에게 물으면 다음의 세 가지 응답을 들을 수 있다.

　① "그러면 될 것 같아요."
　② "그렇게 하면 손잡기만 원하는 친구는 자신의 성적자기결정권을 침해받는 거 아닐까요?"
　③ "그러면 뽀뽀를 원했던 친구는 자신이 원하는 것을 못하는 건데 그 친구 권리는요?"

여기에서 주목할 건 ③과 같은 응답이다. 청소년기 학생들이 가장 많이 사용하는 단어는 '왜요?'이다. 이것을 해결하지 못하면 설득력을 잃는다. 부모나 교사가 딱 정해주고, '이것이 너를 위한 최선이니까'라고 하는 말은 허공을 떠돌 뿐이다. 그럴 때는 "주말에 만나기로 한 두 친구의 만남 장소가 중간 지점이 아닌, 한 친구의 집과 가깝거나 아예 동떨어진 놀이동산이라고 해도 두 친구 모두 오케이 하는 장소면 갈등이 없겠죠? 성행동도 같아요. 두 사람 모두 동의할 수 있는 것을 하면 돼요."라고 하면 대부분 납득한다. 여기에 학생들이 써놓은 원하는 스킨십 쪽지 두 장을 랜덤으로 선택하여 사례를 들어 설명하자.

"여기 있는 것처럼 이 친구는 '손잡기, 팔짱끼기, 포옹'을 받고 싶다고 했고, 또 한 친구는 '손잡기, 포옹, 머리 쓰담쓰담'을 받고 싶다고 했어요. 그럼 '손잡기와 포옹'만 할 수 있는 거예요. 동의라는 것은 일방적으로 한쪽이 구하고 한쪽이 응하는 것이 아니고 소통의 결과물이어야 해요. 아까 성행동 순서가 맞는지 여러분에게 물어봤지요? 여러분의 이해를 돕기 위해 성행동의 수준을 순서대로 배열했지만, 사람에 따라 순서가 다를 수도 있어요. 마음속으로 '나는 저 순서 아닌데' 그런 사람 있었을 거예요. 그래서 성행동은 하나의 연장선이 아니고 각각의 행동이에요. 그러니까 포옹을 원하는 친구와 미루어 짐작으로 동의 없이 어깨걸기를 하면 갈등이 생길 수 있어요."

## 3. 성평등한 성 욕구 표현

"성행동에는 반드시 두 사람의 동의가 필요해요. 동의 없이 하면 어떻게 되죠?"

학생들은 성폭력이나 성추행에 대해서는 너무나 잘 알고 있다. 상대의 동의가 없는 성행동은 성적자기결정권을 침해하는 성폭력, 성추행이다.

"한 사람은 키스를 하고 싶은데 상대는 손만 잡고 싶어요. 그래서 동의를 구했는데 상대가 아무 말도 안 해요. 동의를 한 걸까요?"

대답해야 동의라는 의견, 부끄러워서 말하지 못할 수도 있다는 의견, 눈치껏 하면 된다는 의견 등 다양하다. 말을 해도 소통이 안 될 때가 있는데, 말을 안 하는데 눈치껏 알 수 있을까?

남녀의 다른 성심리를 설명하는 교과서 내용 옆 삽화를 자세히 보면 남성은 주로 스킨십을 요구하고 여성은 남성의 요구를 거절하거나 염려하는 분위기다. 그러나 학습자와 소통하는 성교육을 하고 있던 나는 남녀의 성심리가 크게 다르지 않음을 안다. 현실과 교과서 속 가르침의 괴리가 크면 클수록 학생들은 마음을 닫는다.

"남자가 자신의 성 욕구를 표현하는 것은 '그럴 수 있다'라며 당연하게 생각하고 여자가 자신의 성 욕구를 표현하면 '밝히는 여자'라는 고정관념이 있었어요. 그래서 여자들이 자신의 성 욕구를 표현하는 데 소극적이었어요. 이제부터는 성별 구분 없이 자신의 성 욕구에 대한 의사 표현을 명확히 하기로 해요. 성 욕구를 밝히는 것에는 '하고 싶다'뿐만이 아니라 '하고 싶지 않다'도 있으니까요. 원치 않는 성행동 제의에는 'No'라고 말하는 거예요. 그리고 그 'No'를 존중해야 해요."

남성 대 여성이 아니라 인간 대 인간으로 자신의 성행동의 범위를 정하고 동의하고, 거절하고, 거절을 받아들이는 법을 가르쳐야 한다.

"성행동 거절에도 기술이 필요해요. 오늘은 그 첫번째 단계를 연습해볼 건데요, 여러분이 이미 다 잘했어요."

학생들 얼굴에는 '언제 우리가 그런 거 했나' 하는 물음표가 가득하다.

"여러분이 쓴 것 중 하나를 적용해서 해볼게요. '성관계를 하면 임신을 하게 될 수 있는데, 지금 나이에는 책임지기 어려워. 지금은 너뿐만이 아니라 누구와도 성관계를 하고 싶지 않아'라는 말. 성행동 거절이죠?"

이처럼 예를 들어주고, 학생들이 쓴 '원치 않는 성행동의 이유'를 다시 한번 떠올려보라고 이야기하면서 2초 정도 학생들과 눈을 맞추며 생각할 시간을 준다. '거절할 때는 상대방의 감정을 배려하면서 기분이 상하지 않도록 하라'고 실린 교과서가 있었다. 거절을 들으면서 기분이 상하지 않을 사람이 있는가. 어른도 어려운 일이다. 그래서 거절은 말하기, 받아들이기를 세분화해서 가르쳐야 한다.

언제나 나오는 이야기, '매번 성행동할 때마다 물어보면 분위기 깨질 것 같다'. 이 얘기에는 명쾌하게 답을 해야 한다.

"그날의 기분이나 상황에 따라 지난번에는 손잡기를 좋아했던 친구가 오늘은 손잡고 싶지 않을 수도 있잖아요. 한 번 'Yes'가 영원한 'Yes'는 아니거든요. 지난 데이트 때 기분 좋게 팔짱끼고 다녀서 오늘도 팔짱을 끼었는데 상대가 슬며시 팔을 뺄 수 있어요. 이때 강요하면 안 되죠. 물어봐야죠. 분명히 무슨 이유가 있을 거예요. 만일 즉시 이유를 말 못 하면 조르거나 화내지 말고 기다려요. 그게 존중이에요."

두 사람이 의견을 나누는 것, 그것이 소통이고 관계 형성이다. 그런 행동 하나하나가 쌓이고 친밀감과 신뢰의 포인트를 적립해서 단단한 관계가 되는 것이며, 결혼한 부부도 어느 한 사람이 성관계하고 싶지 않을 때 강제로 하면 부부 강간으로 법적 처벌을 받을 수 있다고 이야기한다. 무엇보다 성행동 차이로 갈등이 일어나는 순간은 '더욱 집중해서 존중해야 하는 순간'이라고 바꾸어 생각해야 한다는 것을 강조한다.

"오늘 이 활동을 했다고 해서 중학교 시절에 반드시 연애를 해야 한다거나 연애한다면 스킨십을 꼭 해야 한다는 것도 아니에요."라는 말을 이상형, 비호감 수업 시간부터 반복적으로 말하곤 해서 학생들 귀에 딱지가 앉을 정도이다. 그래도 또 잊지 말고 하자.

"에이, 우리 다 알아요, 선생님."


## 4. 가장 기억에 남는 것과 그 이유 쓰기

수업이 끝난 후 학생들 가슴에는 어떤 사진이 찰칵 찍혀 있을까? 나는 매년 수업을 하면서도 매년 궁금하다. 그리고 내가 가르친 것 이상으로 멋진 영상이 남았다는 것에 감동을 받는다. 다음은 학생들이 쓴 내용이다.

- 뽀뽀 이상을 원하지 않는다는 것이 인상적이다. 많은 애들이 키스까지는 원할 줄 알았기 때문이다.
- 자기 의사를 제대로 표현 안 하면 갈등이 발생할 수 있다(연애할 때 중요한 내용일 것 같다).
- 내가 스킨십을 어디까지 가능한지 생각 안 해봤는데 이번 기회로 알게 된 거 같아서 좋다.
- 연애할 때 상대방과의 스킨십이 어느 정도까지 허용되는지, 상대방과 내가 모두 동의해야만 가능하다는 것에 대해 알게 되었다.

성적자기결정권과 동의

# '대략 난감'한 질문을 교육적으로 이끌기

성행동 수업 시간에는 여기저기서 '선생님' 부르는 소리에 정신이 하나도 없을 지경이다. 이 수업을 하면서 나왔던 난감했던 질문에 대한 답을 정리해보았다. 학생들이 묻지 않는다면 굳이 가르칠 필요는 없다.

### 몸 만지기

학생: 선생님, 저기 카드에 적힌 '몸 만지기'요. 전부 몸 만지기 아니에요? 손, 어깨, 팔, 뽀뽀, 이런 것도 다 몸 만지는 거잖아요.

교사: 맞아요. 그 모든 곳이 '몸'이에요. 다만 여기 있는 '몸 만지기'는 속옷으로 가려진 몸을 만지는 것을 말하는 거예요.

교실에는 '몸 만지기'에 대해 이미 아는 학생도 있지만 정말 모르는 학생이 혼재한다. 청소년기에 이런 것들을 배우면 너무 일찍 성에 눈뜨게 한다는 이유로 몰랐으면 좋겠다는 부모님들을 만나기도 한다. 때가 되면 저절로 알게 된다고 한다. 집에서 부모님께 배우면 가장 좋지만 학교에 미루는 것이 현실. 그럼 언제 누구에게 배울까? 교제 상대에게 배울까? 교제 상대와 성교육 하는 교사 중에 누가 중립적으로 가르칠 수 있을까? 교제 상대는 또 누구에게 배울까? 키스는 키스로 끝나고 몸 만지기는 몸 만지기로 끝나던가. 졸업생들이 찾아와 가끔 연애 상담을 할 때가 있다. 키스를 하다 상대가 갑자기 '몸 만지기' '애무' 등의 행동을 했고 너무 당황하고서 깜짝 놀라 거절은커녕 꼼짝 못하고 성관계를 하게 되었다며 임신 고민을 털어놓기도 했다.

### 성관계

학생: 선생님, 성관계가 뭐예요?

교사: 성관계는 남성의 발기된 성기가 여성의 질 안으로 들어가서 남성
과 여성의 성기가 만나는 것으로, 친밀감과 신뢰가 충분히 쌓인
사이에서 몸과 마음을 다해 소통하는 대화예요.

태연하게 대답을 하고 나면 '시시해' 하는 표정이 보인다. 성관계에
더 집요하게 묻는 학생이 있으면 '여러분이 그렇게 궁금해하니 다음 시
간에 '성관계'만 집중 탐구해볼 예정'이라고 답하고 마무리한다. 성관계
는 사고의 흐름을 잘 이끌며 가르쳐야 하는 주제라 짧게 대답할 수 없기
때문이다.

# 11강
## 성관계

성관계에 관한 네 가지 발문과 응답을 이용하여 학습자의 생각을 이끌고 다섯 가지 성행동 거절 기술을 설명한다.

## 이 수업 후에 학습자는

1 성적자기결정권을 행사해야 하는 상황을 이해하고 실천 방법을 제시할 수 있다.
2 성행동에 따르는 책임을 이해하고 안전하고 건강한 성행동 방안을 설명할 수 있다.

## 주요 활동

### 1. 성관계에 관한 네 가지 쪽지 쓰기

| | |
|---|---|
| 시간 | 10~15분. |
| 준비물 | 교사: 발문 쪽지, 필기도구, A3 또는 B3 두꺼운 색상지, 풀, 바구니.<br>학생: 없음. |
| 목적 | 학생들이 통상적으로 야한 성적 용어로 사용하는 '섹스'에 대해 진지하게 생각해본다. |
| 방식 | 1 교사는 성관계에 대한 네 가지 발문이 적힌 쪽지를 학생 수에 맞춰 준비한다.<br>① 성관계는 왜 할까?<br>② 지금 나이에 성관계해도 될까?<br>③ 성관계 전에 무엇을 준비할까?<br>④ 원치 않는 성행동을 거절하기 어려운 이유는?<br>※ 만약 학생 수가 20명 이상이라면 '상대가 나의 성행동을 거절한다면?'이라는 발문 쪽지를 추가한다. |

**2** 쪽지에 적힌 발문이 보이지 않게 접어서 바구니에 넣고, 학생들에게 뽑게 한다.

**3** 학생은 뽑은 쪽지에 적힌 발문에 자신의 생각을 적는다.

※ 익명으로 적는다.

**4** 교사는 바구니를 들고 교실을 돌며 쪽지를 걷는다. 쪽지를 다 걷었다면 다시 바구니를 돌려 학생들에게 쪽지를 뽑게 한다.

**5** 같은 질문을 뽑은 학생들끼리 같은 색상지 위에 쪽지를 붙인다.

## 2. 무인 월드 카페

| 시간 | 10~15분. |
|---|---|
| 준비물 | 교사: 재접착 메모지(또는 패들렛). <br> 학생: 필기도구(또는 디지털 기기). |
| 목적 | 성관계에 대한 친구들의 생각을 살펴본다. |
| 방식 | **1** 교사의 '이동하세요' 신호에 따라 모둠원들과 함께 다른 모둠 책상으로 이동한다. <br> **2** 학생들은 발문에 대한 친구들의 생각을 읽고 재접착 메모지에 자신의 의견을 적어 붙인다. <br> **3** 모든 모둠을 돌아 본래 자기 모둠 자리로 돌아오면 활동이 끝난다. |

## 3. 성행동 거절 기술 다섯 가지

| 시간 | 10분. |
|---|---|
| 준비물 | 교사: 무인 월드 카페 응답 쪽지. <br> 학생: 없음. |
| 목적 | 원치 않는 성행동에 대한 거절은 성적자기결정권에 기반한 권리 주장임을 이해하고 존중하도록 한다. |

| 방식 | 1 교사는 학생들이 쪽지에 적은 '원치 않는 성행동을 거절하기 어려운 이유'를 읽는다.<br>2 학생들이 앞서 배운 것과 '원치 않는 성행동을 거절하기 어려운 이유'를 연결하여 생각할 수 있도록 교사가 주도적으로 발문한다.<br>3 성행동을 거절하는 다섯 가지 기술을 설명한다.<br>① 원하지 않는 성행동과 그 이유를 말한다.<br>② 성행동에 국한해서 말하고, 상대를 비난하지 않는다.<br>③ '미안하지만'이라는 말을 붙이지 않는다.<br>④ 거절의 말을 하면서 웃음 짓거나 긍정의 몸짓을 하지 않는다.<br>⑤ 거절을 들었을 때 자기 인격을 부정한다고 받아들이지 않아야 하며, 거절을 상대의 당연한 권리로 생각해야 한다.<br>※ 스마트폰으로 촬영하는 것에 대한 위험성을 반드시 언급한다. |
| --- | --- |

## 4. 가장 기억에 남는 것과 그 이유 쓰기

| 시간 | 5분. |
| --- | --- |
| 준비물 | 교사: A5 크기의 종이, 컴퓨터용 사인펜, 바구니(또는 패들렛이나 온라인 설문폼).<br>학생: 없음(또는 디지털 기기). |
| 목적 | 학습자의 이해도를 파악하고 이후 수업에 반영한다. |
| 방식 | 1 교사는 학생들에게 종이와 컴퓨터용 사인펜을 다시 나눠준다.<br>2 학생들은 익명으로 오늘 수업 중 가장 기억에 남는 것과 질문을 종이에 자유롭게 쓴다.<br>3 학생들은 교탁에 놓인 바구니에 개별적으로 제출한다. |

# 섹스, 여기서 맘껏 이야기해

'성 질문 쓰기'에 반드시 나오는 것이 섹스라는 단어와 남녀 성기 그림이다. 여태까지의 성교육에서는 '섹스' '젠더' '섹슈얼리티'로 구분해서 '섹스'는 생물학적인 남녀의 성별 구분을 말하는 것이라고 설명하고 넘어가곤 했다. 학생들은 배운 것을 교사에게 돌려줬다. 수업 시간에 칠판에 'SEX' '섹스' 'ㅅㅅ'라고 적고 킥킥대며 "섹스는 남녀 성별을 말하는 거라면서요."라며 선생님의 반응을 살폈고 '학교 성교육 이대로 괜찮은가'라는 제목으로 뉴스거리가 되곤 했다.

그렇게나 말하고 싶다면 제대로 멍석 한번 펼쳐보자는 생각으로 고민하던 차에 '성관계 전에 준비해야 할 것'을 묻고 학생 각자가 생각한 물건을 하나씩 갖고 모이는 EBS 영상*을 접했다. 이 수업은 여기서 시작되었다.

* EBS, 〈다큐프라임- 아이의 사생활2 제1부 시춘기〉, 2009.7.12.

## 1. 성관계에 관한 네 가지 쪽지 쓰기

"지난 시간에는 청소년기 성행동의 기준을 세우고 성적자기결정권과 진정한 동의에 관해 이야기했어요. 오늘은 그중에서도 성관계에 대해서 집중적으로 이야기하려고 해요."

성 질문 쓰기에 나왔던 성관계와 관련된 질문들을 모아서 소개했다. 단, 음란물 속의 장면을 묘사한 글들을 그대로 소개하지 않도록 주의했다. 어떤 학급은 숨소리가 들릴 정도로 그야말로 고요하게 집중하는가 하면, 어떤 학급은 책상을 두드리고 소리 지르고 깔깔거리고 웃는 등 한바탕 소용돌이가 휩쓸고 지나갔다. 그러나 딱 한 가지 공통점은 '청소년 금기어인 성관계, 섹스 이야기를 선생님이 대놓고 하다니' 하는 초집중 분위기이다.

"성관계와 관련된 네 가지 질문 쪽지를 준비했어요. 한 장씩 뽑아서 여러분의 생각을 적을 건데, 활동 전에 용어 정리 먼저 할게요. 쪽지에는 '성관계'와 '성행동'이라는 두 가지 단어가 나와요. '성관계'는 남성의 발기된 음경이 여성의 질로 들어가는 성기의 만남을 의미해요. '성행동'은 지난 시간에 말한 '손잡기'부터 '성관계'까지 모든 것을 포함하는 행동이에요. 이제 한 사람씩 나와서 쪽지를 뽑아가세요. 한번 뽑으면 끝! 친구에게 바꾸자고 하기 없기!"

쪽지를 뽑은 후에는 와자지껄 시끄러워서 교사의 말이 들리지 않으니 미리 '성관계'와 '성행동'의 용어 정리를 해야 한다. 발문은 다음처럼 다섯 가지를 준비했다. ① 성관계는 왜 할까? ②지금 나이에 성관계해도 될까? ③ 성관계 전에 무엇을 준비할까? ④ 원치 않는 성행동을 거절하기 어려운 이유는? ⑤ 상대가 나의 성행동을 거절한다면?

학생 수가 20명 이내라면 발문 ①~④를 쪽지로 준비하고, 발문 ⑤는 수업 중에 추가로 물어본다. 학생 수가 20명 이상이라면 발문 ①~⑤를 쪽지로 준비한다. 학생들은 교탁 앞으로 후다닥 뛰어나와 순식간에 줄을 섰다. 손가락 끝을 세워 이것저것 고른다. 뒤에 서 있는 학생들은 빨리 뽑으라고 성화다.

익명 쓰기인지, 이것도 돌아가면 읽을 것인지, 매번 하는 질문이 이어진다. 그만큼 성에 대한 자신의 솔직한 속내를 드러내고 친구들의 솔직한 마음을 간절하게 알고 싶은 것이다. 나의 답도 언제나 똑같다. 익명이고, 돌아가면서 읽는다.

패들렛 활동을 할 때도 쪽지에 먼저 써보도록 한다. 패들렛에 바로 쓰도록 하면 다른 학생이 올린 것을 보고 그대로 옮겨 쓰기도 하기 때문이다.

"선생님, 이거 너무 어려워요." "모르겠어요." "생각해본 적 없어요."

막상 발문 쪽지에 자기 생각을 쓰려니 쉽지 않은 것이다. 이럴 때는 지금 생각해보라고 했다. 살면서 언젠가는 성관계를 하게 될 텐데 그때 생각하면 늦다. 물론 죽는 날까지 어떤 이유에서든 성관계를 한 번도 안 할 수도 있다. 무엇이든 본인의 선택이지만 생각을 한번 해보는 것이 삶을 위한 준비다.

'성관계 전에 무엇을 준비할까?'를 뽑은 학생들이 가장 시끄럽다.

이때 쪽지를 바꿔주겠다며 자청하는 학생도 있다. 모든 학생에게 응답할 기회를 줄 것이므로 바꾸지 말고 그대로 쓰라고 안내하여 쪽지를 바꾸고 싶은 학생들을 진정시켰다.

나는 교실을 순회하며 학생들이 쓰는 것을 유심히 들여다보는 대신 질문에만 조용히 답했다. 여학생이 쪽지를 보여주며 "이런 거 써도 될까요? 아는 게 이것뿐인데."라고 했다. 들여다보니 '콘돔'. 성관계 전에 준비할 것에 대해 아는 것이 콘돔뿐인 것은 대단히 위험하다. 이런 상황인데도 학생들에게 성관계에 대해 가르치면 '조기 성애화'된다며 '삶을 위한 준비로서의 성교육'을 반대한다는 성인들이 있다. 이는 수영할 줄 모르는 아이를 튜브나 구명조끼 같은 안전장비 없이 물가에 데려가서 방치하는 것이나 마찬가지이다. 성관계에 대해 가르치는 것은 성관계하는 구체적 방법을 가르치는 것이 아니라 성관계를 대하는 태도와 가치관을 가르치는 것이다.

쪽지 쓰기가 끝나 돌아다니며 바구니에 모았다. 이번에는 의자를 들고 둥글게 모이지 않는다는 것을 학생들에게 알렸다.

"이제부터 바구니를 돌릴 테니 자기 자리에서 의견을 적은 쪽지를 한 장씩 뽑아서 혼자 확인하고 기다리세요. 자기가 쓴 것을 뽑았어도 모른 척하고 그냥 있으세요."

작성한 쪽지를 뽑는 것은 익명 보장을 위한 장치이다. 익명이 보장되는 패들렛에 옮겨 적을 때는 쪽지를 다시 뽑는 과정이 필요치 않다.

"자기가 뽑은 쪽지의 질문을 확인하세요. '성관계는 왜 할까?'라는 질문을 뽑은 사람들 손 들어보세요. 앞으로 나와서 색상지를 받아가서 뽑은 쪽지를 모아 풀로 붙이세요. 같은 발문을 뽑은 사람들끼리 한 모둠이 되는 겁니다."

이 말 한마디면 학생들은 자기들이 무엇을 해야 하는지 알고 같은 질문을 뽑은 학생들끼리 모여서 앞으로 나와서 필요한 재료를 받아 활동을 이어간다. 그동안 교사는 각 모둠 책상 위에 재접착 메모지 한 더미를 올려둔다. 학생들은 자기가 쓴 것이 아니므로 부담 없이 색상지에 쪽지를 정리해서 붙일 수 있다. 어차피 공개될 내용인데 교실 구석 바닥으로 몰려가는 모둠도 있다. 학생들 마음의 표현이므로 그대로 두자.

## 2. 무인 월드 카페

네 가지 발문별 응답 쪽지를 붙인 색상지는 책상에 고정하고 모둠별로 돌아가며 무인 월드 카페 활동을 했다. 네 가지 발문에 직접 의견을 쓰거나 친구가 쓴 글에 댓글, 대댓글을 써도 된다. 자유롭게 돌아다니도록 하면 특정 발문에만 학생들이 집중할 수 있으므로 교사가 이동 사인을 주면 다음 모둠으로 이동하도록 한다. 패들렛을 활용하여 수업할 때는 네 가지 발문 이외에 '알고 있는 피임법을 써보세요' '상대방이 나의 성행동을 거절한다면?' 등을 곧장 발문한다.

'성관계는 왜 할까?'라는 발문 아래에는 주로 '자신의 성적 욕구를 충족시키기 위해서' '하고 싶으니까' '서로 사랑하니까' '아기를 낳으려고'라는 답이 달린다. 성관계에 대한 학생들의 생각이 이렇게 다양한데 '생식'의 목적으로만 성관계를 설명한다면 한계가 있다.

나는 '아기를 낳으려고'라고 쓰여 있는 응답을 가리키며 "아기를 낳고 싶어서 성관계하는 사람들은 어떤 사람들일까요?"라며 이야기를 시작했다. 학생들은 입을 모아 "결혼한 사람들이요." 하고 답했다.

"결혼한 사람들은 모두 아기를 낳고 싶어할까요?"

이번에는 제각각 답했다.

"낳고 싶은 사람도 있고 낳고 싶지 않은 사람도 있어요." "두 사람만 즐겁게 살고 싶은 사람도 있어요." "사유리처럼 아기를 낳는 사람도 있으니 결혼 안 하고도 아기 낳을 수도 있어요."

교실에는 다양한 가족 형태의 학생들, 특히 사회복지시설 학생들도 공존하므로 결혼과 관련된 이야기를 할 때는 모든 가족이 정상가족임을 짚어야 한다. 아기를 갖는 방법에는 입양도 있으며, 가족의 형태가 다양해지고 있다는 점, 부모와 자녀로 구성된 가족만이 정상은 아니라는 것을 꼭 언급해야 한다.

"아기를 낳고 싶은 사람들은 성관계 전에 어떤 준비가 필요할까요?"

패들렛을 사용한다면 바로 발문을 올려보자. 더 다양한 응답이 빠르게 후루룩 올라오는 것을 보게 될 것이다. 덕분에 수업이 더 활기차게 진행되는 효과는 덤이다. 에듀테크 프로그램의 매력이다. 학생들은 '사랑' '서로에 대한 믿음' '책임감' 등이 육아를 위해 필요하다고 쉽게 생각해낸다. '돈'이라는 응답은 의외로 가끔 올라오는데 그때는 분

웃값, 기저귀, 육아용품의 가격을 따져보고 금액을 계산하며 "돈, 반드시 있어야 하지요."라는 추임새를 잊지 않고 한다. '건강' '금연' '금주'라는 응답에는 "와. 이런 것도 생각하다니 정말 훌륭해요."라는 감탄사가 절로 나온다. 만일 이런 기특한 답변이 나오지 않는다면 거꾸로 되묻는다. "다른 반에서는 '건강'도 나왔는데 여러분은 생각은 어때요?" 하고.

"자신의 성 욕구 충족을 목적으로 성관계하는 사람은 성관계 전에 무엇을 준비할까요?" 하고 묻자 '성관계할 상대만 있으면 될 것 같다' '콘돔이 있어야 한다'라는 답이 이어졌다. 그래서 이번에는 "자신의 성 욕구를 채울 목적으로만 성관계하는 사람도 있을까요?" 하고 물었다. 찰나의 정적 이후 답이 돌아왔다.

"성폭력범?"

바로 이야기를 이어가는 대신 '서로 사랑하니까'라고 쓴 쪽지를 가리키며 "사랑하는 사람들은 성관계 전에 콘돔만 있으면 될까요?" 하고 물었다. 그러자 학생들은 너무도 당연하다는 듯 자연스럽게 "서로 동의도 해야 해요." 하고 답했다. 성적자기결정권에서 '동의'를 여러 번 강조해서인지 '동의'라는 말이 쉽게 나온다. '동의'가 빠지면 아무리 사랑하는 사이라도 성폭력이 되는 것이다. 성관계란 두 사람이 몸과 마음으로 소통하는 관계를 맺는 건데 '동의'라는 소통이 빠지면, 성 욕구만 있는 성폭력과 다름없다.

"성 욕구 충족만을 위해서 성관계하는 사람은 동의도 필요 없고 성관계할 상대만을 필요로 하겠네요. 즉 동의가 빠진 타인의 성적자기결정권을 침해하는 성폭력이에요."

지금까지 나눈 이야기만 종합해도 성관계하는 목적에 따라 성관계 전에 준비할 것이 콘돔 외에도 필요한 것이 많다는 것을 알 수 있다. 학생들도 부연 설명하지 않아도 스스로 깨닫는 중이다.

세번째 발문이었던 '성관계 전에 무엇을 준비해야 할까?'라는 발문으로 넘어가보자. 이 발문을 먼저 하는 것은 그 응답에 '책임질 수 있는 나이'라는 응답이 있기 때문이다. 이는 두번째 발문인 '지금 나이에 성관계 해도 될까?'와 연관지어 얘기할 수 있다.

"책임질 수 있는 나이는 몇 살이라고 생각해요?" 패들렛에 발문을 올리고 답을 받았다. 열여덟 살, 20대 후반, 마흔 살 등 다양한 답이 나왔다. 다른 건 몰라도 중학생 시기에는 책임질 수 없다는 뜻이다.

"그럼 저 나이에 책임감을 준비하고 성관계해서 아기를 낳았다면 자녀에 대한 책임감은 얼마큼의 기간이 필요할까요?"

살아온 인생이 짧은 학생들에게는 참 어려운 발문이니 묵묵부답이다.

"여러분 부모님께서 여러분을 몇 년 책임지셨어요?"

"15년이요."

"그럼 여러분이 몇 살 될 때까지 책임지면 될까요?"

"스무 살?"

"여러분 할머니와 할아버지께서는 여러분 가족에게 아무런 관심 없이 사시나요? 여러분 가정에 기쁜 일이 있을 때는 함께 기뻐해주고 슬픈 일, 어려운 일 있을 때 함께 걱정하고 도와주시죠?"

"죽는 날까지네요."

학생이 답한 대로다. 자녀가 성인이 되어 독립하면 책임을 다하는 것일까? 자녀에 대한 경제적인 조력은 어느 시점이 되면 끝나지만, 부모로서 책임은 죽는 날까지인 것 같다. 하지만 이런 말을 교사가 하면 학생들에게 잔소리에 불과하므로 무리하게 응답을 요구하지 않고 '생각할 거리'로 남기듯 질문을 하고 다음으로 넘어갔다.

"'지금 나이에 성관계해도 될까?' '성관계 전에 준비할 것'에 피임과 콘돔에 대해 적은 것을 보니 청소년기에는 성관계해서 아기를 낳고 싶지는 않은 것 같아요."

"아기 생기면 책임 못 지니까요! 그러니까 피임해야 해요."

피임해야 한다고 단호하게 말하는 학생들은 과연 어떤 피임법을 알고 있을까. '콘돔' '먹는 피임약'과 같은 답이 나왔다. 답을 한 학생들은 바로 이어 질문도 했다.

"근데 선생님 콘돔 사용하면 100퍼센트 피임돼요?"

"약 85퍼센트 정도예요."

나의 답에 무척 놀란 듯 "엇! 15퍼센트는 인생 망하는 거예요?" 하는 말이 이어졌다.

"임신하면 인생 망하는 거예요?" 내가 다시 되묻자 '당연하다'라는 답이 돌아왔다.

"청소년기에 임신하면 인생 망하는 거죠! 책임 못 질 때 아기 낳으니까 아동학대 그런 거 생기는 거예요! 100퍼센트짜리 알려주세요."

100퍼센트짜리 피임법은 다음에 알려주기로 기약하고 오늘은 발문 쪽지에 대한 이야기를 이어가기로 했다.

## 3. 성행동 거절 기술 다섯 가지

'원치 않는 성행동을 거절하기 어려운 이유는?'이라는 발문으로 건너가보자. 학생들은 '기분이 나쁠까 봐' '성 욕구를 채우지 못한다고 헤어질까 봐' '상대방이 자기를 별로 좋아하지 않는다고 생각할까 봐' 등과 같이 상대의 기분을 고려한 답과 '협박당해서' '강간당할까 두려워서' '거절할 용기가 없어서' '말할 타이밍을 놓쳐서' 같은 상황에 대한 답으로 나뉘어 있었다. 학생들이 적은 것을 하나씩 읽고 난 후 이야기를 이어갔다. 우선 상대가 상처받거나 실망할 것 같아서 거절하기 어려웠다는 응답에 교육이 필요했다.

"맞아요. 그런 이유로 거절을 못 할 수 있어요. 그런데 거절했더니 진짜 헤어지게 되었다면, 아까 '성관계는 왜 할까?'에 나왔던 이유 중에 어떤 이유로 성관계를 하려고 했던 걸까요?"

"자신의 성 욕구를 채울 목적으로 성관계한 사람 아닐까요?"

이렇게 앞서 배운 것을 연결해주면 학생들은 명쾌하게 대답한다. 그리고 스스로 깨닫는다.

"협박당했거나 보복을 당할까 봐 거절을 못 하고 동의해서 성관계했다면요?"

"성폭력이요."

"거절하기 어려워서 원치 않는 성행동을 마지못해 동의하는 사람들이 있겠죠? 예를 들면 평소 자기주장을 잘하는 똑 부러지는 성격의 사람이라도 여기 쓰여 있는 것처럼 '상대가 실망할까 봐' 거절을 못 할 수도 있어요. 그 사람들은 어떤 행동을 할까요?"

이때 학생들이 대답하기 어려워할 때가 있다. 그럴 때는 다음과 같이 부연 설명을 해보자.

"선생님이나 부모님, 집안 어른이 무엇인가를 시켰는데 싫지만 어쩔 수 없이 화도 못 내고 '노(No)'를 못 할 때가 있어요. 그때는 알겠다고 하면서도 행동은 어떻게 하죠?"

말을 얼버무린다거나 눈길을 피하고 땅만 본다거나 목소리가 작아진다는 답이 이어진다. 성폭력은 힘의 차이에 의해 일어나는 까닭에 힘의 차이가 존재하는 사이에서 일어나는 일을 예로 들면 쉽게 이해할 수 있다.

"속으로는 싫으면서 겉으로는 웃으며 마지못해 동의해서 하는 성행동은 금방 티가 나요. 그래서 성행동 중간에 몸이 경직되어 두 사람 모두 기분이 나빠질 수 있어요. 마지못해 한 성행동 후에는 후회가 따르기 마련이니 관계가 점점 멀어질 수도 있어요. 상대가 동의했으나 저런 행동을 보인다면 일단 멈추고 상대의 마음을 다시 살피는 것이야말로 존중이죠. 그러나 무엇보다도 원치 않는 성행동 거절을 편안한 마음으로 할 수 있고, 그 거절은 받아들이는 것이 가장 중요해요."

이어서 상대방이 나의 성행동 제안을 거절한다면 어떻게 할 것인지 발문했다. 패들렛이 없었을 때는 교실 칠판에 발문을 쓰고 쪽지로 응답을 받았다.

'상대방이 거절하는데 나 혼자 한다고 되는 게 아니니 그냥 안 할 것 같다' '집에서 자위나 한다' '내가 너무 서두른 것 같다고 미안하다고 말한다' 같은 답이 이어졌다. 그중 가장 눈에 띄는 응답은 '괜찮다. 그냥 그럴 수 있다고 생각한다'였다.

"성행동을 거절하면 상대가 기분이 나쁠까 봐, 헤어질까 봐, 상대가 실망할까 봐, 두려워서 하는 동의는 진정한 동의가 아니에요. 그럴 때는 거절해야 해요."

성행동 거절에는 다섯 가지 기술이 있다. 거절도 연습이 필요하다. 지난 시간에 첫번째 단계를 연습했으므로 이 시간에는 나머지 네 개의 기술을 알아본다. 성행동 거절의 첫번째 기술이 원치 않는 성행동과 그 이유를 말하는 것이었다면, 두번째 기술은 '성행동에 국한'해서 말하고, 상대방을 비난하지 않는 것이다. 세번째는 '미안하지만'이라는 말을 붙이지 않는 것. 성행동을 거절하는 것은 미안한 일이 아니라 성적자기결정권을 지키는 권리 주장이다. 네번째는 말과 표정, 몸짓을 이중으로 하지 않는다. 거절의 말을 하면서 웃음을 띤 표정이나 긍정의 몸짓을 한다면 상대를 더 혼란스럽게 하기 때문이다. 마지막으로 다섯째는 거절을 듣는 사람의 자세에 관한 것이다. 듣는 사람은 성행동 거절이 나의 인격 전체를 부정하는 것이 아니며, 거절을 상대의 당연한 권리로 생각하고 받아들여야 한다. 이는 서로를 존중하는 건강한 인간관계의 기본이다.

"이제까지 이야기를 종합해보면 '성관계 전에 무엇을 준비해야 하는지' 여러분도 알 것 같아요. 성관계 전에는 피임과 만일의 경우에 책임질 준비가 필요하네요. 그리고 또 무엇을 준비하면 될까요?"

"두 사람의 사랑도 확인해야 해요." "동의도 필요해요."

"좋아요. 사랑과 신뢰가 필요하고, 침묵이나 마지못한 동의가 아닌 진정한 동의가 필요해요. 진정한 동의 후 성행동, 성관계를 시작했는데 중간에 한 명이라도 중단을 요구할 때는 어떻게 해야 할까요?"

"중단해야죠."

"성행동은 두 사람의 은밀하고 안전한 사적 공간에서 해야 해요. 그런데 공간뿐만 아니라 성매개감염병으로부터도 안전해야 해요. 그리고 요즘 우리들 손에서 떠나지 않는 물건이 하나 있어요. 잘 때도 꼭 껴안고 자는 여러분의 분신 같은 물건이 있어요."

"스마트폰이요? 그게 성관계에 필요해요?"

"두 사람만의 추억이라며 사진이나 영상으로 찍는 사람이 있어요."

이에 놀라기도 하고, 보고 지우면 된다, 합의하면 찍을 수 있다는 의견으로 잠시 교실이 소란스러워진다. 영상 세대인데도 이 수업을 하다 보면 '역시 아이들은 아이들이구나. 그래서 피해가 생기는구나' 하는 생각이 든다. 그래서 요즘에는 이 부분에 대해서도 꼭 설명한다.

"'클라우드 서비스'라는 것이 있지요? 사진이나 영상을 찍으면 저장 공간인 클라우드로 바로 자동 업로드돼요. 스마트폰에서는 삭제해도 클라우드에 남아 있게 되는데, 클라우드 서비스를 한 개만 사용하는 것이 아니라 2~3개를 사용하는 사람도 있어서 일일이 찾아서 삭제하지 않으면 계속 남아 있어요. 사랑하다 헤어질 때 두 사람의 마음이 동시에 멀어져서 이별하지 않겠죠? 어느 한 사람이 먼저 마음이 멀어져 이별을 말하고 나머지 한 사람은 마지못해 이별을 받아들여야 하는 상황이 될 수 있어요. 좋은 추억은 남고 이별의 원인이 되었던 부분은 성장의 계기가 되면 좋겠어요. 그런데 그렇지 못하고 집착이 남아 있어서 상대를 불행하게 할 마음으로 성관계 영상을 유포하는 경우가 있어요. 영상 촬영에는 동의했으나 유포에 동의한 건 아닌데 말이죠. 영상이 유출되면 어떤 일이 일어날까요?"

"삭제하라고 하면 되지 않아요?"

"한 개의 영상이 유출되면 수십, 수백 개의 짧은 영상을 만들 수 있고 그 피해는 어마어마해져요. 그래서 성관계를 촬영하는 것은 아예, 절대 안 돼요. 오늘은 여러분이 궁금해하던 성관계에 대한 이야기를 집중적으로 나누어봤어요. 마지막으로 '성관계 전에 준비할 것'을 정리하고 마무리할게요. 첫째, 사랑과 신뢰. 둘째, 진정한 동의. 셋째, 피임과 결과에 대한 책임. 넷째, 성매개감염병과 영상 촬영으로부터의 안전."

## 4. 가장 기억에 남는 것과 그 이유 쓰기

성관계 이야기를 맘껏 풀고 나면 수업을 시작할 때 약간 상기됐던 모습들은 온데간데없고, 사뭇 진지하다. 내가 정성 들여 끌고 온 성관계 이야기 중에 학생들의 마음속에는 어떤 장면이 가장 기억에 남았을까? 학생들의 피드백을 하나하나 읽으며 다음 수업을 준비해본다.

- 성관계 혹은 임신을 하기 위해서 준비해야 할 것이 많다는 것. 나는 생각하지 못했던 많은 것들이 나왔기 때문에.
- 상대방을 존중하고 배려하는 것이 진정한 사랑이라는 걸 알았다.
- 원치 않은 성행동을 거절할 때 자신의 권리라는 것을 기억하고 미안한 마음을 가지지 말라는 내용이 기억에 남는다.
- 성관계를 거절하기 힘든 이유를 배워서 더 잘 알게 되었다. 거절하기 힘든 이유가 나랑 겹치는 게 많았기 때문이다.
- 나는 성관계를 할 때 콘돔을 끼면 무조건 100퍼센트 효과가 있어서 임신이 안 되는 건 줄 알았는데 효과가 100퍼센트가 아닌 실패율도 꽤 있다는 것이 중요한 사실이라고 생각되어 가장 인상 깊었고 중요하다는 생각이 든다.

# 12강
# 인공임신중절

10대 임신과 결혼 후 임신을 비교하고 인공임신중절 관련 법규와 실태 건강에 미치는 영향에 대해서 알아본다.

## 이 수업 후에 학습자는

1 임신이 삶에 미치는 영향을 이해하고 계획 임신의 필요성을 설명할 수 있다.
2 인공임신중절의 방법과 과정에 대해 알고 인공임신중절을 선택할 때 건강에 미치는 악영향을 최소화하는 방안을 제시할 수 있다.
3 양육비이행법(양육비 이행확보 및 지원에 관한 법률의 약칭)에 관해 이해하고 양육자의 권리와 비양육자의 책무를 설명할 수 있다.

## 주요 활동

| 1. 십대 임신과 결혼 후 임신 비교 | |
|---|---|
| 시간 | 10~15분. |
| 준비물 | 교사: 네 가지 색깔 재접착 메모지, 임신진단 테스트기.<br>학생: 필기도구. |
| 목적 | 의도한 임신과 의도치 않은 임신에 따른 감정, 태도, 행동 변화를 비교한다. |
| 방식 | 1 임신의 첫번째 징후에 대해 설명한다.<br>2 임신진단테스트기의 사용법에 대해 설명한다.<br>3 십대 임신과 결혼 후 임신에 따른 감정, 태도, 행동 변화를 남녀별로 다른 색 쪽지에 써서 비교한다. |

| 2. 인공임신중절 관련 법규와 실태 | |
|---|---|
| **시간** | 10~15분. |
| **준비물** | 교사: 없음.<br>학생: 없음. |
| **목적** | 인공임신중절 관련 법규와 실태를 알아본다. |
| **방식** | 교사는 인공임신중절 관련 법규와 실태에 대해 자료를 준비하여 설명한다. |

| 3. 인공임신중절이 여성 건강에 미치는 영향 | |
|---|---|
| **시간** | 10~15분. |
| **준비물** | 교사: 여성 생식기 모형, 임신주수별 태아 모형.<br>학생: 없음. |
| **목적** | 인공임실중절이 건강에 미치는 영향을 알아보고 부득이한 경우 악영향을 최소화할 수 있는 방안을 선택할 수 있도록 한다. |
| **방식** | 1 약물을 이용한 인공임신중절의 주의사항과 부작용에 대해 설명한다.<br>2 인공임신중절수술이 가능한 시기, 부작용, 사후 관리에 대해 설명한다.<br>3 청소년 임신의 취약성, 대처 방안, 책임과 한계 및 양육비이행법에 대해 설명한다. |

| 4. 또래 상담 | |
|---|---|
| **시간** | 5분. |
| **준비물** | 교사: 활동지(또는 온라인 설문폼, 256쪽 참고).<br>학생: 필기도구(또는 디지털 기기). |
| **목적** | 도움이 필요한 친구에게 조언하며, 수업에서 배운 내용을 체화한다. |

| 방식 | 1 학생들이 감정이입하기 좋고 배운 것을 떠올릴 수 있는 내용으로 사례를 준비한다. |
|---|---|
| | 2-1 사례가 적힌 활동지를 나눠주고 학생들이 작성을 마치면 교사가 직접 걷는다. |
| | 2-2 디지털 기기를 이용하는 경우, 구글폼 같은 온라인 설문폼에서 학생들이 개별적으로 사례에 응답할 수 있게 한다. |
| | 3-1 회수한 활동지를 통해 학습 성취도를 확인한다. |
| | 3-2 학생들의 답변을 실시간으로 확인하며 학습 성취도를 파악한다. |

# 임신을 하면
# 사라진 사랑이 되살아날까

"선생님 아들이 고2 때였어요. 새벽같이 일어나 밥 먹으며 등교 준비를 하던 아들에게 친구의 전화가 한 통 왔어요. '네 어머니가 보건선생님이라며. 내 여친이 임신을 했는데 낙태를 하려고 해. 낙태가 불법이라 아무 산부인과에나 가면 수술을 안 해준다더라. 네 어머니라면 수술이 가능한 산부인과를 알 것 같아서 전화했어.' 하고."

여기까지 이야기하고 학생들을 죽 둘러보았다. "진짜요?" 하는 말이 여기저기서 나왔다.

"오늘은 여러분이 이 이야기 속의 가상 주인공이 되어볼 거예요."

나의 인공임신중절 수업은 이 사례에서 시작한다. 사례가 없다면 검색을 해서 스토리를 만들어서 준비하자. 여고생 임신과 임신중절 사례는 검색 한 번이면 주르륵 떠서 골라 써야 할 정도로 흔한 일이 되었다. 사실 당시 나는 가슴이 철렁 내려앉았다. 나중에 '성관계를 한 여친이 이별을 고한 남친을 잡고 싶어 거짓으로 지어낸 이야기'라는 이야기를 전해 들었을 때는 더 아득했다. 임신을 한 것이 사실인지, 거짓말을 한 것이 사실인지, 임신으로 떠나려는 남친을 잡을 수는 있는지, 떠나려는 남친을 잡으면 사랑도 잡을 수 있는지, 낙태가 무엇인지는 아는지, 혼란만을 남겼다. 고등학교 보건선생님들을 만나면 '낙태를 할 수 있는 병원 소개 요청'을 받은 경험이 있다는 이야기를 듣곤 했다.

학생들의 성 질문을 살펴보면 완벽한 피임법에 대해서는 꽤 많은 관심이 있지만, 인공임신중절에 대한 질문은 거의 없거나 있어도 합법인지 불법인지를 묻는 경우가 고작이다. 또한 인공임신중절을 주제로 수업을 할 때면 남학생들의 관심은 현저히 떨어져 있고, 여학생들 또한 '나는 책임지지 못할 성관계는 하지 않을 것이므로 인공임신중절은 나의 일이 아니다' 같은 태도를 보인다. 그러나 2021년 한국보건사회연구원에서 만 15~49세 여성 8500명을 대상으로 실시한 인공임신중절 실태조사 결과를 보면 임신 경험 여성 중 17.2퍼센트가 인공임신중절을 경험한 것으로 나타났다.[*]

100퍼센트 완벽한 피임법은 없으므로 미혼, 기혼 구분 없이 가임기 여성이라면 누구라도 '인공임신중절 선택'에 대한 고민을 피해갈 수 없다. 여성의 '성배우자(성관계를 한 상대)' 또한 자유롭지 못하다. 따라서 원치 않은 임신을 한 여성이 부득이 인공임신중절을 선택할 때에도 건강에 미치는 영향을 이해하고 올바른 선택을 할 수 있도록 정

---

[*] 한국보건사회연구원, 〈2021년 인공임신중절 실태조사〉, 2021.

보를 제공해야 한다. 또한 출산을 결정하면, 혼인 상태나 양육 여부와 관계없이 미성년 자녀가 건강하게 성장함에 있어 부모로서 책무가 있다는 것을 성관계를 시작하기 이전에 가르쳐야 한다.

## 1. 십대 임신과 결혼 후 임신 비교

준비되지 않은 성관계의 결과는 임신으로 나타나며 남녀 모두에게 그 책임이 있다는 이야기를 학생들과 나누어보자.

"오늘은 그중에서 '의도치 않은 임신' '원치 않는 임신'에 대한 이야기를 할 거예요. 선생님이 용어를 두 가지로 사용했는데 같은 의미일까요?"

"십대 임신을 말하는 거 아니에요?" "같은 것 같기도 하고, 다른 것 같기도 하고 잘 모르겠어요."

"선생님은 자녀를 둘을 낳았어요. 그런데 '오늘 성관계를 해서 임신을 해야겠어' 하고 결심해서 임신한 적이 한 번도 없어요. 두 번 모두 피임을 했는데 피임에 실패해서 임신한 거예요. 의도한 적은 없지만, 임신이 되면 아기를 낳아 키울 '준비된 성관계'였기 때문에 기쁜 마음으로 출산해서 육아했어요. 즉 원치 않는 임신은 아니었던 거죠."

남녀별로 다른 색깔의 재접착 메모지를 나눈다. 나는 수업을 성평등하게 하기 위해 남녀별로 다른 활동을 하는 것은 가급적 피하는데, 오늘 이야기는 남녀의 입장이 다르므로 다른 색깔을 사용할 거라고 학생들에게 양해를 구했다.

"전제 조건이 있어요. 지금 여러분 나이에 연애하게 되었다고 반드시 성관계해야 한다는 의미는 아니에요."

"알아요!"

"남녀별로 다른 이야기인데요, 첫번째 이야기는 여러분 또래의 여학생이 주인공이에요."

에피소드마다 성별로 다른 색깔의 재접착 메모지를 사용해야 하므로 각각의 스토리가 시작될 때마다 색깔을 정하여 '○○색을 들어보세요' 하며 진행하자. 색을 헷갈리면 수업이 산으로 갈 수 있다. 또 사전에 고지해야 하는 한 가지는 '사례를 듣고 욕이 나올 수 있는데 교실에 있는 교사나 학급 친구들이 그 욕을 들어야 할 이유가 없으니 꾹 참아야 한다는 것'이다. 나오는 욕을 참기 어려울 때 표현할 방법을 학생들에게 의견을 물어 약속을 정한다. 보통 '삐리리'로 하자고 한다.

"2주 전쯤에 사랑하는 마음으로 서로 동의하에 남자 친구와 성관계를 했는데 임신이 될까 봐 걱정하고 있었어요. 임신하면 처음으로 나타나는 징후는 무엇일까요?"

"월경이 안 나오는 거요?"

"맞아요. 임신의 첫번째 징후는 월경이 없어지는 거예요. 드라마에 보면 밥 먹다가 갑자기 웩웩하면서 구토 증상을 보여서 임신 검사를 하는 장면이 나오는데, 그것보다는 대부분 월경이 먼저 없어져요. 임신이 걱정되면 성관계 후 처음 월경 예정일에 월경이 나오는지 관찰하고 만일 월경이 안 나오면 임신진단 테스트를 해야 해요. 가임기 여성이 성관계한다면 자신의 월경주기를 알고 있어야 해요. 그런데 이 여학생이 월경 예정일이 되었는데도 월경이 안 나오니 고민하다가 임신진단 테스트기를 사러 약국에 가던 중 '약국에서 어려 보인다고 민증 보자고 하면 어쩌지? 청소년이라고 보호자 동의받아오라고 하는 거 아냐? 우리 부모님은 내가 성관계했다는 것도 모르는데.' 하는 생각이 문득 들었어요. 어때요? 청소년은 보호자 동의가 있어야 할까요?"

"청소년도 살 수 있는 거 아니에요? 드라마에 그렇게 나오던데."

'임테기'라는 용어도, 십대 임신에 대한 가르침(갈등은 있지만 그것만 해결되면 알콩달콩 해피엔딩이라는)도 미디어에서 먼저 배우고 학교에 오는 학생들. 시청률을 높이기 위해 현실과 동떨어진 내용을 잘 버무려 흥미롭게 전달하는 미디어 시대에, 성교육 하는 교사가 넘어야 할 산이 태산이다. 미디어에 대한 불만을 미뤄두고 답을 말하면 임신진단 테스트기는 보호자 동의 없이 누구라도 살 수 있다. 학생들에게 여성뿐만 아니라 남성도 살 수 있다는 결론을 전달하면, 임신진단 테스트기의 원리와 검사 방법, 주의사항 등을 설명한다.

"이 여학생이 검사를 했더니 한 줄이 나온 거예요. 그래서 안심하고 있었는데 하루이틀 지나도 계속 월경을 안 해요. 검색하니까 그럴 때는 무한정 기다리면 안 되고 이틀 정도 후에 다시 검사를 해보라는 댓글이 있었어요. 그 말에 따라 다시 검사했더니 두 줄이 나왔어요. 떨리는 마음으로 산부인과에 가서 검사를 하겠죠? 의사 선생님이 임신을 확인해줬어요. 여기서 여학생들에게 먼저 질문 나갑니다. 만일 여러분이 이 이야기의 주인공인 여학생이라면 어떤 생각과 느낌이 드는지, 하고 싶은 일과 말이 있는지, 연두색 쪽지에 쓰세요. 익명으로요."

여학생들은 생각에 빠져 있고, 남학생들이 묻는다. "우리는 뭐 해요?" "우리는 임신시킨 남친이에요?" 나와 수업하다보면 학생들이 눈치 백단이 된다.

"선생님 머릿속에 들어와 있나요? 대단한데요! 이번엔 남학생들에게 질문 나갑니다. 학교에서 급식 맛있게 먹고 친구들과 신나게 뛰어놀고 있는데, 얼마 전에 성관계했던 그 여자 친구에게서 전화가 왔어요. '나 임신이래'라는 말이 폰 너머로 들려왔어요. 그때 어떤 생각과 느낌이 드는지, 하고 싶은 말이나 행동을 자유롭게 보라색 쪽지에 쓰세요. 역시 익명이에요."

여학생의 반응과 달리 남학생들의 반응은 조금은 장난스럽다. 여학생들이 이런 반응을 포착했을까?

"바로 이어서 다음 질문으로 넘어갈게요. 십대 청소년기 외에도 성년 이후 결혼 전, 후 등 임신을 할 수 있는 수많은 상황이 있겠지만, 오늘은 '결혼 후' 시기만 한 번 더 생각해볼게요. 결혼한 부부가 있어요. 결혼하면 적절한 시기에 임신하기도 하지만 때로는 난임으로 오랫동안 애타게 임신을 기다리기도 해요. 또 여러 가지 이유로 조금 늦게 아기 갖기를 원할 수도 있고, 부부 둘만 행복하게 살자는 생각으로 아기를 낳을 계획이 없는 부부도 있어요. 상황은 여러분 마음대로 정하세요. 결혼한 여성 직장인이 있어요. 바쁜 일상 속에 문득 생각하니 월경 예정일이 한참 지난 거예요. 그래서 임테기를 했겠죠? 역시 두 줄이 나와서 병원에 갔어요. 의사 선생님께 '임신'이라는 말을 들었을 때 어떤 생각과 느낌이 드는지, 하고 싶은 말이나 행동을 자유롭게 하늘색 쪽지에 쓰세요. 역시 익명이에요. 남학생 여러분은 직장에서 열심히 일하고 있는데 '여보 나 임신이래'라며 아내가 임신 사실을 알려왔을 때 어떤 생각과 느낌이 드는지, 하고 싶은 일이나 말을 자유롭게 노란색 쪽지에 쓰세요. 역시 익명이에요. 모두들 다 썼으면 각자 앞으로 갖고 나와서 글씨가 안 보이게 엎어서 제출하세요. 이쪽이 십대 임신, 이쪽엔 결혼 후 임신을 모아주세요."

가끔가다 친구들이 쓴 것을 후다닥 뒤집어서 보는 경우가 있으니 쪽지를 걷을 때 주의가 필요하다.

십대 남학생 생각을 보자. 참 솔직하다. '폰을 툭 떨어뜨린다. 그러고 나서 후회하고 불안할 것이다. 수업에는 집중이 안 되고 손이 부들부들 떨릴 것이다. 학교가 끝난 후에는 아무 데도 가지 않고 방 안에서만 있을 것 같다.' 익명이지만 교실을 순회하던 나는 누가 썼는지 알 수 있었다. 유난히 시무룩하고 힘이 없는 표정이 눈에 띄었기 때문이다. 사실 '어느 놈이야' '낙태해' '침묵' '당황스러울 거 같고, 어른과 상의할 것' '여자 친구와 내가 책임질 수 있으면 낳고, 한 명이라도 생각이 다르면 고민해볼 것 같다' '소리샘으로 연결되오며 통화료가 부과됩니다' 같은 부정적이거나 회피하고 싶어하는 의견이 대부분이다.

십대 여학생 생각은 어떨까? '입양은 어떻게 시켜요?' '망했다. 이 자식 발뺌하는 거 아냐?' '무서움, 자괴감, 당황스러움' '엄마 아빠 미안해요' '울고 싶다' 같은 응답뿐 아니라 자살을 언급하기도 한다.

그러면 결혼 후 임신에 대한 남학생들의 생각은 어떨까? '기분이 매우 좋을 것 같다. 무슨 일이냐는 직장 상사의 말을 뿌리치고 아내에게 바로 달려갈 것이다. 저녁에는 축하 파티를'이라는 글을 쓰고 있는 학생을 발견한 적 있다. 가상인데도 입가에 미소가 가득한 모습이었다. 그러나 '낙태시키고 또 임신시킨다' 같은 장난이었기를 바라는 응답과 매년 나오는 '어느 놈이야?' 같은 응답도 섞여 있다. 진지하지 않은 답변이라고 하더라도 결혼했음에도 무한정 좋은 것은 아닌 것 같다.

다음은 결혼 후 임신에 관한 여학생들의 생각이다. '열심히 살자' '돈은 어떡하지?' '나 순대도 먹고 싶고, 보쌈도 먹고 싶고, 산딸기도 먹고 싶어. 왜냐면 나 임신해서 그런가 봐'.

십대 임신과 결혼 후 임신에 대한 학생들의 결과물을 칠판에 붙이며 읽는다. 혼인 여부와 무관하게 남녀 간에 임신에 대한 생각의 온도 차가 크다는 것을 알 수 있다. 그저 읽는 것만으로도 교육적 효과가 크기 때문에 교사가 해설을 추가할 필요는 없다. 십대 임신에 대한 남학생의 응답 중에 '책임진다'라는 응답이 나올 때, 여학생들이 '멋지다'를 연발하며 박수를 치는 경우가 있다. 그러면 나는 이 학생에게 어떻게 책임질 수 있는지 묻는다. 돌아오는 답은 '엄마에게 맡긴다'는 것.

양육비이행법에 따르면 미성년자는 그 부모가 책임지도록 되어 있으니 부모가 책임지는 것이 맞기는 하지만, 저 말을 들으면 '부모는 무슨 죄인가' 싶다. 특히 '엄마'는. 돌봄 노동은 여성의 등짝에 붙어 떨어지질 않는다.

"책임은 남성만 지면 될까요? 여성은 책임을 요구하기만 하면 될까요? 여성은 책임이 없을까요?"

"여자도 책임 있어요."

'남성, 여성 각각 어떻게 해야 책임졌다고 할 수 있을까?' '만일 도망가고 싶었던 남성이 책임감을 느껴 여성의 곁에 남는다면 사랑도 함께 남을까?' '두 사람은 그 선택에 후회가 없을까?'와 같은 발문을 했지만, 수업 시간이 촉박하여 깊이 있는 대화를 나누기는 어려웠다. 두 차시를 연달아서 할 수 있는 여건이 된다면 깊이 있는 이야기를 나눠보기를 권한다.

## 2. 인공임신중절 관련 법규와 실태

응답에 '낙태'가 많이 나왔기 때문에 이야기는 자연스레 인공임신중절수술로 넘어간다. 이때, '낙태'라는 용어는 태아를 생명줄인 모체에서 떨어뜨려 죽인다는 부정적 의미가 강하므로 인위적으로 임신을 중단한다는 의미인 '인공임신중절'로 용어를 바꾸어서 사용한다는 것을 짚고 넘어가자. 인공임신중절수술을 선택하는 현실적인 원인과 모자보건법상 허용되는 경우를 비교하여 설명한다. 이때 '본인과 배우자의 동의를 받아 인공임신중절수술을 할 수 있다'라는 대목에 이르면 미성년자라면 '강간에 의한 경우 배우자의 동의를 어떻게 받느냐' '남자가 여자 임신시키고 도망가면 동의를 어떻게 구하느냐'를 많이 묻는다.

'강간, 성폭행에 의한 경우는 합법적으로 낙태할 수 있지만 법적

처리절차를 거치고 수술할 병원을 찾느라 임신 주수가 늘어나서 임신 중절이 위험해지기도 하고 시기를 놓쳐서 출산을 하기도 한다. 그래서 불법 낙태를 선택하는 경우가 많다.* 배우자가 사망·실종·행방불명 기타 부득이한 사유로 동의를 얻을 수 없는 경우에는 19세 이상 성인이라면 본인의 동의만으로 할 수 있고, 19세 미만 미성년자라면 보호자가 동의할 수 있다'라고 답해준다.

학생들은 "그래서! 결론이 뭐에요? 인공임신중절이 합법이에요? 불법이에요?" 하고 참 많이도 궁금해한다. 현행법상 법으로 정해놓은 허용범위 이외에 임신중단을 한 여성과 수술한 의사에 대한 처벌을 다룬 '낙태의 죄' 조항이 있다. 그리고 2019년 4월 11일 헌법재판소에서는 이 조항이 임산부의 자기결정권을 침해하므로 위헌이라는 결정을 내리며, 2020년 12월 말까지 낙태죄 관련 법조항을 개정하라고 했다. 그러나 그 기한까지 법은 개정되지 않았다. 하지만 헌법재판소 판결에 따라 '낙태의 죄' 조항은 위헌이므로, 법이 개정되지 않았어도 실제로 이 조항을 근거로 처벌할 수 없다. 즉, 법은 있으나 법을 안 지켰을 때 처벌은 없으니 현재는 합법도 불법도 아니다.

법 조항을 이야기하면 여학생들이 분개하며 반드시 묻는다. '남자가 임신시켰는데 왜 남자 처벌 조항은 없느냐'이다. 십대 임신과 결혼 후 임신에 대한 쪽지 활동을 한 이후 남학생들의 수업 집중도가 현저히 떨어지는 시점에 '남자도 처벌하라'는 여학생들의 이야기에 남학생들이 정신을 번쩍 차리고 남녀 성대결이 시작된다.

---

* 서울신문, 〈'성폭행 낙태' 합법이라지만...〉, 2013. 5. 27.

"남성 대 여성으로 갈라서 싸워야 할까요? 인공임신중절로 태아는 죽는 것이고 여성은 건강을 해치거나 목숨을 잃기도 해요. 태아는 안전하고 건강하게 출생·성장할 수 있고, 여성은 안전하고 건강하게 임신하고, 임신을 중단하거나 출산을 선택할 수 있도록 하기 위해 무엇을 어떻게 해야 할지, 모든 사람이 함께 고민하는 것이 필요하지 않을까요? 임신중단이 '인생 중단'이 되어서는 안 돼요. 그래서 인공임신중절 방법과 과정을 알아보고 여러분의 생각을 정리해보는 시간을 가질게요."

## 3. 인공임신중절이 여성 건강에 미치는 영향

"인공임신중절이란 태아가 생존 능력을 갖기 이전 시기에 임신을 끝내는 것으로 약물을 이용한 방법과 수술적 방법이 있어요."

인공임신중절 수업을 하던 어느 날 '미프진'이라는 약물에 대해 학생이 내게 물었다. 솔직히 나는 그때까지 이 약물의 존재를 몰랐다. 그래서 찾아보았다.

먹는 임신중단 약의 원리는 자궁 내 착상된 수정체에 영양공급을 차단하고 자궁을 수축시켜 분리된 수정체를 배출하는 것이다. 정상적인 자궁 내 임신일 때만 가능하고, 나팔관 임신과 같은 자궁외임신의 경우에는 과다 출혈을 일으킬 수 있을 뿐 임신중단은 안 된다. 임신 6~10주까지 가능한데, 임신 10주가 넘어가면 자궁 수축 과정에서 자궁파열과 대량 출혈이 생길 수 있다. 복용 후 출혈이 시작되므로 반드시 편안한 장소에서 복용해야 한다. 복용 후 2주 이상 출혈이 있을 수 있고 임신이 계속 유지될 수도 있으니 산부인과 검진이 반드시 필요하다.*

청소년기 여성이 임신했을 때 가장 관심이 갈 만한 약물이었다. 정신이 번쩍 들었다. 다른 내용은 모두 간략히 설명해도 이 설명만큼은 제대로 해야 여성 청소년을 살릴 수 있을 것 같았다.

"임신진단 테스트 후 스스로 판단하여 불법 약을 사 먹는 경우에 자궁외임신이거나 임신 주수 계산을 잘못해서 하혈은 콸콸 했는데 임신중단은 안 되고 결국에는 수술을 추가로 해야 할 수도 있어요. 게다가 불법 구입한 약물은 의료적, 법적 보호를 못 받으니 어디 하소연해 볼 수도 없어요. 아무래도 원치 않는 임신을 한 여성 청소년들이나 기혼이 아닌 여성들이 온라인에서 불법적으로 거래하다보니 가장 큰 피해를 볼 거예요. 여러분에게는 이렇게 위험한 일이 없어야겠고 원치 않는 임신으로 고민하는 친구들이 주변에 있다면 다른 내용은 다 잊어버리더라도 병원에 꼭 가보라고 조언만이라도 해주면 좋겠어요."라며 신신당부를 했다.

그다음에는 여성 생식기 모형과 인공임신중절수술용 기구를 보여주며 수술적 방법에 대해 설명했다. 주수별 수술 방법, 십대 여성 청소년 임신의 위험성과 인공임신중절수술에 더 취약함, 수술 후 몸조리 등에 대해 얘기했다.

* 서울시립십대여성건강센터 나는봄, 〈먹는 임신중단약 미프진〉 (imbom.or.kr).

"의도치 않은 임신에 가장 취약한 사람은 여성 청소년이에요. '설마, 딱 한 번 했는데, 콘돔도 썼는데' 하고 생각하다 임신을 늦게 알게 되기도 하고, 초경한 지 얼마 안 된 경우에는 불규칙한 월경주기로 임신 사실을 더 늦게 알게 되기도 해요. 게다가 보호자에게 알리지도 못하고 고민만 하는 경우가 대부분이니 산전 관리가 안 돼요. 산전 관리를 못 하면 빈혈, 임신성 당뇨와 고혈압, 성매개감염병 등 건강상의 문제에 대처가 안 되죠. 자신도 아직 성장이 덜 되었는데 새로운 건강상의 문제도 떠안게 되는 거예요."

이뿐만 아니라 여성 청소년의 경우 임신중절을 결정하면 비용 준비, 불법 약물 사용 등으로 어려움에 빠진다. 때로는 성관계 상대가 비용을 마련해주기도 하는데, 같은 청소년이면 돈이 어디서 나오겠는가. 부모님께 가서 '제가 사랑하는 고딩 여친이랑 서로 합의하여 한 달 전에 성관계했는데 임신이 되었어요. 제가 성관계할 때 책임지기로 했습니다. 인공임신중절을 위해 돈이 좀 필요합니다! 저는 책임감이 강한 남자거든요. 하하하!' 하겠는가. 어딘가에서 불법적인 방법으로 마련할 것이다. 이런 경우에 상대 남성이 책임을 다했다고 생각하기 쉬운데 진짜 책임을 다한 걸까.

"남녀가 성관계할 때는 서로 사랑하는 마음으로 하겠죠? 설마 '임신해서 맘고생, 몸고생 해봐라' 하는 마음으로 하지는 않을 거잖아요. 근데 준비되지 않은 성관계를 해서 성관계한 상대 여성에게 비용을 마련해준다 해도 인공임신중절의 위험에 빠뜨리는 것이 사랑은 아닐 거예요. 그러니 사랑한다면 준비된 성관계를! 준비가 안 되었다면 하지 않기! 이것이 사랑하는 사람에 대한 책임을 다하는 것 아닐까요?"

나만 말하는 시간이 길어지면서 학생들이 잘 듣고는 있는데 집중해서 듣고 있는지 의구심이 들었다. 여성과 남성의 말투와 표정, 행동을 교대로 하는 나의 원맨쇼는 이어졌다.

"여성도 분위기에 이끌려, 상대의 강요에 못 이겨, 차마 거절을 못하고 준비 안 된 성관계를 하게 될 수도 있겠죠? 그랬을 때는 믿을 수 있는 어른을 찾아가 상의하세요. 그것도 빨리요. 늦어질수록 임신중단이나 출산을 결정하기 어려워져요. 믿을 수 있는 어른은 여러 명 정해두세요. 한 명에게 말했는데 도움을 받을 수 없다면 또 다른 어른을 찾아가세요. 청소년 임산부를 지원해주는 제도가 많이 있어요. 함께 고민해주실 거예요. 상대 남성과 결혼하는 것만이 해피엔딩은 아니에요. 결혼은 임신 여부와 관계없이 신중하게 선택해야 해요.

그러면 남성은 나와 성관계한 여성이 임신했는데 결혼할 생각이 없다면 '휴, 다행이다' 하며 모든 것이 해결되는 것일까요? 임신을 중단하기로 했다면 최대한 지원해야 하고, 만일 여성 혼자 출산해서 양육하기로 결정했다면 양육비는 지급해야겠지요? 그런데 도의적으로 실행이 안 돼서 고통받는 사례가 많다보니 법으로 정해졌어요."

양육비이행법이 있어서 부모 중 양육을 담당하지 않는 쪽은 미성년 자녀가 건강하게 성장할 수 있도록 양육을 하는 이에게 양육비를 지급하도록 강제하고 있다. 만일 양육을 담당하지 않는 쪽이 미성년자인 경우에는 그 부모가 지급해야 한다. 만일 지급하지 않으면 유치장 및 구치소에 구금할 수 있고 운전면허 정지, 출국금지, 명단공개, 강제징수도 가능하다. 양육비 미지급은 범죄다. 2021년부터 법이 개정되어 시행되고 있고 남녀 구분 없이, 결혼 여부와 관계없이 적용한다.

"사랑하는 마음으로 동의하에 성관계했는데 의도하지 않은 임신으로 갈등이 일어나지 않게 하려면 어떻게 해야 할까요?"

"평생 성관계를 안 하면 돼요."

"그게 제일 좋은 방법! 그런데 사랑하는 사람과 평생 서로 존중하고 신뢰하는 관계로 즐겁게 성생활하고 싶은 사람은 어떻게 하면 좋을까요?"

'피임해야' 한다고 답하는 학생과 '피임이 뭐냐'고 하는 학생이 교실에 혼재한다. 그래서 다음 시간에는 당연히 피임을 다루게 된다. 학생들이 그렇게나 원하는 '100퍼센트짜리' 피임은 있을까?

## 4. 또래 상담

수업 후 학생들의 이해도 측정을 위해 사례를 구성해서 온라인 설문폼을 만든 뒤 개별적으로 제출하도록 했다. 응답 결과는 실시간으로 확인할 수 있으므로 즉시 읽어주거나 시간이 부족하면 다음 시간에 읽어주면 된다. 디지털 기기와 온라인 설문폼을 사용할 수 없다면 종이 활동지로 할 수 있다. 다음은 사례 예시와 학생들의 응답을 정리한 것이다. '임신은 여성 혼자 책임지는 것이 아니라는 점' '청소년기 임신을 책임진다는 것은 어렵다는 점' '만일 임신이 되었다면 혼자 부적절한

결정을 내리지 말고 어른과 상대 남성과 상의해야 한다는 점' '인터넷에서 파는 약을 먹어서는 안 된다는 점'을 고맙게도 기억했다.

> **친구를 믿고 연락한 이 친구에게 진정 도움이 될 수 있는 조언을 해주세요.**
>
> 친구야 자니? 나 무서워... ㅠㅠㅠ
>
> 남친과 성관계를 했는데 월경을 할 때가 지나도 월경이 안 나와서 방금 전에 임테기를 해봤더니 두 줄이 나왔어. 대충 계산해보니 벌써 6주 정도 된 거 같아. 아직 남친에게 연락하기 전인데 뭐라고 말할까 고민이야. 남친은 페북에서 만났어. 대학교 1학년이래. 난 중학생이라 아기를 낳아 기를 자신이 없어서 낙태할 생각인데... 산부인과 가면 분명히 보호자 데리고 오라고 할 것 같아서 가기 싫은데 그래도 병원 가야 할까? 인터넷 검색해보니 낙태약을 팔더라구. 그거 사서 먹으면 병원 안 가도 될 것 같아. 근데 돈이 모자라. 남친한테 돈 좀 보태달라고 할까? 도와주겠지? 지도 책임이 있는데? 남친이 돈 안 주면 알바라도 할까? 우리 부모님께 말씀드리면 집에서 쫓겨날지도 몰라.ㅠㅠ 혼나고 나가느니 차라리 혼나기 전에 가출하는 게 나을 거 같기도 하구..ㅠㅠㅠㅠ
>
> 글구 그 약 먹으면 피도 콸콸 쏟고 배도 많이 아프다는데, 나 너무 무서워.ㅠㅠ 너 알잖아. 나 손끝에 피만 조금 나도 엄청 무서워하는 거...ㅠㅠ 남친한테 도와달라고 할까? 남친이 안 도와주면 니가 좀 도와줄래? 나 어떡하지? 남친한테 뭐라고 말하면 좋을까? 결혼해서 알콩달콩 살면서 아기 낳아 키우며 재미나게 살자고 할까? 무서워 죽겠어...ㅠㅠㅠㅠㅠㅠㅠ
>
> • 부모님께 말씀드리고 낙태약은 사지 마. 그리고 대학교 1학년이라는 사람은 믿지 않는 게 좋을 것 같아. 애초에 인터넷으로 만난 사람이랑 성관계하는 것도 안 돼.

- 무조건 산부인과 가야 해. 낙태약은 일단 불법인 데다가 완벽하게 낙태가 되지 않을 확률이 높아. 부모님은 너에게 화를 내시긴 하겠지만 너를 최대한 도와주려고 할 거니까 부모님에게는 큰맘 먹고 말하는 게 좋을 것 같아. 남친에게는 일단 임신이라고 알려. 혼자 모든 걸 떠안을 필요 없어.

- 당장 남친한테 연락해서 임신 소식을 알리고 부모님께도 말씀드려서 병원에 가는 게 좋을 것 같아. 그리고 다음부터는 페이스북 같은 데에서 남자 친구 사귀지 마.

- 너는 아직 중학생이고 어린데 아이를 낳고 기르려면 많이 힘들 거 같아. 너의 결정을 존중하지만 나는 아이를 지우는 방법도 좋다고 생각해. 어머니나 아버지한테 말해서 같이 고민해.

- 지금 너의 나이에서 아이를 책임지는 것은 어렵고 힘들 거야. 남친에게도 부모님께도 솔직하게 이야기하고 방법을 찾아보자. 낙태약은 불법이고 생명에 지장이 갈 수 있는 일이니까 하지 마.

# 13강
## 피임

## 개요

피임 짝 카드 찾기와 카드 게임 활동을 통해 피임법을 쉽게 익힌다.

## 이 수업 후에 학습자는

피임의 원리를 이해하고 생애 주기와 목적에 맞는 피임법을 설명할 수 있다.

## 주요 활동

| 1. 피임 짝 카드 찾기 | |
|---|---|
| 시간 | 10분. |
| 준비물 | 교사: 학생 수에 맞춘 피임 짝 카드(설명 카드, 용어 카드) 13종(410쪽 참고).<br>학생: 없음. |
| 목적 | 피임 짝 카드 찾기를 통해 다양한 피임법과 용어를 학습한다. |
| 방식 | 1 학생들은 교탁에 펼치거나 작은 통에 담은 설명 카드를 1개씩 뽑는다.<br>2 교사는 칠판에 용어 카드를 붙인다.<br>3 학생들은 설명 카드의 짝이 되는 용어 카드를 찾아 교사에게 확인받고, 짝 카드를 찾았다면 자리로 돌아간다.<br>※ 친구들과 상의할 수 있고, 바꾸어도 좋다고 안내한다. |

## 2. 피임의 원리와 사용법 알기

| 시간 | 15분. |
|------|-------|
| 준비물 | 교사: PPT, 컴퓨터, 피임 교구.<br>학생: 없음. |
| 목적 | 부정확하게 알고 있는 피임법을 바로잡는다. |
| 방식 | **1** 널리 알려진 잘못된 피임법과 피임약에 대해 바로잡는다.<br>**2** 피임 교구를 하나씩 보여주며 피임의 원리와 사용법을 설명한다. |

## 3. 피임 카드 게임

| 시간 | 15분. |
|------|-------|
| 준비물 | 교사: 피임 짝 카드.<br>학생: 없음. |
| 목적 | 게임을 통해 다양한 피임법의 원리와 적용 시기, 장단점을 심화학습한다. |
| 방식 | **1** 학생들은 자신이 뽑은 설명 카드와 짝 카드를 갖고 교실 중앙으로 모여 원형으로 선다.<br>**2** 피임 성공률과 실패율 수치로 '순열(20쪽 참고)' 활동을 한다.<br>**3** '피임피리범범(21쪽 범피리범범 참고)' 활동에서는 교사가 강조하고 싶은 주제로 두세 가지 활동을 한다.<br>(예: 여성 피임법 중 한 가지 외치기, 남성 피임법 중 한 가지 외치기, 성매개감염병을 예방할 수 있는 피임법 외치기) |

| 4. 콘돔 실습과 방 탈출 게임 | |
|---|---|
| **시간** | 5분. |
| **준비물** | 교사: 학부모 동의서, 온라인 설문폼(콘돔 방 탈출 게임) 또는 활동지.<br>학생: 없음. |
| **목적** | 피임과 성매개감염병 예방이 가능한 콘돔에 대한 이해도를 측정한다. |
| **방식** | 1 콘돔 실습에 앞서 이에 대한 학생의 의견(417쪽 참고)을 적도록 한다.<br>2 학부모 동의서(418쪽 참고)는 미리 배부하여 회신을 받는다.<br>3 학생들의 선택에 맞춰 콘돔 사용법을 지도한다.<br>4 온라인 설문폼으로 만든 방 탈출 게임의 링크를 공유하고 과제로 낸다. |

# 둘이서 하는 줄넘기, 피임

임신, 출산, 양육은 인생에서 큰 기쁨이기도 하지만 청소년뿐만 아니라 성인에게도 큰 갈림길에 서게 한다. 계획 임신을 가능케 하는 피임은 성평등의 필수 아이템이다. 그러나 피임 수업은 정보 전달 위주 강의식 수업을 할 수밖에 없었다. 학습자의 요구가 아무리 높아도 수업 시작 5분 이내에 관심이 뚝 떨어져 학생들을 설득하며 수업을 억지로 마치고 나오면 기진맥진 자괴감마저 들었다. 학생들의 집중을 높이기 위해 카드를 제작하고 매년 다른 게임을 적용해가며 고단한 과정을 반복했다. 미션을 해결하는 과정에서 '100퍼센트짜리 피임은 없다는 사실'을 스스로 판단하게 하고 싶었다. 다양한 피임법을 소개하고 생애주기에 맞춰 적절한 피임법을 선택하여 실천할 수 있도록 하는 것이 이 수업의 목표. '일단 성관계! 후 걱정!'이 아니라, '일단 준비! 후 성관계!' '준비가 미진하면, 성관계 미루기!'여야 한다.

# 1. 피임 짝 카드 찾기

학생들에게 '피임이 무슨 뜻'인지 물어보면 '임신을 피하는 방법'이라고 답하는 학생이 있는가 하면 뜻조차 모르는 학생들이 교실에 혼재한다.

"피임은 임신을 피하는 거예요. 임신과 출산은 남녀 모두의 삶에 큰 영향을 미칠 수 있으니 의도치 않은 임신보다는 계획 임신을 할 수 있도록 하는 방법이에요."

피임은 '청소년기에 사고 치지 않기 위해 하는 것'으로 생각하는 학생들이 꽤 있다. 하지만 여성이 임신을 할 수 있는 기간, 초경부터 완경까지 '가임기'라고 불리는 모든 순간에 피임은 필요하다. 그런데 이 피임에 관해 수업할 때 학생들이 가장 어려워하는 것이 용어였다. 교과서나 각종 자료에 나오는 용어들이 의료인이나 성인들이 사용하는 낱말들을 그대로 사용하고 있어 학생들이 이해하기 쉽지 않았고, 그로 인해 결국 수업 내용을 제대로 전달할 수 없었다는 것을 깨달았다. 피임 짝 카드는 용어 카드와 설명 카드를 한 세트로 구성한 것으로, 카드는 코팅해서 뒷면에 고무 자석을 붙였다.

우선 설명 카드를 교탁에 펼치거나 작은 통에 담아서 학생들이 직접 뽑도록 했다. 학생들이 설명 카드를 읽고 있는 동안 나는 칠판에 용어 카드를 붙였다. 학생들은 자신의 설명 카드를 들고 앞으로 나와서 칠판에 있는 용어 카드 중 짝을 찾아 정답을 확인하고 짝이 맞으면 자리로 돌아갔다. 예를 들면 먹는 피임약의 특징과 장단점을 적은 설명 카드를 뽑은 학생은 그 설명을 읽고 칠판에 붙어 있는 카드 중 '먹는 피임약'이라고 적힌 카드를 선택하는 것이다.

이해하기 쉬운 말로 카드를 제작하려고 노력했으나 한계가 있었고, 용어 이해에 개인차가 있으니 모르는 낱말은 교사에게 물어보라고 사전에 안내했다. 간혹 본인이 받은 카드가 너무 어렵다면 서로 동의하에 친구와 바꾸어도 좋고 친구들과 상의해도 좋다고 얘기했다. 그래서 학생들은 짝을 찾는 동안 모르는 낱말을 나에게 묻거나 친구들 카드에 관심을 보이며 편하게 상의했다. 그렇게 서로의 카드를 들여다보다가 같은 카드를 받은 학생들끼리는 짝 카드를 찾기 위해, 다른 카드를 받은 학생들과는 서로 도움을 주면서, 자연스레 다양한 피임에 대해 대화를 나누는 것을 볼 수 있다. 교실은 와글와글 시끄러우나 학습 중인 것이다. 교사에게 정답을 확인하고 자리로 돌아가는 학생이 늘어갈수록 남은 카드의 개수가 줄어들어서 아직 짝을 찾지 못한 학생들의 짝 카드 찾기는 수월해졌다.

## 2. 피임의 원리와 사용법 알기

학생들이 자리에 들어가 앉으면 설명 카드와 짝 카드 내용으로 구성된 PPT 자료 화면을 띄우고 설명을 한다. '월경주기법' '질외사정법' 등이 일부 교과서에 피임법으로 소개되어 있지만, 현실적으로 피임 실패율이 높기 때문에 내 자료에서는 아예 '피임법 아님'이라고 명시했다.

피임 교구 세트를 준비해서 함께 보여주면 시각적으로 집중시킬 수 있다. 설명이 길어지면 꿈나라로 가는 학생들이 늘어나므로 어려운 용어와 교사가 강조하고 싶은 포인트만 간결하게 설명하자. 나의 경우 널리 알려진 잘못된 피임법과 피임약, 자궁 내 장치, 정자차단법(콘돔과 질좌제), 영구 불임 수술 등의 원리와 부작용을 설명한다.

다음은 설명 예시이며 내용을 가감할 수 있다. 모든 내용을 한 번에 설명하려 하지 말고 일부는 남겨두었다가 게임 활동 중에 조금씩 추가해서 설명할 수 있다. 잊지 말자. 설명이 길어지면 학생들은 잔다!

### '엄빠'가 되는 확실한 방법 세 가지

"여러분은 이전 시간에 성관계 전에 준비할 것에 대해 생각해봤어요. 그런데 준비가 안 된 채로 성관계를 할 때가 있겠죠? 어떤 도구나 약물을 준비할 수 없을 때 피임을 목적으로 사용하는 세 가지 방법이 있는데, 사실 이 방법은 '엄빠'가 되는 확실한 방법이에요. 첫째 월경주기법, 둘째 월경 중 성관계, 셋째 질외사정법이 바로 그 방법이에요."

학생들이 앞서 게임을 통해 용어를 익혔다고 하더라도, 이론을 끝까지 주의 깊게 듣는 것은 어려운 일이다. 이 수업에서 다룰 모든 피임법 설명은 생략해도 널리 알려진 이 피임법들에 대해서는 반드시 설명해야 할 만큼 중요해서 어떻게 전달하면 좋을지 고민하다가 역설적으로 포문을 열어보자 싶어 '엄빠가 되는 확실한 방법 세 가지'라는 제목으로 전달을 시도했다.

월경주기법은 여성의 몸 상태에 따라 배란기가 변할 수 있고, 배란기를 피해 성관계하려는 목적으로 배란 테스트기를 사용하지만 이런 방법은 운에 맡기는 도박과 같다는 말과 함께 배란 테스트기를 사러 갈 거면 차라리 콘돔을 사는 게 좋을 것이라고 했다. 월경 중 성관계는 여성 성 건강에도 나쁜 영향을 미친다는 점, 또 월경 중에도 배란이 되기도 한다는 설명도 더했다. 마지막으로 질외사정법은 사정 전에 나오는 쿠퍼액에 정자가 있기도 하고 남성이 사정 타이밍을 놓칠 수도 있어서 엄빠가 되는 가장 확실한 방법이라고 하면서, 오늘 수업 내용 중 다른 것은 다 잊어도 '엄빠가 되는 확실한 방법 세 가지'는 꼭 기억해야 한다고 이야기를 마쳤다. 학생들 표정을 보니 아마 효과는 제법 좋은 것 같다.

## 네 가지 호르몬 요법과 사후 피임약

피임 수업을 마치고 보건실로 내려온 어느 날 여학생이 따라와서 물었다.

"월경을 안 하는 시술이 있다던데, 그거 해도 돼요?"

"그런 게 있다고? 처음 들어보는데?"

깜짝 놀라 얼른 찾아보니 피임용 호르몬 자궁 내 장치였고, 일부 블로그에서는 '월경 안 하는 시술'로 소개하고 있었다. 얼마나 월경이 힘들면 월경 안 하는 방법을 찾아보았을까? 정보의 바다를 검색해서 질문을 하는 학생들은 나의 스승이다.

호르몬 요법으로 가장 대중적으로 알고 있는 피임법은 사전에 먹는 피임약이다. 이외에도 호르몬 자궁 내 장치, 피하 이식 호르몬제,

호르몬 피임 패치 등이 있다. 종류에 따라 조금씩 차이가 있지만 호르몬 요법의 피임 원리는 배란을 억제하고 자궁경부의 점액을 끈끈하게 만들어 정자의 이동을 방해하며 자궁내막을 변형시켜 착상을 방해한다. 호르몬 자궁 내 장치는 월경 안 하는 시술로도 알려져 있는데, 대부분의 호르몬 요법 자체가 월경량에 영향을 미치므로 월경량이 많거나 월경통이 심한 경우 또는 부작용 최소화하기 위해서 의사나 약사와 상담 후 자신의 건강 상태와 목적에 맞게 사용할 수 있다. 피하 이식 호르몬제는 약물이라는 특성상 부작용이 있을 수는 있지만, 피임을 안 했을 때 생기는 '원치 않는 임신'이라는 부작용을 뛰어넘지는 않는다. 먹는 피임약의 원리에 대해 궁금해하는 학생들이 제법 많으므로 호르몬 요법의 원리를 꼭 설명한다.

"월경을 늦추거나 앞당길 목적으로 먹는 피임약을 사용할 수 있는데, 피임 효과는 없어요. 예를 들면 먹는 피임약으로 월경주기 조정하고 물놀이 갔어요. 근데 성관계 분위기가 잡힌 거예요. '피임약 먹었으니까 안심해도 될 거'라고 생각한다면 땡! 안 돼요! 피임 효과 없어요. 깜빡 잊고 피임약 먹는 것을 건너뛰었을 때는 약품 사용설명서를 잘 읽어보고 대처하세요. 피임 효과가 떨어지므로 7일간은 성관계를 피하는 것이 좋아요."

이 밖에도 응급피임약은 의사 처방이 있어야 한다는 것, 사후 피임을 목적으로 약국에서 편하게 살 수 있는 먹는 피임약을 용량의 두세 배 먹는 경우가 있는데, 사전 피임약이므로 이렇게 먹어도 효과를 볼 수는 없다는 것을 이야기한다.

더불어 응급피임약은 '호르몬 폭탄'이라고 할 수 있어서 월경 한 주기당 한 번, 즉 한 달에 한 번만 사용할 것을 권장한다. 피임 성공률을 높이기 위해서는 용량보다는 먹는 시간이 중요하다.

"한두 번 먹어서 효과를 본 사람 중에 먹는 피임약을 사후 피임약처럼 반복적으로 먹는 경우가 있어요. 모든 약은 임상시험을 하는데, 돈 줄 테니 월경 한 주기에 열 번, 스무 번 먹도록 한다거나 한 번에 두 배, 세 배 용량을 먹으라고 한다면 어느 여성이 지원하겠어요? 임상시험 윤리에도 어긋나요. 그래서 임상시험 결과 자체가 없어요.[*] 피임은 사전에 하는 것을 원칙으로 생각하세요."

## 3. 피임 카드 게임

피임법에 대한 설명을 듣느라 지루해하기 전에 학생들을 일으켜 세워야 한다. 책상을 모두 교실 가장자리로 밀고 자신이 갖고 있는 카드를 들고 나와 중앙에 둥글게 서라고 했다.

"자신이 뽑은 피임 설명 카드 뒷면을 서로 붙여서 들고 교실 중앙으로 나오세요."

설명 카드와 용어 카드 내용이 겉에서 보이도록 뒷면 자석을 서로 맞붙이도록 직접 보여주며 안내한다.

---

[*]  인구보건복지협회, 〈성·피임 인식개선 토크콘서트 "모두의 피임"〉 (youtube.com/watch?v=SL86XKNwbVE)

"학기 초에 순열 활동을 했지요? 여러분이 그렇게나 궁금해하는 피임성공률 100퍼센트 카드를 뽑은 친구는 누구일까요?

설명 카드를 보면 최저실패율과 일반실패율 두 가지로 구분되어 있어요. 최저실패율은 전문가처럼 지속적으로 올바르게 사용한 경우이고, 일반실패율은 일반적인 방식으로 사용한 경우예요. 일반인들은 어떤 방법으로 사용할까요?"

"일반이요."

일반실패율 기준으로 순열 활동을 한다. 자신이 갖고 있는 카드의 일반실패율을 확인 후 손에 들고 뒷짐을 진다. 이때 카드를 다시 확인할 수 없다. 교사의 오른쪽(또는 왼쪽)을 시작점으로 하고 가장 낮은 실패율로 시작해서 점점 높은 실패율 순서대로 둥글게 원을 만든다. 교사의 왼쪽(또는 오른쪽)이 가장 높은 실패율로 끝나면 된다. '통계 없음' 카드는 실패율이 가장 높다고 보고 교사의 왼쪽 옆에 서도록 한다. 세 번 정도의 도전 기회를 준다. 이 활동 한 판이면 '100퍼센트짜리 피임'이 없다는 것을 알게 된다.

피임 순열 활동으로 피임 성공률에 대해 알았다면 다음에는 각 피임법의 원리와 방법에 대해 좀더 자세히 알아볼 수 있는 활동인 '피임 피리범범'으로 넘어가자.

교사는 원 중앙으로 들어가서 첫번째 능력자가 되어 진행을 하고 게임이 시작되면 교사도 피임 카드 한 쌍을 가지고 함께 원에 들어가 활동에 참여한다. 원 안에 선 능력자가 아무나 한 명을 지목하며 '피임 피리범범'을 외치면 마지막 '범'이 끝나기 전에 자신이 들고 있는 카드의 피임법을 외친다. 만일 마지막 '법'이 끝날 때까지 외치는 것을 마치지 못하면 가운데 능력자와 자리를 바꾼다.

피임법 글자 수가 많은 학생들은 불리할 수 있으므로 상대적으로 글자 수가 적은 학생들에게 원하는 구호를 물어봐서 글자 수를 늘려 균형을 맞춰준다. 최대 10자 이내로 하는 것이 박진감을 유지할 수 있어 좋다.

능력자는 규칙을 바꿀 수 있는데, 예를 들면 여성/남성 피임법 중 한 가지 외치기, 자기 오른쪽에 있는 사람이 들고 있는 피임법 외치기 등 주제나 방식에 대한 것이다. 규칙을 바꾼 후에는 주변 친구들의 카드를 확인하고 자기가 외칠 피임법을 정할 수 있는 시간을 10초 정도 준다.

게임 활동을 하는 동안 학생들이 들고 있는 피임 카드는 섞이고 새롭게 받은 카드의 내용을 살펴야 하니 와자지껄하지만 즐겁게 배움이 일어난다. 만일 학생들이 규칙 바꾸는 것을 어려워하면 교사가 바꾸어 줄 수 있다.

마지막으로 꼭 발문해야 하는 것이 있다. '만일 청소년기에 성관계를 하게 된다면 선택할 수 있는 피임법 외치기'이다. 이 과정을 통해 청소년기에 선택할 수 있는 피임법이 제한적이란 것을 알게 된다. 이 수업은 놀이처럼 박진감 있게 운영하기는 어렵다. 조건을 제시하며 학생들이 생각할 시간을 주어야 하기 때문이다. 그래서인지. 학생들도 활동의 재미를 넘어 사뭇 진지하게 참여한다.

# 4. 콘돔 실습과 방 탈출 게임

콘돔 실습을 하기로 계획하였다면 미리 콘돔 실습을 위한 학부모 동의서를 배부하여 회신받는다. 다만 나는 학부모 동의서를 배부하기 전에 콘돔 실습에 대해 학생들이 먼저 자기 생각을 정리해볼 수 있도록 '콘돔 실습에 대한 나의 생각' 설문을 먼저 했다. 학생의 생각이 정리되어야 집에 가서 부모님께 학부모 동의서를 보여드리며 자기 생각을 이야기할 수 있기 때문이다. 그래서 내용은 학부모 동의서에 적힌 설문 내용과 같다. 이를 계기로 학부모와 자녀가 자연스레 '성 담론'을 벌이기를 바라는 마음도 있다. 다음은 설문 내용과 그에 대한 학생들의 생각을 정리하고 각각의 대안을 적은 것이다.

부모님께 콘돔 실습에 대해 말씀드릴 때 여러분의 생각은 무엇입니까? 언제나처럼 정답은 없습니다. 어떤 답을 하더라도 여러분의 의견은 모두 옳습니다. 여러분에 대해 어떠한 선입견을 가지지도 않을 겁니다. 콘돔 실습에 대한 여러분의 생각을 1~4번 중 선택하고, 선택한 이유를 적어주세요.

**1. 직접 실습해보고 싶어요.**

- 보건 시간 아니면 언제 실습해봐요.
- 학생 때는 제가 무서워서 성관계는 하지 않을 것 같지만 언제 일어날지도 모르는 일에 대비해두고 배워서 제대로 된 피임을 해서 임신하는 일이 없었으면 좋겠어요. 성인이 되어서도 시기에 따라서 중요하기 때문에 미리 배워서 대비하고 싶어요.

→ 이 항목을 선택한 학생들은 남성 성기 모형에 직접 실습할 수 있도록 지도한다.

## 2. 선생님의 시범만 보고 싶어요.

- 직접 해보고 싶지 않지만 사용하는 방법은 알고 있어야 할 것 같아서.
- 만약 실행을 직접 한다 하면 너무 생소해서 실습을 잘 못할 것 같다. 전문가인 선생님께서 시범을 해주시는 게 이해되는 데 더 좋을 것 같다.
- 이미 어느 정도 알아서 굳이 하고 싶은 마음이 없다.

→ 이 항목을 선택한 학생 중 일부는 자기 자리에서 목을 빼고 보고, 일부는 교탁에 의자를 들고 나와 앉아서 다른 학생들이 실습하는 걸 열심히 본다. 그리고 다른 학생들이 실습을 시작하면 묻는다. "선생님, 저 여기서 잘 안 보이는데 의자 들고 앞에 가서 봐도 돼요?"

## 3. 콘돔 시범 보는 것, 실습, 모두 원치 않아요. 책을 보겠어요.

- 불쾌함.
- 내가 남자도 아닌데 굳이 알아야 하나 싶다.
- 성인이 되어서도 성관계를 할 마음은 일절 없기 때문이다.

→ 이 항목을 선택한 학생들을 위해 사전에 사서 교사와 협의해서 수업 중 실습 기구를 꺼내기에 앞서 이들을 도서실로 보낸다.

## 4. 선생님의 시범을 보고 결정하겠어요.

설문 응답 전에 1~3 중에 어느 것을 선택하더라도 실습 당일 변경할 수 있다고 미리 설명했기 때문인지 지금까지 이 항목을 선택한 학생이 없었다.

→ 이 항목을 선택한 학생들은 교사의 시범을 본 후에 본인이 선택하도록 기회를 준다.

학부모와 학생의 동의 후에 콘돔 실습을 할 때는 몇 가지 주의사항이 있다. 첫째, 학생 명렬표에 선택 항목을 정리해서 가지고 간 뒤 누락되는 학생이 없도록 확인한다. 둘째, '직접 실습'을 선택했더라도 언제든 변경할 수 있음을 시작 전에 고지한다. 셋째, 실습 후 콘돔을 갖고 가서 장난을 칠 수 있으므로 교사 앞에서 한 사람씩 실습을 한 후 사용한 콘돔을 반드시 회수하고 마지막에 수량을 확인한다. 넷째, 물티슈를 준비해서 실습이 끝난 후 손에 묻은 콘돔의 윤활성분을 닦을 수 있도록 한다. 다섯째, 사용한 콘돔과 물티슈를 버리기 위한 비닐봉투를 준비해서 깔끔하게 정리한다. 여섯째, 실습 순서가 아닌 학생들이 다른 학생들의 실습을 보려고 교탁 앞에 계속 서 있는 경우에는 실습을 일단 중단하고 자기 자리로 돌아가도록 정리한 후에 계속 진행한다. 교사가 침착하게 진행하면 성적으로 장난스런 분위기가 형성되지 않으며 안정적으로 진행할 수 있다.

실습 후 마무리할 때에는 남녀 각자 자기 피임은 자기가 책임져야 한다는 당부와 함께 어느 한쪽이라도 준비가 안 되어 있으면 성관계를 할 수 없다고 강조했다.

"여성이 먹는 피임약을 규칙적으로 잘 먹고 있다면 남성이 콘돔을 사용하지 않아도 된다는 의미가 아니에요. 여성은 자신을 책임지고 있을 뿐, 남성은 자신의 피임을 해야 해요."

피임은 '두 사람이 하는 줄넘기'이다. 그중에서도 콘돔은 남자만을 위한 피임법이 아닌데, 마치 남자만을 위한 물건으로 인식되곤 한다. 그래서 만든 것이 '콘돔 방 탈출 게임'이다. 방 탈출을 위한 질문은 콘돔 사용법과 콘돔 사용 시 주의사항 등으로 만들었다. 문제마다 고민 사연과 문제가 동시 진행되며 오답을 클릭하면 재도전 문제로 넘어가서 정답을 맞혀야 다음 문제로 넘어갈 수 있다. 따라서 적당히 클릭해서는 과제 제출이 불가능하다. 중학생 때 성교육을 받았다면 최소한 콘돔 한 가지는 평생 정확하게 사용할 줄 알아야 하기 때문이다. '콘돔 방 탈출 게임'을 만드는 데에는 대단한 능력이 필요하지 않다. 흔히 사용하는 구글 폼 같은 온라인 설문폼으로도 쉽게 만들 수 있으니 시도해보시라. 콘돔을 정확하게 사용하도록 지도하였다고 판단이 되면 다른 수업과 달리 수업에 대한 소감을 받지 않아도 된다.

# 14강
## 성매개감염병과 에이즈

## 개요

성매개감염병과 후천면역결핍증(AIDS, 이하 에이즈)은 각각 한 차시씩 할애해서 수업해야 하는 분량이다. 두 가지를 엮어서 하나의 수업으로 구성하여 두 차시로 진행하였다. 만일 한 차시로 끝내고자 한다면 성매개감염병 짝 카드 찾기와 성매개감염병 게임으로 진행할 것을 추천한다.

## 이 수업 후에 학습자는

**1** 성매개감염병 발생 통계를 분석하여 발생 원인을 유추하여 설명할 수 있다.
**2** 성매개감염병 게임 활동에 참여하여 다양한 성매개감염병의 특징을 비교하여 설명할 수 있다.
**3** 성매개감염병 예방을 위한 안전한 성행동 방안을 제시할 수 있다.

## 주요 활동

| 1차시 | 1. 성매개감염병 발생 통계 분석 및 질문 만들고 답하기 |
|---|---|
| 시간 | 20분. |
| 준비물 | 교사: 활동지(420쪽 참고).<br>학생: 필기도구. |
| 목적 | 성매개감염병 발생 통계 자료를 살펴보며 평소 접하기 어려웠던 성매개감염병에 대한 학습 동기를 유발한다. |
| 방식 | **1** 교사는 질병관리청 감염병 감시연보를 참고하여 통계 자료가 담긴 활동지를 만든다. 다음 두 가지를 기본으로 한다.<br>① 성매개감염병 성별·연령별 신고 현황<br>② 신규 HIV/에이즈 연령별 신고 현황<br>**2** 학생들은 성매개감염병 통계 그래프를 보고 질문을 만든다.<br>**3** 다른 학생이 만든 질문지를 받아 답을 유추해서 써본다. |

## 1차시  2. 성매개감염병 짝 카드 찾기

| 시간 | 25분. |
|------|-------|
| 준비물 | 교사: 성매개감염병 게임 카드(설명 카드, 용어 카드) 10종(421쪽 참고).<br>학생: 없음. |
| 목적 | 성매개감염병 짝 카드를 찾으며 질병에 대한 이해도를 높인다. |
| 방식 | **1** 성매개감염병 설명 카드의 짝인 용어 카드를 찾아 교사에게 확인받는다.<br>**2** 짝 카드를 찾은 학생은 자리로 돌아간다. |

## 2차시  3. 성매개감염병 게임

| 시간 | 30분. |
|------|-------|
| 준비물 | 교사: 성매개감염병 짝 카드, 고무 원판(지름 25~30cm, 밟아도 미끄러지지 않는 재질).<br>학생: 없음. |
| 목적 | 성매개감염병 게임을 하면서 심화학습을 한다. |
| 방식 | **1** 설명 카드에 적힌 잠복기 일수를 기준으로 '순열(20쪽 참고)' 활동을 한다.<br>**2** '해본 적 있나요(23쪽 참고)' 활동을 응용한 '이런 성매개감염병 본 적 있나요' 활동을 한다. |

## 2차시  4. 성매개감염병 위험도 평가와 또래 상담

| 시간 | 15분. |
|------|-------|
| 준비물 | 교사: 활동지(427쪽 참고).<br>학생: 필기도구. |

| 목적 | 성매개감염병에 걸릴 수 있는 사례의 위험도를 평가하고 사례를 상담하는 글을 쓰면서 안전한 성행동을 준비할 수 있도록 한다. |
|---|---|
| 방식 | 1 교사가 제시한 성매개감염병 위험인자를 살펴보고 학생들은 그 위험도를 평가하고 이유를 생각해본다.<br>2 학생들은 성매개감염병을 고민하는 또래의 사례가 적힌 활동지나 온라인 설문폼을 읽고 해결책을 담은 상담글을 쓴다. |

# 누구에게나 공평하게 찾아오는
# 성매개감염병

"선생님, 요즘 십대 아들을 정관수술 시키는 부모가 있다는 말 들어보셨어요? 아들이 노는 걸 좋아해서 그런대요."

믿을 수가 없어서 찾아봤다. 한 언론사 기사에 따르면 '아들이 고3 시기를 잘 넘기게 할 목적'이라고 했다. '학교에서 웬 콘돔 실습이냐'는 학부모와 십대 아들 정관수술 시키는 부모라니. 황당하고, 화가 나고, 슬프고, 답답하다. 도대체 이 감정을 표현할 길이 없었다. 풀고 싶은 이야기는 다 접어두고, 고3 아들을 둘 정도면 삶의 경험도 꽤 되실 텐데, 그런 분들께서 성매개감염병 걱정은 안 하나 보다. 정관수술 후 파트너를 바꿔가면서 맘 편히 성관계를 하면 더 많이 걸리고 더 많이 퍼트릴 텐데. 게다가 한번 걸리면 만성질환처럼 관리하며 살아야 하는 에이즈라는 것도 있지 않은가.

성매개감염병이란 성행위에 의해 전파되는 질환이다. 질 내 삽입 성관계뿐만이 아니라 항문, 입안 점막을 통해 전파될 수 있다. 안전하지 못한 성관계를 하는 모든 인류에게 성별, 나이, 빈부 차별 없이 평등하게 찾아온다. 임신은 여성의 가임기에만 신경 쓰면 되지만, 성매개감염병은 성관계를 하는 전 생애에 걸쳐 노출될 수 있으므로 안전한 성행동을 위한 준비로 빼놓을 수 없는 주제이다. 그럼에도 학생들이 낸 성 질문을 보면 성매개감염병에 대한 건 거의 없다. 전혀 없는 해도 많다. 질문 내용도 '성관계를 해서 생길 수 있는 병은 무엇인지' '에이즈는 어떻게 걸리는지' '진짜 레즈면 이상한 병에 걸리는지' 정도이다. 그만큼 학생들의 관심 밖이다.

## 1. 성매개감염병 발생 통계 분석 및 질문 만들고 답하기

발생 통계를 연구해서 자료 만들어 설명하면 교사만 열심히 공부하는 것이다. 그래서 나는 성매개감염병의 개념만 설명한 후에 학생들 스스로 발생 통계를 보고 질문을 두 개씩 만들고 답을 유추해보는 시간을 가졌다. 우선 성매개감염병 통계 자료가 담긴 활동지를 한 부씩 배부했다. 질병관리청에서 감염병 감시연보를 매년 발표하므로 늘 새로운 자료를 사용하도록 하자.

활동지 수업을 시작하면 한 학급의 한두 명 정도는 질문을 하나도 못 쓰기도 하는데 그때는 강요하지 않는다. 수학 통계 수업이 아니고 그래프를 보고 생각해보는 기회를 갖는 것이 이 활동의 주목적이다.

어떤 학생들은 골똘히 생각하고 있어서 시간이 좀더 필요하기도 하다. 학생들이 쓴 질문을 보면 빠르게 많은 정보를 전달하기 위해 일방향으로 강의했던 시간들을 반성하게 된다.

나는 학생들이 움직이는 것을 선호해서 질문을 모두 적었으면 자신을 빼고 두세 칸 정도 뒤에 앉은 친구에게 질문지를 전달하라고 한다. 맨 뒤에 앉은 학생은 질문지를 앞으로 보낸다. 질문지를 받은 학생들은 본인이 유추한 답을 쓰면 되는데 아직 배운 것이 아니므로 정답이 아니어도 된다고 설명한다.

"선생님 제가 받은 질문지에는 아무것도 안 적혀 있어요."

질문을 못 적은 학생이 있으니 당연한 것. 이럴 때는 학급 전체에게 묻는다.

"여러분이 받은 질문 중에 '이 질문의 답, 정말 궁금하다' 생각되는 것 있나요? 함께 공유하고 생각해볼게요."

배운 적은 없는데 답은 써야 한다. 교사가 공유하고 답을 함께 찾아볼 기회를 준다고 하니 발표하지 않을 이유가 없다. '바보 같은 질문일까 봐' 질문을 못 하는 학생도 있는데, 자기가 들고 있는 질문은 본인이 쓴 질문도 아니니 여기저기서 친구들이 질문을 읽어준다. 학생들에게서 나오는 질문을 칠판에 받아 적고 질문 없는 활동지를 받은 학생에게 칠판에 있는 질문 중에서 선택할 기회를 준다. 학생들이 만든 질문 중 자주 나오는 질문은 다음과 같다.

1. 왜 여자가 남자보다 성매개감염병에 많이 걸렸을까요?

2. 왜 이십대에 성매개감염병에 갑자기 많이 걸릴까요?

3. HIV와 에이즈는 무엇일까요?

4. 성매개감염병과 달리 HIV와 에이즈 통계에는 '신규' 글자가 붙었을까요?

5. 실제 감염자 수는 통계 수치보다 많을까요? 적을까요?

6. 이전 년도와 비교해서 증가하고 있을까요? 감소하고 있을까요?

대체적으로 1, 2번 질문을 가장 많이 궁금해한다. 성별 차이는 언제나 최고의 관심사이고, 이십대는 자신들의 가까운 미래이기 때문이다. 학생들이 궁금해할 때가 가르칠 타이밍이다.

"여자가 남자보다 많이 걸렸죠? 왜 그럴까요?"

"남자들이 병원에 안 가고 참는 거 아닐까요?" 남학생들은 이 답을 참 많이 한다. 반면 여학생들은 "여자들이 조금만 아파도 예민하게 병원에 가기 때문인 것 같아요."라고 많이 답한다. 보건실에서 겪는 특이한 현상을 그대로 보여주는 것 같다. 여학생들은 손거스러미 하나에도 보건선생님을 찾아오고, 남학생들은 심하게 삐어도 붕대조차 감지 않으려고 하는 현상.

"여성들의 경우 신체에 이상이 생기면 더 민감하게 반응하며 상담과 검진을 받는 경우가 흔해 수치상 높게 나타난다고 해요. 이에 반해 남성들은 잠복된 성병을 인지하지 못하고 치료 자체를 시도하지 않는 경우가 많아 정확한 파악이 어렵다고 해요."*

* 진선미 의원 국정감사 보도자료, 〈10대들 성병 지난 5년간 약 33% 급증〉, 2019. 10. 12.

학생들이 납득한 것으로 보이면, 다음 질문으로 넘어가 "십대 때부터 조금씩 발생하다가 이십대에 폭증하죠? 왜 그럴까요?" 하고 물었다.

"이십대가 되면서 성관계를 많이 하는 거 아닐까요?"

"'성관계 언제부터 할 수 있을까'라는 이야기를 한 적이 있었어요. 기억하나요? 그때 대체적으로 20세 이후, 고등학교 졸업 후라는 응답이 많았죠? 아마 여러분 응답 결과와 연관이 있을 거로 생각하고요. 그 시기가 성적 활동이 활발한 연령대라는 연구 결과도 있어요. 그런데 19세에서 20세로 넘어가면서 갑자기 성에 대한 지식이 저절로 머릿속에 샘솟는 것은 아니겠죠? 성교육을 제대로 받지 못한 사람들은 '성관계 전에 준비할 것'을 몰라서 아예 준비하지 못하고, 여러분처럼 배운 사람들 중에도 안전한 성관계를 위해 해야 할 준비가 있다는 걸 알면서도 실천을 안 해서 성매개감염병에 걸리기도 해요. 100퍼센트 안전한 성관계는 없지만 준비를 하면 걸릴 확률을 크게 낮출 수는 있어요."

1.과 2.는 질문은 반드시 나오는 질문이고, 성매개감염병에서 중요한 포인트이다.

HIV와 에이즈는 자세히 다루어야 하고, 다른 질환과 함께 한꺼번에 다루면 설명하는 시간이 길어지므로 '짝 카드 찾기' 활동 전에 별도로 설명한다. 만일 3.이 질문으로 나오지 않았다면 교사가 거꾸로 질문한다.

"HIV는 휴먼 이뮤노디피션시 바이러스Human Immunodeficiency Virus, 인간면역결핍 바이러스의 약자예요. 에이즈(AIDS)는 어콰이어드 이뮨

디피신시 신드롬Acquired Immune Deficiency Syndrome, 후천면역결핍증의 약자고요."

칠판에 영문으로 풀 네임을 쓰면서 읽으면, 따라 읽으라고 안 해도 학생들이 따라 읽는다. 심지어는 교사가 유창하게 읽으면 "오!" 하며 탄성을 보내기도 한다. 자주 사용하는 단어가 아니라서 이 수업을 할 즈음이면 여러 번 발음 연습을 하고 들어가긴 한다.

"둘이 뭐가 달라요?"

"코로나19 바이러스처럼 HIV는 바이러스 이름이에요. 코로나 감염도 무증상 감염자가 있죠? HIV에 감염되어 체내에 보유하고 있지만 무증상이어서 건강해 보이나 타인에게 전파력이 있어요. 에이즈 환자는 HIV가 사람 몸속에 침입해서 면역세포를 파괴하여 면역기능이 떨어지는 증상이 나타나는 환자를 말해요. HIV 감염인에서 에이즈 환자가 되는 기간이 짧게는 6개월에서 길게는 몇 년 걸리기도 하는데 최대 몇 년 걸릴까요? '업다운' 해볼게요."

여기저기서 나오는 다양한 숫자에 교사는 '업' 또는 '다운'으로 대답해준다. '업다운'만 하면 그것을 맞추고 싶은 심리는 무엇일까? 작은 장치 하나가 수업을 활기차게 한다.

정답은 최대 15년이다. 나의 대답에 학생들은 그렇게 오래냐면서 엄청 놀란다. 안전하지 못한 성관계를 하고 검사를 안 해서 모르고 지내면 6개월에서 15년 동안 다른 사람에게 마구 나눠주며 지내게 된다. 감염인의 면역 파괴가 드디어 한계에 이르면 여러 가지 감염성질환과 종양이 발생하는 후천면역결핍증의 복합적인 증상이 나타나고 이러한 말기 증상은 주된 사망 원인이다.

"모든 기간 동안 타인에게 전파 가능하지만 일찍 발견해서 치료를 시작하면 타인에 대한 감염력은 뚝 떨어져요. 에이즈 환자와 악수를 하거나 모기에 물리거나, 화장실, 목욕탕에서 감염되지 않아요. 만일 안전하지 못한 성관계를 했다면 전국 보건소에서 익명 또는 실명으로 무료 검사가 가능해요. 단, 항체가 검출되지 않는 기간에는 검사해도 음성으로 나오니까 안전하지 못한 성관계한 때로부터 3개월 이후에 하는 것이 좋아요. 그 기간에도 타인에게 전파는 가능해요. 환자는 정기적으로 병원에 다니며 꾸준히 관리하면 평생 만성질환자로 일상생활을 할 수 있어요. 그래서 HIV와 에이즈는 한번 걸리면 완치 없이 평생 가는 것이기 때문에 누적 환자 수보다는 신규 환자 수를 조사해요."

코로나19를 겪으면서 감염병에 대한 이해도가 높아져서 설명하기가 매우 쉬워졌다. 이때쯤이면 교사의 일방적인 강의가 길어지니 학생들은 옆으로 엎드려 있거나 턱 괴고 눈을 감거나 대놓고 잠을 잔다. 설명을 빨리 마치고 몸을 움직여야 할 때가 되었다.

"코로나19가 무증상 잠복기에도 타인에게 전파될 수 있듯이 성매개감염병도 종류에 따라 남녀별로 무증상 잠복기가 있고 이 시기에 다른 사람에게 옮겨요. 즉 성차별 없이 감염이 되는데 무증상 잠복기에는 성별에 따라 차이가 있어요. 성접촉 후 빠르면 당일부터 길게는 10년 후에 증상이 나타나기도 하니 질환별 특징을 알아보고 행복하고 안전한 성행위를 위한 준비를 해보도록 할게요."

# 2. 성매개감염병 짝 카드 찾기

10종의 '설명 카드'와 '용어 카드'를 준비한다. 학급당 학생 수가 11~20명이라면 두 세트를, 21~30명이라면 세 세트를 준비한다. 게임 방법은 피임 수업에서 했던 피임 짝 카드 찾기 방식과 같다. 설명 카드에는 성매개감염병에 대한 설명글을 쓰고, 용어 카드에는 성매개감염병의 명칭과 증상의 특징이 담긴 그림을 넣어 준비한다. 카드는 코팅 후 뒷면에 고무 자석을 붙이면 칠판에 붙일 수 있다. 교사가 칠판에 용어 카드를 붙여두면 학생들은 자기가 받은 설명 카드의 짝을 찾아 교사에게 정답을 확인받은 후 정답이면 자기 자리로 돌아간다.

"여러분이 찾은 짝 카드를 확인해볼게요, 성매개감염병을 일으키는 원인은 세균, 바이러스, 원충, 기생충, 곰팡이균 총 다섯 가지이고요, 원인별로 구분해서 확인할게요."

성매개감염병 카드 내용과 질환의 특징적 사진을 PPT에 정리하여 화면에 띄우며 설명을 시작한다. 원인에 따라 대처법이 다르니 원인 다섯 가지를 분류하여 판서한다.

각 질환별로 성매개감염병 카드에 있는 내용 위주로 설명한다. 다음은 설명 예시이고 내용을 가감할 수 있다. 학생들에게 설명할 때는 좀더 간결하게 할 것을 추천한다. 교사 욕심껏 설명했다가는 10분 이내에 학생들을 꿈나라로 보내게 될 것이다.

성매개감염병을 그냥 나열하면 나조차도 기억하기 어려웠다. 그래서 다섯 가지 원인별 분류하고, 각각의 특징, 증상, 대처에 대해 설명하니 수월했다.

"세균이 원인 질환은 매독, 임질, 연성하감, 클라미디아 요도염. 네 가지예요. 세균이 원인이니 항생제를 사용하면 치료가 가능해요."

매독, 임질, 연성하감, 클라미디아 요도염에 대해 각각 설명하며 온라인 검색으로 접하는 잘못된 정보를 바로잡는 것에 신경 썼다.

"다음으로 바이러스가 원인인 질환은 성기단순포진, 뾰족콘딜로마, 후천면역결핍증, 세 가지예요. 바이러스는 한번 몸 안에 들어오면 나가지 않고 사람의 면역력과 컨디션에 따라 증상이 나타났다 사라지면서 평생 함께 사는 것이 특징이에요. 즉, 완치가 안 되는 거예요."

뾰족콘딜로마를 설명할 때는 사진을 보여주며 설명했다. "손가락에 사마귀 나는 거 본 적 있지요? 뾰족콘딜로마는 그 사마귀가 남성의 성기, 여성의 외음부, 그리고 항문에도 생기는 거예요. 손가락의 사마귀는 평평하게 생겼는데 뾰족콘딜로마는 닭벼슬처럼 뾰족하게 생겼다고 뾰족콘딜로마라고 해요."

인체유두종바이러스(이하 HPV)는 자궁경부암 예방접종으로 예방할 수 있는 유일한 성매개질환이라는 것, 여성에게는 자궁경부암을 99퍼센트까지 예방할 수 있고, 남자들은 성 접촉으로 생기는 음경암, 고환암, 구강암, 인후두암, 항문암을 예방할 수 있다고 말하며, '자궁경부암백신'이라기보다는 남녀 공통으로 맞아야 한다는 의미로 바이러스 이름을 따서 'HPV 백신'이라고 하면 좋다는 말도 더했다. PPT 사진으로 본 징그러운 형태에 얼굴을 찡그리며 한 남학생이 기회를 놓치지 않고 "얼마예요?" 하고 물었다.

"만 12~17세 여자 청소년은 무료 접종이고, 남학생들은 유료 접종이에요."

비싼 접종비를 알게 된 남학생들이 역차별이라고 책상을 두드리며 분개했다. 그러면서 언제 맞아야 하는지 물었다.

"빠를수록 좋아요. 오늘 당장!"

"오늘 학교 끝나면 학원 갔다가 집에 가면 병원 끝나요!"

몇몇 남학생들이 합창을 했다. 생각해보니 다음 주는 시험 주간이었다.

"그럼 다음 주에 시험 끝나고 마지막 날 가서 맞으세요."

'시험 끝나면 그날은 일찍 끝나서 맘껏 놀 수 있는 축제일인데 선생님이 이런 어이없는 말을 하다니' 하는 표정들이 역력했다. '나도 너희들 마음 알거든' 하고 속으로만 생각하여 바로 덧붙였다. "방학 때가서 맞으세요." 그제야 교실은 잠잠해졌다. 남자와 여자는 서로 건강에 영향을 주고받는데 남자 청소년도 무료 접종해주면 얼마나 좋을까. 이래서 남자도, 여자도 서로에 대한 이해가 필요하다.

"원충이 원인인 질환은 트리코모나스 한 종류예요. 원충은 단세포 '동물'이에요. 동물이니까 움직인다는 뜻이겠지요? 가장 흔한 감염경로는 성접촉인데요, 그림을 잘 보면 꼬리 같은 것을 갖고 있죠? 그래서 물에서도 움직일 수 있어서 위생 관리가 안 되는 목욕탕, 수영장, 젖은 수건을 통해 감염되기도 해요. 물건의 표면에서도 살 수 있어요. 환자가 입었던 속옷을 건강한 가족의 속옷과 함께 빨아도 전파돼요. 남성은 대부분 무증상이고, 여성은 10~50퍼센트 정도 무증상이에요."

성매개감염병과 에이즈

수업이 끝나고 한 여학생이 조용히 다가와서 물었다.

"선생님, 저 지난주에 대중목욕탕 다녀왔는데 괜찮을까요?"

"위생 관리가 잘되어 있는 곳이라면 걱정 안 해도 될 거예요."

사면발니에 대해 설명할 때는 기생곤충이 양손을 들어 털을 꽉 잡고 있듯 주먹을 쥐며 설명하자.

"기생충이 원인인 질환도 있어요. 사면발니예요. 말 그대로 사면발니라는 기생곤충이 원인이에요. 트리코모나스는 단세포 '동물'이라고 했죠? 얘는 '기생곤충'. 음모, 겨드랑이털, 눈썹털, 심지어 얼굴의 털에도 그 많은 다리로 아주 꽉 잡고 들러붙어서 인간의 피만 빨아요. 다른 털 있는 동물에서는 못 살아요. 실제 크기가 2~3mm라 맨눈으로도 보여요. 모기가 한 번만 물어도 가려워서 죽겠다고 하죠? 사면발니는 들러붙어서 계속 피를 빠니 더 가려워 죽을 지경이겠죠? 긁어서 피부가 헐 지경이에요. 움직이는 기생충이라 성접촉뿐만이 아니라 환자가 사용한 침구, 불결한 변기, 더러운 수건 등에서 감염되기도 해요. 말만 들어도 개인위생이 불결한 사람이 잘 걸리겠죠? 그래서 사면발니가 있으면 다른 성매개감염병도 있는지 검사를 해야 해요."

사면발니는 털에 기생하므로 성관계 시 콘돔을 사용해도 전파될 수 있다는 것을 설명하면 학생들은 깜짝 놀란다. '콘돔만 잘 끼우면 되는 줄 알았는데 그게 아니라고?' 하는 표정이 보여서 물었다.

"콘돔을 착용해도 전파되니까 그냥 포기하고 콘돔 사용하지 말까요?"

"그래도 해야죠."

학생들은 콘돔만 잘 사용하면 책임질 일 없는 성관계가 가능하다고 생각하고 있다가 인공임신중절부터 피임, 성매개감염병까지 수업을 듣고 나면 콘돔만으로는 '100퍼센트짜리 안전'이 보장되지 않는다는 것을 알게 된다.

"마지막으로 곰팡이균이 원인인 질환도 있어요. 칸디다질염이에요. 칸디다질염은 칸디다알비칸스라는 곰팡이균이 원인이에요. 성접촉에 의해 감염되기도 하지만 신체 면역력이 떨어지면 피부 주변에 존재하던 이 곰팡이균이 증식해서 문제를 일으키는 경우가 대부분이어서 성매개감염병으로 분류하지 않아요. 항생제를 오랜 기간 쓴다든가, 임신 중이거나 당뇨가 있는 사람에게 흔하게 나타나요. 그래서 예방법은 칸디다알비칸스가 증식할 수 없는 건강한 몸을 만들고 항생제는 꼭 필요할 때만 사용하는 것이 좋아요. 외음부에는 평소 햇빛, 바람도 들지 않고 습도도 적당해서 곰팡이가 좋아하는 환경이에요. 거기에 더해 혈액순환을 막는 꽉 조이는 바지, 레깅스 등을 즐겨 입어서 칸디다알비칸스가 더 좋아하는 환경을 만들어주는 여자들이 있어요. 심한 냉으로 어디 말도 못하고 고민하는 경우가 많아서 자료에 넣었어요. 성매개감염병이 아니므로 부끄러워 말고 병원에 가서 치료하세요."

특히 여자 청소년들이 오해받을까 두려워 말도 못 하고 혼자 끙끙 앓는 경우가 많다. 성 질문이나 월경 고민 자랑에 그 고민이 간간이 나오니 꼭 설명해주자.

성매개감염병과 에이즈

## 3. 성매개감염병 게임

교사가 카드의 짝을 모두 맞춘 뒤 무작위로 배부하면서 순열 활동을 시작한다. 또는 한 차시에 성매개감염병 수업을 모두 마쳐야 한다면 '성매개감염병 짝 카드 찾기'를 한 후 바로 이 활동을 하면 시간 배분이 적절하다.

책상을 모두 교실 가장자리로 밀고 중앙으로 나와서 둥글게 원을 만들어 선 다음 설명 카드와 용어 카드 뒷면 자석을 맞붙여서 겉면이 보이도록 한다.

"설명 카드에 보면 잠복기가 범위로 표시되어 있을 거예요. 잠복기 중 가장 짧은 날짜 기준으로 순서대로 서볼 거예요. '주'나 '달'로 표시된 것은 일수로 계산해보세요."

"선생님, 저는 사면발니를 갖고 있는데 이건 잠복기가 없어요."

"그렇죠! 사면발니는 기생곤충이니 전파되면 잠복기 없이 바로 흡혈을 시작하겠죠? 잠복기를 '0'으로 해요."

"저는 에이즈를 갖고 있는데 이것도 잠복기가 없어요."

"에이즈는 항체 미검출 기간에도 전파가 가능하니 잠복기에 적힌 기간 중 더 짧은 쪽으로 하세요."

"어떻게 계산해요?"

이상하게도 이 활동을 하면 학생들은 일주일, 한 달이 며칠인지 잊는 것 같다. 당황해서였을까? 일주일은 곱하기 7, 한 달은 곱하기 30이라고 알려준다. 잠복기가 가장 짧은 성매개감염병이 교사의 오른쪽에서 시작해서 가장 긴 성매개감염병이 교사의 왼쪽에서 끝나도록 서게 한다.

성매개감염병의 잠복기를 자세히 기억하기를 바라는 것은 아니다. 질환별로 잠복기가 달라서 한 번의 검사로 모든 성매개감염병을 진단하기 어렵다는 것을 이해하는 것이 목적이다. 학생들이 머리를 맞대고 미션 성공을 위해 서로 돕는 모습이 기특하다. 학생들은 서 있는 순서가 바뀌는 것을 눈으로 확인할 수 있어서 교사가 일일이 설명하는 것보다 수월하게 배운다.

"만일 안전하지 못한 성관계를 한 사람이 일주일 정도 지났더니 요도염 증상이 나타났다고 가정해요. 병원에 가서 검사를 했더니 임질에 걸렸다고 했어요. 그런데 치료를 해도 잘 안 나아서 재검사를 했더니 비임균성 요도염인 클라미디아 감염증에도 걸려 있었던 거지요. 클라미디아 감염증은 최소 잠복기가 얼마죠?"

"2주요."

"그렇죠. 그러니까 성매개감염병마다 잠복기가 달라서 한 번의 검사로 모든 질환을 확인하기 어렵고, 특히 2~3개씩 갖고 있는 사람들은 진단 자체에 어려움이 있어요."

순열 활동을 통해 질환별 잠복기를 익혔다면, 이번에는 '해본 적 있나요' 게임을 응용한 '이런 성매개감염병 본 적 있나요' 게임을 해볼 차례다. 이 게임을 통해 질병별 특징 조건을 익힐 수 있다.

"의자를 하나씩 갖고 나와서 지금 그 자리에 동그랗게 앉아봅시다. '본 적 있나요'라는 게임을 할 거예요. 게임하기 전에 갖고 있는 카드 내용 중에 질문이 있으면 질문하세요."

게임에 참여하기 위해서는 카드 내용을 이해하고 있어야 하므로 이때 모든 질문이 나온다. 교사는 이를 이용해서 가르친다. 간단하게! 욕심내지 않고!

의자는 참가자 수보다 한 개 적게 배치하고, 비어 있는 중앙에는 얇은 고무판을 둔다. 첫 수업 때 이 활동을 했다면 학생들이 어렴풋이 기억하고 있을 테지만, 교사가 설명과 함께 먼저 시범을 보인다. 그다음 학생 중에서 첫번째 능력자를 할 사람을 자원받는다. 교사가 원 밖에 서서 성매개감염병의 특징을 부르면 학생들은 자기가 갖고 있는 성매개감염병의 특징을 확인하고 손을 든다. 교사가 신호를 주면 해당 카드를 갖고 있는 학생은 카드에 적힌 질병명을 외치며 일어나 중앙의 고무판을 밟은 다음 다른 자리에 가서 앉는다. 이때 고무판을 밟지 않거나, 자기가 앉았던 자리에 다시 앉으면 반칙이다. 차지할 의자가 없거나 반칙을 하면 중앙으로 나와 능력자가 된다. 이 활동을 할 때 교사는 성매개감염병 특징을 바꾸어가며 불러주는 역할을 한다.

어떤 것을 예시로 해야 할지 모르겠다면, 다음을 참고하자. 학생들이 막힐 때 힌트로 주어도 좋다.

- 발열이 있는 성병 본 적 있나요?
- 성기에 물집이 생기는 성병 본 적 있나요?
- 성기 피부가 허는 성병 본 적 있나요?
- 무증상 기간이 있는 성병 본 적 있나요?
- 냉이 병적으로 증가하는 성병 본 적 있나요?
- 남자에게 더 잘 생기는 성병 본 적 있나요?
- 배뇨통이 있는 성병 본 적 있나요?
- 성기에 사마귀가 생기는 성병 본 적 있나요?
- 콘돔으로 예방이 어려운 성병 본 적 있나요?
- 피부가 가려운 성병 본 적 있나요?
- 곰팡이로 생기는 성병 본 적 있나요?

힌트로 줄 예시만 봐도 정답을 맞히기 매우 어렵다. 하지만 수업에 게임을 활용하면 어려운 내용이라도 학생들이 집중력 있게 참여해서 활기차게 진행할 수 있다. 카드를 갖고 있는 학생들이 고무 발판에 조금이라도 가까이 가려고 발을 뻗치는 모습을 보면 웃음이 나온다.

자리를 먼저 차지하려다가 의자가 뒤로 넘어가기도 하므로 '몸 던져 게임하지 않도록' 사전에 주의를 준다.

"쟤, 반칙했어요!" 하고 이르는 학생이 있는가 하면 반칙한 것을 아무도 못 봤는데도 자수하며 능력자가 되기도 한다.

"게임을 통해 알아본 것처럼 성매개감염병은 질환마다 잠복기가 다르고 무증상인 경우도 많아서 안전하지 못한 성관계를 한다면 나도 모르게 감염될 수 있어요. 첫 성관계 연령이 낮을수록, 평생 성 파트너 숫자가 많을수록 성매개감염병에 걸릴 확률은 올라가겠죠?"

'멀티 파트너'에 대한 고민은 나중에 사례에 넣어서 생각해보도록 했다.

"만일 성 파트너가 많다면 성관계하기 전에 불 끄고 무드 잡는 것보다는 불을 훤하게 켜고 서로 상대의 건강 상태를 확인하는 게 필요할 수도 있어요. 그리고 파트너가 바뀔 때마다 함께 손잡고 가서 성매개감염병 검사를 먼저 받고 결과지를 교환하는 게 좋을 것 같아요. 근데 질환마다 잠복기가 다르니 적어도 6개월마다 정기적으로 검사를 가야 하나? 어쩌나? 검사 가자고 할 때 싫다고 거절하면 일찌감치 손절해야 하나? 어쩌나?"

1초 정도 학생들의 얼굴을 죽 둘러보며 물음표를 남겼다. 온라인에서 검색하면 잘못된 예방법들이 많이 나와 있다. 예를 들면 성관계 전에 미리 약국에서 처방전 없이 살 수 있는 소염제 사 먹기, 성관계 후 요도를 씻기 위해서 즉시 소변 보기, 성기를 비누로 씻기, 심지어 질 내부를 씻기 등의 내용이다. 이런 방법으로는 절대 성매개감염병을 예방할 수 없다.

"여러분이 성매개감염병의 모든 특징을 기억할 수 없어요. 인터넷 검색해서 나오는 정보를 이해하기도 어려워요. 선생님이 설명해줘도 쉽지 않았잖아요. 비슷비슷한 증상들이 많아서 의사 선생님들도 진단에 어려움을 겪을 때가 있어요. 그러니 조금이라도 안전하지 못한 성관계를 했다면 병원에 가세요."

## 4. 성매개감염병 위험도 평가와 또래 상담

활동을 통해 성매개감염병에 대해 이해했다면 이제 그 이해도를 높이기 위해 스스로 생각해보는 시간을 갖는다. 앞서 '가장 기억에 남는 것과 그 이유'를 썼던 것을 대신하는 활동이다.

성매개감염병의 위험성을 두루뭉술하게 알려주는 것보다는 구체적인 위험인자를 알려주는 것이 필요하다. 그러나 교사가 일방적으로 내용을 제시하면 지루하다. 질병관리청과 대한 요로생식기감염학회가 공동 개발한 진료 지침에 제시된 '성매개감염 위험인자'를 퀴즈 형식으로 바꾸어 그 이유까지 스스로 생각해보도록 하기 위해 활동지를 만들었다. 온라인 설문폼으로 응답을 받으면 비밀 보장도 되고 편리하다.

성매개감염병 위험인자에 대해 대다수의 학생들이 '성매개감염인과의 성접촉'이 가장 위험하다고 응답했다. 이유는 다음과 같다.

- 감염된 사람과 접촉한 것이 가장 확률이 커 보인다. 왜냐하면 다른 보기들에는 확실한 감염인은 없고 감염되어 있을 수도 있는 사람들이므로.
- 제대로 준비되지 못하고 성관계를 하게 되었을 때 성매개감염병에 걸릴 수도 있고 걸리지 않을 수도 있다. 그런데 성매개감염병이 있는 사람과 성관계를 하였을 때는 성매개감염병이 있는 사람에게서 나에게로 성매개감염병이 옮길 확률이 더 높을 것 같기 때문이다.

성매개감염병을 고민하는 또래의 사례를 만들어 제시하고, 학생들에게 상담글을 작성하도록 하여 안전하지 못한 성관계를 한다면 누구에게나 발생 가능한 일임을 이해할 수 있도록 했다. 다음은 학생들의 답변이다.

- 무증상일 수도 있으니까 같이 병원에 가서 검사를 받는 게 좋을 것 같아요. 아닌 것 같아도 전염이 되는 경우는 매우매우 많고 위험하기 때문이에요. 병원을 무서워하지 말고 병을 고쳐야 하므로 가야 하는 것 같아요.
- 당신의 잘못이 아니니깐 죄책감을 가지지 말고 남친에게 솔직하게 말하고 서로 잘 극복했으면 합니다.
- 남자 친구에게 감염 사실을 말하고 병원을 찾아가야 한다. 2기 매독은 반 이상 자연치유가 안 되고 영구적인 피해를 입을 수 있는 3기로 간다. 임신을 한다면 아이도 감염될 수 있고 남자 친구가 다른 사람과 관계를 하면 모르고 병을 전파할 수 있다.

# 15강

## 성평등

성평등의 진정한 의미와 성차별이 우리 삶에 미치는 영향을 설명한다.

**1** 다양한 당위적 삶에 따른 책무를 비교하고 각각에 따른 감정을 구분하여 설명할 수 있다.

**2** 사회 분화에 따른 미세 차별의 의미를 이해하고 진정한 성평등의 방향을 제시할 수 있다.

| 1. 당위적 삶 생각해보기 | |
|---|---|
| 시간 | 10분. |
| 준비물 | 교사: 당위적 삶 5종 카드, 재접착 메모지(또는 패들렛).<br>학생: 필기도구(또는 디지털 기기). |
| 목적 | 다양한 당위적 삶에 따른 책무에 대해 생각해본다. |
| 방식 | **1** 교사는 당위적 삶에 대해 이야기할 수 있는 다양한 발문을 준비한다.<br>① 여자라면 당연히 [    ]<br>② 남자는 항상 [    ]<br>③ 부모는 절대로 [    ]<br>④ 학생이란 원래 [    ]<br>⑤ 선생님은 기본적으로 [    ]<br>**2** 학생은 발문에 따라 당위적 삶에 대한 자신의 생각, 주변에서 들었던 말이나 보편적인 생각을 써본다. |

## 2. 여성과 남성의 입장 바꿔 생각해보기

| | |
|---|---|
| **시간** | 15분. |
| **준비물** | 교사: 없음.<br>학생: 없음. |
| **목적** | 남녀 간에 뒤바뀐 성별 역할과 책무에 대한 느낌을 알게 한다. |
| **방식** | **1** 부모와 교사와 같이 선택한 역할에 따른 책무를 생각해본다.<br>**2** 학생들이 작성한 당위적 삶의 내용 중 '여자라면 당연히' '남자라면 항상' 주제어의 위치를 서로 바꾸어 제시하며 선택할 수 없는 성별에 따른 책무와 그에 따른 감정 생각해본다. |

## 3. 진정한 성평등의 방향 모색하기

| | |
|---|---|
| **시간** | 15분. |
| **준비물** | 교사: 없음.<br>학생: 없음. |
| **목적** | 진정한 성평등은 남녀의 대결이 아닌 공동체의 안녕과 발전을 위해 함께하는 것임을 지도한다. |
| **방식** | **1** 진정한 성평등의 의미를 제시한다.<br>**2** 여성의 가사노동을 예로 들어 생각해본다.<br>**3** 남성의 의무복무제를 예로 들어 생각해본다.<br>**4** 미세 차별의 의미를 알아보고 다양성을 존중하는 실천가가 되도록 한다.<br>**5** 진정한 성평등은 남녀의 대결이 아닌 공동체의 발전을 목표로 함께 고민하고 실천해야 하는 것임을 이해한다. |

| 4. 가장 기억에 남는 것과 그 이유 쓰기 | |
|---|---|
| **시간** | 2~3분. |
| **준비물** | 교사: A5 크기의 종이, 컴퓨터용 사인펜, 바구니(또는 패들렛이나 온라인 설문폼).<br>학생: 없음(또는 디지털 기기). |
| **목적** | 학습자의 이해도를 파악하고 이후 수업에 반영한다. |
| **방식** | **1** 교사는 학생들에게 종이와 컴퓨터용 사인펜을 다시 나눠준다.<br>**2** 학생들은 익명으로 오늘 수업 중 가장 기억에 남는 것과 질문을 종이에 자유롭게 쓴다.<br>**3** 학생들은 교탁에 놓인 바구니에 개별적으로 제출한다. |

# 너와 나를 위한 성평등

매년 학기 초에 보건교사는 학생들의 건강 상태를 조사한다. 일반적으로 학교에 학부모 서명을 해서 회신해야 할 때 부모 양쪽이 모두 있는 경우에는 보통 1순위에 아버지 성명을 먼저 쓰고 2순위에 어머니 성명을 써낸다. 그러나 특이하게도 '건강 상태 조사' 양식의 '응급시 연락처'에는 1순위에 어머니, 2순위에 아버지 성명이 적혀 있는 경우가 대부분이다. 회신서에 조금이라도 학생 건강과 관련하여 우려되는 내용이 있으면 1순위인 어머니에게 전화하는데 안 받는 경우가 제법 많다. 그럴 때는 2순위인 아버지에게 전화하며 다음과 같이 말했다.

"어머니께 전화드렸는데 전화를 안 받으셔서 부득이 아버지께 전화드렸어요."

어느 날 갑자기 '내가 왜 어머니와 전화 연결이 안 돼서 아버지께 전화드렸다고 말할까. 아버지도 엄연히 학생의 보호자이고 아이의 긴

강에 관해서 알고 있을 텐데'라는 생각이 들었다. 그 뒤로는 용건을 바로 말했다. 이 경우 주로 '아이 건강은 아이 엄마가 잘 알고 있으니 전화하라고 하겠다' '바로 옆에 있는데 070으로 시작해서 안 받은 것 같다. 집사람 바꿔주겠다'라는 두 가지 답이 돌아왔다. 즉 부모 양쪽이 모두 있는 가정이라도 아버지에게서 학생 건강에 대한 정보를 얻기는 어려울 때가 많았다.

최근에 학생의 어머니가 전화를 안 받아서 아버지에게 전화했는데 아버지가 학생 건강에 대해서 소상히 알고 있었다. 잠시 후 전화를 받지 않았던 학생 어머니가 보건실로 전화를 했다. '아버지께 학생 건강 정보를 잘 들었다'고 말했더니 어머니는 크게 웃으며 "아빠가 아는 게 없을 텐데요. 뭐라고 했는지 들어보고 싶네요." 해서 전해들은 이야기를 전달한 적이 있다. 반은 맞고 반은 잘못 알려줬으니 50점. 끝에 어머니는 '남편 흉을 본 것 같아 좀 그렇다'라고 했다.

이런 사회적 상황에 성평등을 주제로 한 수업을 초반에 배치하면 자칫 성별 갈등과 '백래시'가 나타날 수 있다. 여러 회차에 걸쳐 성평등 요소를 곳곳에 녹여 공들여 기본을 다진 후 후반에 성평등을 다루면 한결 부드럽게 수업을 진행할 수 있다.

이 수업은 최성애·조벽 교수의 《청소년 감정코칭》을 읽던 중 〈해야 한다'에서 '하고 싶다〉를 성평등 수업에 적용했다. 다섯 가지 '당위적 삶' 발문의 핵심 단어는 '항상' '당연히' '절대로' '원래' '기본적으로'이다. 이 단어들의 특징은 극단적인 당위성에 있다. 태어날 때는 무한한 가능성을 갖고 태어나지만 성장하면서 부모님, 선생님, 대중매체, 책,

주변 사람들을 통해 하나둘씩 형성된 가치관들을 축적하며 편견과 고정관념을 형성한다. 즉, 이래야만 되고 저래야만 한다는 생각인 것이다. 역할에 따른 당연한 책임은 있지만 선택의 여지 없이 타고난 성별에 따른 당위성은 잠재력 발현과 행복감을 방해하는 요소로 작용한다.

## 1. 당위적 삶 생각해보기

학생들에게 "여러분은 스스로를 차별주의자라고 생각하나요?" 하고 물으니 아니라는 답이 돌아왔다. 다시 차별을 경험한 적이 있는지 물으니 역시 아니라고 답했다. 학생들은 분명히 차별주의자도 아니고, 차별을 경험한 적이 없다고 했다.

"오늘은 '당위적 삶'*에 대한 이야기를 해보려고 해요."

익숙하고 접근하기 쉬운 주제에서 점차 고차적 사고가 필요한 주제로 이끌면 중학생들도 잘 따라오는데 '당위적 삶'이란 용어에 중학생들의 눈이 동그랗다.

'선생님이 우리를 과대평가하시는구나' 하는 표정이 역력하다.

교원평가를 받아보면 '선생님은 우리에게 바라는 것이 너무 많아요'라고 쓰여 있어 슬며시 웃음이 나기도 한다.

"당위적 삶이 뭐예요?" 한 학생이 용기를 내어 질문했다.

---

* 최성애·조벽, 앞의 책.

"당위적 삶이란 어떤 일이나 역할에서 '당연히 이래야만 해, 저래야만 해'라는 생각을 하는 거예요. 예를 들면 학생은 당연히 '무엇'해야 할까요?"

"공부요."

"그럼, 부모님은 당연히 '무엇'해야 할까요?"

"자식을 사랑해야죠." "돈을 벌어야죠."

'당위적 삶'이란 말이 어렵지만 예를 들어주면 바로 쉽게 이해한다. 바로 활동으로 들어간다. 칠판에 '여자라면 당연히' '남자는 항상' '부모는 절대로' '학생이란 원래' '선생님은 기본적으로'라는 말이 쓰인 '당위적 삶 5종 카드'를 가로로 배열한다. 5종 카드의 색은 각각 달리하고, 그 아래 붙이는 응답용 재접착 메모지는 발문별로 색깔을 맞추면 이후에 한눈에 들어온다. 교실 벽면과 칠판을 커다란 활동 도구로 활용할 수도 있다. 5종 발문을 하나씩 적은 대형 재접착 A1 용지(전지)를 교실 벽면과 칠판에 적절히 배치하고 학생들이 돌아다니며 쓰는 방법도 있다. 디지털 기기를 이용할 수 있는 환경이라면 패들렛을 사용하자.

"다섯 가지 주제에 관해서 여러분의 생각을 써도 좋고 들었던 말이나 기대, 또는 주변 사람들이 보편적으로 생각하는 것을 쓰세요."

자기 생각을 쓰라고 하면 고정관념이 드러날까 봐 불편해할 수 있어서 구체적으로 설명한다. 용어를 이해하고 나면 정말 신나게 쓴다. 다음은 학생들의 응답이다.

| 당위적 삶 | | | | |
|---|---|---|---|---|
| **여자라면 당연히** | **남자는 항상** | **부모는 절대로** | **학생이란 원래** | **선생님은 기본적으로** |
| 귀여워야 해 | 키가 커야지 | 애를 포기해서는 안 돼 | 잠을 충분히 자야 해 | 학생에게 진심으로 가르쳐야 해 |
| 예뻐야 해 | 운동해야 해 | 자신보다 자녀를 위해 살아야 해 | 모범적이어야지 | 인성이 돼야 해 |
| 쌍수는 필수야 | 찌질하면 안 돼 | 자신의 아이는 끝까지 지켜야 해 | 1등 해야지 | 학생을 존중해야 해 |
| 꾸며야 해 | 꾸미면 안 돼 | 공부를 강요하면 안 돼 | 선생님께 잘 보이기 위해 노력해야 해 | 배울 점이 있어야 해 |
| 남편에게 헌신해야지 | 나가서 일을 해야지 | 자식을 사랑해야 해 | 교복을 줄이지 말고 조신하게 있어야 해 | 착해야지 |

## 2. 여성과 남성의 입장 바꿔 생각해보기

"부모와 교사 같은 역할은 그에 따른 책무를 지키겠다는 결정하에 스스로 선택하는 거예요. 그런가 하면 태어나면서부터 정해지는 것이 있어요. 대표적으로 성별이 있어요. 성별에도 책무가 있을까요?"

"있지 않나요?" "있으면 안 돼요!" "성별은 제가 선택할 수 없는 거잖아요."

이야기가 끝나면 '여성이라면 당연히'와 '남성은 항상'이라고 쓰인 카드의 위치를 서로 바꾼다. 그다음 그 아래 답변과 함께 처음부터 끝까지 쭉 읽어 내려간다. '남자는 당연히 예뻐야 해' '남자는 당연히 쌍수는 필수야' '여자라면 당연히 키가 커야지' '여자라면 당연히 운동을 해야지' 등. 게르드 브란튼베르그의 《이갈리아의 딸들》을 읽으며 나조차도 남녀의 책무와 편견이 바뀐 상황에 끝까지 적응이 어려웠는데, 그 느낌을 학생들에게 전달하고 싶었다.

"많이 불편한가요? 여성과 남성이 완전히 뒤바뀐 이갈리아라는 소설 속 나라가 있어요. 그곳에서는 여성들은 체격이 커야 매력적이에요. 여성들은 거리에 나선 남성들을 품평하고 그들을 성추행하는 것을 성적 능력이라고 생각해요. 남성들은 체구가 작을수록 아름답다고 여겨지고 꾸밈에 관심이 많아요. 집에서 살림하며 아내에게 순종적이에요. 남녀가 현실 세계와 완전히 뒤바뀐 세상이죠. 남성 중심의 사회에서 혁명이 일어나 여성 중심의 사회가 된 거예요. 그들은 행복했을까요?"

결국에는 혁명이 일어났다는 결말을 이야기할 때까지 학생들은 신기해하며 몰입하여 들었다. 이 책을 읽지 않은 성인들에게도 이야기를 들려주면 성별 구분 없이 집중하며 듣고 중간에 남녀의 역할이 헷갈려서 질문도 많이 한다. 성평등 수업 전에 꼭 한번 읽어보기를 추천한다.

## 3. 진정한 성평등의 방향 모색하기

《이갈리아의 딸들》에 뒤이어 학생들에게 설명했던 내용을 정리해보았다. 모든 내용을 옮기려 하기보다는 주요 포인트를 기억해두기를 추천한다.

성평등이라고 하면 여성에게 유리한 정책이라고 생각하는 경향이 있는데 말 그대로 성평등이다. 성별과 관계없이 인간으로서의 평등과 존중이다. 남성이 여성을, 여성이 남성을 이기거나 억압하고자 함이 아니다. 삶의 최종 목표가 남성처럼 되는 것 또는 여성처럼 되는 것인가. 자신의 잠재적 재능을 발현하여 꿈과 끼를 발휘할 수 있는 직업을 갖고 즐거운 일을 하며 사는 것이 목표다. 나와 동시대를 사는 사람 중 누군가의 삶에 걸림돌이 있다면 당연한 것을 당연하게 생각하지 말고 함께 고민하여 해결책을 찾아가야 한다.

"요즘은 육아와 가사노동에 남성들이 많이 참여하고 있지요? 통계청 조사에 따르면 2019년에 맞벌이 부부 기준 남성의 하루 평균 가사노동 시간이 54분이었어요. 거의 한 시간이라고 할 수 있죠? 여성은 몇 분이었을까요? '업다운' 해볼게요."

앞선 수업에서도 이용했지만, 통계 수치를 제시할 때 '업다운'으로 정답을 맞히게 하는 방법은 간단하게 학습자의 주의를 집중시킬 수 있다. 이 발문을 할 때 '여러분 가정에서 부모님의 가사노동 시간을 생각해보세요'라고 말할 뻔했지만, 너무도 다양해진 가족 형태와 환경에서 다니는 학생들이 떠올라 입을 다물었다.

여성은 187분, 즉 200분 가까이 되었다. 남성이 가사노동을 한 시간 한다고 하면 여성은 세 시간도 넘게 하고 있는 것이다. 가사 분담 불만족 정도는 남성이 7.1퍼센트, 여성이 23.2퍼센트*로 16.1퍼센트

* 통계청, 〈2019년 생활시간조사 결과〉, 2020.

나 차이가 있었다. 학생들은 생각보다 긴 여성의 가사노동 시간에 놀랐다.

남성이 가사노동을 적게 하니 '앗싸! 남성이 이득이네'라고 생각해도 될까? 결혼하여 가정을 꾸렸다는 가정 하에 통계처럼 여성이 남성보다 가사 일을 세 배 이상 하고 있다고 생각해보자. 직장은 퇴근이 있고 주말에는 쉰다. 가사노동에는 퇴근 시간도, 주말도 없다. 돌봄의 대상도 무한 가지치기를 한다. 남편과 아이 외에도 시댁, 친정, 친척. 양가 부모님이 아프면 그 돌봄도 대부분 여성의 몫이다. 가사노동에 지친 여성의 얼굴은 어둡고 지쳐 있다. 자녀에게 짜증스럽게 말하고 부부싸움도 는다. 부모가 부부싸움을 하면 자녀는 문 닫고 방에 들어가 있어도 속상하고 공부에 전념하기 어렵다. 가사 분담 안 했을 뿐인데 가정 전체에 영향을 미친다. 그래도 남성에게는 이득일까? 만일 여성이 '이런 일로 내가 집안 시끄럽게 해야 하나?' 하며 속으로 참으며 혼자 꾸역꾸역 일을 계속한다면, 그 가정에 평화가 찾아올까? 화가 쌓이고 체력에 무리가 간 여성은 결국은 병이 나서 몸져눕게 된다. 아직도 남성에게 이득인가.

시각을 좀 바꿔보자. 고등학교 졸업 후 사회 진출을 하거나 대학 진학을 하게 되어 직장이나 대학 가까운 곳에서 친구끼리 주거비를 아끼기 위해 함께 살 수도 있다. 이때도 어느 한쪽이 가사 일을 전담하게 될까? 아마 그렇다면 두 사람은 매우 빠르게 결별하게 될 것이다. 여성의 가사노동 전담은 결혼이라는 제도하에 남녀가 함께 살 때 일어나는 특이한 현상이며 출산과 육아를 하게 되면 더욱 심화된다. 이 문제를 어떻게 풀어야 할까?

이제 남성 이야기로 들어가보자. 성평등을 논할 때 남성의 군대 의무복무제는 빼놓을 수 없는 주제이다. 무엇보다도 '부모 찬스'로 불공정하게 병역 의무를 기피하는 사람들이 끊이지 않고 있다. 그다음으로는 안전 문제. 크게 다치거나 목숨을 잃기도 하고 질병이나 상해에 긴급 대처도 잘 안 되고 보상도 안 되는 것, 폭력 사건과 총기 사고도 끊이지 않고 있다. 군대의 폐쇄성으로 인한 인권 문제를 포함하여 여러 복잡한 문제가 서로 얽히고설켜 있다. 여성들을 군대 보내면 남성들의 군대 문제가 해결될까? 폐쇄적인 집단에서 폭력에 취약한 여성의 의무복무를 추진한다면 여군 성폭력 피해자 사망사고가 계속 일어나고 있는 현실에서 또 하나의 불씨를 던져넣는 꼴이 될 것이다. 성폭력 피해로 사망한 여군의 가족 중에는 남성도 있다. 그 남성 가족 관점에서 사망한 사람이 여성이라서 괜찮을까? 성별 구분 없이 가족 모두가 애끓는 슬픔에 빠졌고, 사건의 진상을 규명하고 군대 내 성폭력 문제를 해결하기 위해 고군분투하고 있다. 군대를 어떻게 운영해야 할지, 어떤 문제를 먼저 해결해야 할지 성별 구분 없이 머리를 맞대고 고민해도 될까 말까인데 성별로 갈라져 서로 얼굴 맞대고 소모적인 싸움만 하고 있다. 학생들에게 도입부에서 물었던 발문을 다시 했다.

"여러분은 차별주의자인가요? 주변 사람 중에 차별주의자가 있나요? 여러분 중에 차별을 경험한 사람이 있나요?"

인권에 대해 배워 아는 것이 인권을 보장받는 첫걸음인 것처럼, 무엇이 차별인지 아는 것이 평등으로 가는 첫걸음이다. 그중에서도 태어나면서부터 선택의 여지가 없는 성별 불평등 문제는 항상 갈등을 일으켰다. 또 물었다.

"당위적 삶에서 '남자는 항상' '여자라면 당연히'에 나왔던 것들을 한 번이라도 듣거나 겪었다면 차별을 경험한 거예요. 참 이상하죠? 우리 주변에 차별주의자는 없는데 차별을 겪은 사람은 있잖아요. 이 차이는 어디서 오는 걸까요? 우리는 자신도 모르게 차별을 하는 경우가 있어요. 생물학적 성 차이가 있기는 하지만 내 안의 특성은 반드시 여성적이거나 남성적이지만은 않아요. 여성이라고, 남성이라고 모두 같지 않잖아요? 누구나 다양한 정체성을 갖고 있어요. 장애 유무, 사회적 지위의 높고 낮음, 나이의 많고 적음, 빈부의 차, 인종, 외모, 성격, 더 미세하게 나누고 또 나누면 모두가 약자, 소수자가 될 수밖에 없어요. 그 화살은 자신을 향하게 되어 있어요. 그래서 우리 모두 차별을 만드는 사회 구조에 예민하게 깨어 있어야 하고 바꾸어 나가는 실천가가 되어야 해요."

성평등 수업을 하면 차별과 역차별 문제가 다양하게 거론된다. 학생들이 생각하는 차별과 역차별을 나열해보고 남녀 대결이 아닌, 공동체의 일원으로써 공동체의 발전을 목표로 그 문제들을 어떻게 해결하면 좋을지 생각해보는 시간을 보내보는 것도 좋은 접근 방법이다.

## 4. 가장 기억에 남는 것과 그 이유 쓰기

중학교 1학년을 대상으로 쉽지 않은 개념이었고 설명이 길었던 수업이라 잘 이해했을까 염려가 되었다. 다음은 학생들이 수업 후 제출한 내용이다.

> • 사실 양성평등, 남녀차별 등의 단어와 관련된 기본적인 개념은 배웠지만, 정확히 어떤 면에서, 어떤 상황에서 차별이 일어나는지는 정확히 배우지 않았는데, 오늘 수업을 통해서 아주 잘 이해할 수 있었다. 나는 그동안 편견이 없다고 자부해왔는데, 여자와 남자의 키워드만 바꿔보니 뭔가 이상한 느낌이 들었다. 생활 속에 편견이 배어 있다는 사실에 놀랐고, 앞으로는 말 한마디도 걸러서 사용해야겠다고 생각했다.
> • 차별은 편견을 통해 일어나는 것으로 생각한다. 그리고 의외로 어린 사람들보다 어른들에게 받는 것 같았다. 우리도 교육받아야 하는 입장이지만 어른들도 보기에 이해가 되지 않아도 '그럴 수 있지'라는 생각으로 그 사람 자체로 바라봐주면 좋겠다는 생각도 들었다.
> • 우리나라 성평등 수준이 높아졌지만 여전히 부족하다고 느낀다. 그러나 역시 선생님의 말씀처럼 성평등은 여자가 남자보다 높아지겠다는 것이 아닌, 정말 평등이 되어야 한다고 생각한다. 관심 있던 주제라 재미있었다.

'당위적 삶'을 생각해보고 남자와 여자라는 단어의 위치만 바꾸었을 뿐인데 익숙지 않음에서 스스로 편견이 있음을 깨달았다고 말하기도 했다. '나는 편견이 없다고 생각했는데 생각보다 많다는 것에 놀랐다'라는 식의 짧은 소감이 대단히 많았고 '편견과 당연하다는 말은 슬픈 말인 것 같다. 편견과 당연하다는 말은 짜증을 유발하기 좋은 말인 것 같다'는 감정이 잘 표현된 짧은 소감도 있었다.

성평등 수업은 강의나 모둠 토론을 통해 하나의 결론에 도달하기 어려운 주제이다. 장애 유무, 사회적 지위의 높고 낮음, 나이의 많고 적음, 빈부의 차, 인종, 외모, 성격 등의 정체성에 '여성'이라는 정체성을 덧붙이면 그 간격은 더 넓어지고 차별의 골은 더 깊어진다. 한 시간 수업으로 성평등 문제의 끝장을 보기 위해 무리하게 결론을 강조하여 어린 시절부터 성대결 구도를 준비시키지는 말자. 기성세대가 만들어 놓은 차별과 편견이다. 학생들의 사고를 잘 이끌어 성평등이라는 낙숫물이 바위를 뚫을 날을 기대한다.

# 16강

# 교제 폭력과
# 스토킹범죄 예방

바로 소통하는 라이브 방송을 이용하여 청소년의 연애 갈등을 이야기하고 교제 폭력 예방 및 대처법을 찾아간다. 수업은 두 차시로 나누어 할 수 있도록 구성했으나, 한 시간 수업만 가능한 환경이라면 '2차시' 내용을 꼭 다루자.

## 이 수업 후에 학습자는

1 이별을 성장의 기회로 만들 방안을 제시할 수 있다.
2 나와 상대의 폭력 성향을 확인하고 대처 방안을 설명할 수 있다.
3 폭력 피해자의 아픔에 공감하고 주변인이 해야 할 일을 설명할 수 있다.
4 모든 폭력의 공통점을 이해하고 폭력 없는 세상을 만들기 위한 노력을 설명할 수 있다.

## 주요 활동

| 수업에 앞서 | |
| --- | --- |
| 준비물 | 교사: 실시간 스트리밍이 승인된 유튜브 계정, 스트림야드 계정, 패들렛 계정, 웹캠과 마이크 사용이 가능한 컴퓨터.<br>학생: 디지털 기기.<br>교실: 빔프로젝트 또는 TV. |

유튜브 실시간 방송을 위해서는 최소 24시간 전에 유튜브 계정에서 신청하고 승인받아야 한다. 스트림야드는 별도의 승인이나 회원가입 절차 없이 개인 이메일 주소로 로그인할 수 있다. 스트림야드에 유튜브 실시간 방송 계정을 연결하고 시작 시각을 예약한 다음 유튜브 스튜디오에서 실시간 방송을 위한 설정을 점검한다. 시작 시각을 예약해도 예약 시간에 자동으로 시작되는 것은 아니며, 예약 시간과 상관없이 'Go Live'를 클릭하면 방송을 시작할 수 있다. 유튜브 실시간 생방송을 할 때는 듀얼 모니터를 사용하면 편리하다.

유튜브 생방송 링크 QR 코드를 섬네일로 저장해두면 학생들이 교실에서 자신의 디지털 기기로 쉽게 참여할 수 있다.

| **1차시** | **1. 라포르 형성** | |
| --- | --- | --- |
| **시간** | 5분. | |
| **준비물** | 교사: PPT.<br>학생: 디지털 기기. | |
| **목적** | 누구나 공감하기 좋은 '사랑'에 대한 이야기로 시작하여 학습자가 좀 더 쉽게 수업에 집중할 수 있도록 한다. | |
| **방식** | 1 모두 입장했는지 확인 후 학생들의 채팅 참여도를 높이기 위해 간단한 퀴즈를 내고 정답자에게 상품을 지급한다.<br>2 안전한 온라인 소통 공간을 조성하기 위해 수업 진행 원칙을 안내한다.<br>3 큐피드 그림을 보여주며 사랑과 이별에 대한 이야기로 학습 동기를 유발한다. | |

| **1차시** | **2. 연애의 장점과 고민(갈등) 알아보기** | |
| --- | --- | --- |
| **시간** | 10분. | |
| **준비물** | 교사: 패들렛.<br>학생: 디지털 기기. | |
| **목적** | 연애의 장단점을 또래의 말을 통해 알아본다. | |
| **방식** | 1 청소년 연애를 주제로 한 설문조사 결과를 발표한다.<br>2 학생들 스스로 생각하는 연애의 장점과 고민(갈등)을 패들렛에 쓴다. | |

| **1차시** | **3. 또래가 알려주는 이별 통보 예절** |
|---|---|
| **시간** | 15분. |
| **준비물** | 교사: 패들렛.<br>학생: 디지털 기기. |
| **목적** | 이별 예절에 대해 또래의 시선에서 배울 수 있도록 이끈다. |
| **방식** | **1** 또래의 이별 사례를 읽고 이별에 대해 생각해본다.<br>**2** 겪고 싶지 않은 이별 통보을 보고 자신의 의견을 써본다.<br>**3** 또래가 말하는 최악의 이별 통보 방식을 살펴보고 이별을 성장의 기회로 만들 방안을 생각해본다. |

| **1차시** | **4. 스토킹의 유형 알기** |
|---|---|
| **시간** | 10분. |
| **준비물** | 교사: 패들렛.<br>학생: 디지털 기기. |
| **목적** | 또래의 언어로 배운 이별 후 최악의 행동 유형을 바탕으로 스토킹 유형과 연결하여 생각할 수 있게 한다. |
| **방식** | **1** 학생들은 다른 학생들이 쓴 이별 후 최악의 행동 유형을 읽고 스토킹 유형과의 연관성을 알아본다.<br>**2** 교사가 준비한 스토킹 피해 경험 통계조사를 살펴본다. |

| | |
|---|---|
| **2차시** 5. 스토킹처벌법의 이해 | |
| **시간** | 10분. |
| **준비물** | 교사: PPT.<br>학생: 없음. |
| **목적** | 교제 폭력의 개념과 스토킹 처벌법에서 정의한 개념을 이해하여 폭력 행위를 인지할 수 있도록 한다. |
| **방식** | 1 최신 스토킹범죄 사례를 제시한다.<br>2 교제 폭력의 개념을 설명한다.<br>3 스토킹처벌법(스토킹범죄의 처벌 등에 관한 법률의 약칭)에 명시된 스토킹 행위의 개념을 설명한다.<br>4 교제 폭력의 유형을 알아본다.<br>5 미디어 속의 폭력을 바로 볼 수 있도록 지도한다. |

| | |
|---|---|
| **2차시** 6. 교제 폭력의 위험신호 알아채기 | |
| **시간** | 10분. |
| **준비물** | 교사: PPT.<br>학생: 없음. |
| **목적** | 교제 폭력의 위험신호를 알아차리고, 피해자, 가해자, 주변인으로서 해야 할 일을 실천하도록 한다. |
| **방식** | 1 학생들은 교사가 나눠준 체크리스트를 보며 나와 상대의 교제 폭력 성향을 확인해본다.<br>2 나 또는 상대의 폭력 성향을 발견했을 때 대처법을 안내한다.<br>3 폭력 피해 주변인의 역할과 주의할 점을 강조한다. |

| | 2차시 7. 이별을 받아들이는 자세 배우기 |
|---|---|
| 시간 | 10분. |
| 준비물 | 교사: PPT.<br>학생: 없음. |
| 목적 | 이별을 통해 성장할 수 있도록 이별을 받아들이는 방법을 이해시킨다. |
| 방식 | **1** 이별에 대한 글을 소개한다. (예: 서천석의 〈마음을 읽는 시간〉)<br>**2** '내 영혼을 훔쳐간 상대를 놓아주는 다섯 가지 방법'을 소개한다. |

| | 2차시 8. 폭력 없는 세상을 만들기 위한 방법 생각해보기 |
|---|---|
| 시간 | 10분. |
| 준비물 | 교사: PPT, 온라인 설문폼.<br>학생: 디지털 기기. |
| 목적 | 폭력 없는 세상을 만들기 위해 필요한 것을 학습자 스스로 생각하도록 한다. |
| 방식 | 학생들은 '폭력 없는 세상을 만들기 위해 개인, 학교, 사회에 내가 바라는 것'을 작성한다. |

# 우리는 이별하며 성장한다

2021년 여성가족부가 전국 만 19세 이상 성인 여성 7000명을 대상으로 '생애 한 번이라도 여성폭력을 경험한 적이 있는지' 실태조사를 한 적 있다. 이 조사에 따르면 평생 동안 신체적·성적·정서적·경제적 폭력 등 여성폭력을 경험한 비율은 34.9퍼센트로 2446명이었다. 이들 중 1124명은 배우자나 연인 등에게 피해를 입었다. 교제 폭력, 스토킹 범죄 등의 뉴스도 연일 보도되었다.

성교육 시간에 '원치 않는 성행동에 거절하지 못하는 이유'를 물었을 때 학생들은 '보복이 무서워서' '강간당할까 봐' '협박당해서' 등을 이유로 쓰기도 했다. 지난 몇 년간 여성들에게 '안전 이별'이 화두였고, 교과서에도 어느새 '안전 이별'이 등장했다. 매년 한 번 전교생을 대상으로 하는 성폭력예방교육을 할 때 '안전 이별'에 대해 다루어야겠다고 생각하고 자료 수집을 시작했다. 그러나 '안전 이별'에 관한 자료들의 주된 내용이 '이런 남자 피해라' '안전하게 이별을 고하는 방법'이었다. 가혹하게도 피해자의 대처에 초점이 맞춰져 있는 것이다. 피해자의 대처에 따라 생사가 갈렸다고?

그래서 나는 가해자가 되는 것을 방지하고, 폭력피해자 주변인의 역할도 중요하게 강조하기로 했다. 또 사랑 후에 따르는 이별을 받아들여 성장하는 것, '성장 이별'로 방향을 바꾸었다. 수업 방식도 그동안 나의 수업 방식이 그랬듯 최대한 많은 학생이 직접 생각하고 말하고 질문할 수 있도록 약 90분간 실시간 유튜브 방송으로 진행했다. 이 수업은 실시간 소통형 강의였으므로 한 학급을 대상으로 할 때도 충분히 운영할 수 있다.

## 1. 라포르 형성

"여러분 안녕하세요. 오늘은 유튜브로 여러분과 소통하는 생방송 수업을 하려고 해요. 중간에 돌발 퀴즈가 나갈 거니까 유튜브 닉네임을 본인 학번과 이름으로 바꾸어 접속하는 게 좋겠죠? 오늘 수업에 들어가기 전에 채팅창과 글쓰기 창을 안전하게 사용하기 위한 예절을 안내하겠습니다. 첫째, 선생님은 수업 중에 학생의 이름을 묻지 않을 것이니 채팅창이나 글쓰기 창에 누군가의 이름을 쓰지 않습니다. 둘째, 욕이나 비난, 성적 불쾌감을 주는 글을 쓰지 않도록 합니다. 만일 본인이 쓰고 싶은 내용이 성적 불쾌감을 주는 글인지 아닌지 판단이 안 될 때는 일단 멈춥니다. 오늘 수업은 실시간 수업이고, 전교생이 함께하는 사이버상의 공적 공간이므로 두 가지 약속을 어긴 경우에는 '원 스트라이크 아웃제'를 적용하여 채팅창에 글을 쓸 수 없도록 퇴장시키겠습니다. 바로 오늘의 이야기 시작할게요. 오늘의 수업 주제는 사랑과 ○○입니다. ○○에 들어갈 낱말은 무엇일까요? 제일 먼저 답을 맞힌 학생에게 상품 쏘겠습니다."

두 가지 원칙 중 첫번째 원칙인 이름 언급 금지의 이유는 연예인 이름이라는 핑계를 대며 특정인을 비난하는 것을 방지하기 위함이다. 수업을 시작하기 전 교실 화면에 QR 코드를 띄워 학생들이 본인의 디바이스로 라이브에 참여할 수 있도록 선생님들께 지도를 부탁드렸다. 참여 인원을 확인하고 수업을 시작했다.

"사랑에는 언제나 이별이 따라오지요? 사랑과 이별을 몇 번 정도 해야 끝사랑을 만날 수 있을까요? 또는 끝사랑을 만나기 전에 몇 번 정도 사랑을 하고 싶은가요? 첫사랑이 끝사랑이기를 바라나요?"

잠시 숨을 고르고 화면에 그림을 하나 띄웠다. 사랑의 신이라고 불리는 큐피드가 활을 당기고 있는 모습이었다.

"이 그림이 무엇처럼 보일까요? 역시 첫번째 정답자에게 상품 쏩니다."

강의 시작 전에 그날의 주제와 관련된 간단한 질문과 설문을 하고 즉석에서 결과를 공유하면 흥미롭게 시작할 수 있다. 단방향의 방송 교육보다는 신경 쓸 것이 훨씬 많은 유튜브 생방송을 하는 이유이다. 퀴즈 정답자가 나오면 바로 학번과 이름을 적어서 카메라에 비춰주고,

미리 만들어둔 손바닥 크기의 상품권을 보여준다. 그러면 학생들은 열광하며 수업에 적극적으로 참여하기 시작한다.

"맞아요. 사랑의 신 큐피드지요. 큐피드의 황금 화살에 맞으면 처음 본 사람과 사랑에 빠진다죠."

## 2. 연애의 장점과 고민(갈등) 알아보기

청소년 연애를 주제로 설문조사한 적이 있다. 그중에 연애의 장점과 고민에 대한 몇 가지 답변을 PPT로 만들어 화면에 띄웠다. 이 설문에 참여한 청소년들은 연애의 장점으로, 자랑할 수 있고, 활기가 생기며, 위로와 공감할 수 있는 내 편이 생긴다고 했다. 또 성적이 오르거나 욕을 안 하게 된다고 대답하기도 했다.

"연애 시 고민은 데이트 비용, 삼각관계, 아마 여사친과 여친 사이에서의 고민인 것 같아요. 다투고 나면 공부가 안 된대요. 아까 장점에서는 성적이 올랐다고 했는데, 연애 분위기에 따라 달라지나 봐요? 뽀뽀, 스킨십에 대한 고민도 있겠죠? 오래 사귀다보면 너무 편해져서 무관심하게 되는 것도 고민이래요. 여러분은 연애의 장점과 고민이 무엇이라 생각하는지 즉석에서 의견을 들어볼게요. 패들렛 링크를 드립니다. 여기로 접속해서 적어주세요. 너무 오래 생각하지 말고 머리에 떠오르는 것을 바로 적으면 됩니다."

화면에 패들렛으로 연결되는 QR 코드를 띄우고 채팅창에 링크를 올렸다. 예시를 보여주어서인지, 학생들은 빠르게 자기가 생각하는 연애의 장점과 고민(갈등)에 대해 써내려갔다. 전교생이 동시에 작성하는 걸 실시간으로 볼 수 있다는 건 비대면 수업의 가장 강력한 장점이다. 다음은 학생들이 직접 쓴 응답이다.

---

**연애의 장점**

- 설레고 콩닥거리고 하루하루가 행복해질 수 있다.
- 좋아하는 사람에게 마음을 숨길 필요가 없어서 좋고 내 편이 생긴 거 같은 기분? 좋아하는 사람과 추억을 쌓을 수 있음.
- 인생이 행복해진다. 세상에 핑크가 된다. 그냥 다 좋다.
- 기간제 베프를 얻을 수 있다.
- 의지할 수 있는 사람이 생긴다.

**연애의 고민**

- 상대가 상처받을까 봐 걱정한다. 헤어지면 슬프다. 돈을 쓴다. 서로 안 맞는 부분이 있으면 약간 불편하다. 항상 생각난다. 공부에 집중이 안 된다.
- 연락이 제대로 안 될 때 불안해진다. 불편할 때 제대로 말을 하면 어색해질까 봐 말할 수 없어 갈등이 생긴다.
- 헤어지고 나서 남자친구가 때리거나 성폭행하면 어떡하지 하는 생각.
- 헤어지면 어색해지고 막 이상한 소문 퍼질 것 같아요.
- 다른 여자애들이랑 놀기 어렵다.
- 중딩 때 아빠가 될 수 있음.
- 다른 애들한테 어장 불가.

## 3. 또래가 알려주는 이별 통보 예절

연애할 때는 행복한데, 고민에는 이별에 대한 게 많다. 학생들이 이별에 관해 관심이 높다는 걸 확인한 시점이야말로 본격적인 이야기를 시작할 때다.

"이별에 관련된 사연 하나 읽어볼게요."

준비한 사연이 적힌 PPT를 화면에 띄우고 읽었다. 학생들은 또래들의 사례 읽기를 좋아한다.

"중3 때 같은 반이었던 친구가 있었어요. 고등학교는 각자 다른 학교로 진학을 했는데 각자 학교 이야기를 하다보니 연락을 자주 하게 되었어요. 우리는 급속도로 친해졌고 드디어 그 친구와 첫 연애를 하게 되었어요. 하지만 저의 설렘도 잠시, 정확하지는 않지만 한 달 전부터는 그 친구는 만나는 것도 적극적이지 않고 연락도 뜨문뜨문하더라고요. 그러던 중, 어느 날 아침, 눈을 떠보니 '우리 시간을 좀 갖자… 미안해'라는 카톡이 와 있었어요. 제가 무슨 이유인지 궁금해서 카톡을 보내도 '1'이 없어지지도 않고 연락을 해도 받지도 않아요. 저는 아직도 좋아하는 감정이 남아 있는데 어떻게 해야 하나요? 마음을 다시 돌리고 싶어요. 포기해야 할까요?

사연은 여기까지예요. 이 친구 마음이 어떨까요? 이 친구는 어떻게 해야 할까요? 채팅으로 여러분의 의견을 들어볼게요."

깨끗하게 헤어지라는 의견이 대다수였다. 실제로 한 조사업체에 따르면 '문자나 SNS로 이별을 통보하는 것'은 겪고 싶지 않은 이별 통보 방식 중 5위를 차지했다. 그렇다면 1~3위는 무엇일까. 학생들에게 정답을 묻자 각양각색의 답이 채팅창에 주르륵 올라왔다.

"3위는 '모두 내 잘못인 것처럼 가스라이팅 하기', 2위는 '연락이 점점 뜸해지다 잠수 타기', 1위는 '나쁜 사람 되기 싫어 이별 미루며 지치게 하기'래요. 이 결과는 연령, 성별 구분 없이 진행된 설문조사인데요, 우리 학교 학생들은 어떻게 생각하는지 직접 설문해볼게요. 지금부터 패들렛 링크를 드릴 테니 여러분이 생각하는 '최악의 이별 통보'를 선택하고 그 이유를 적어보세요. 청소년 대상 다른 설문에는 '가족이나 친구 같은 제3자를 통해 이별 통보하기'가 있어서 그 항목을 추가했어요."

학생들이 생각하는 최악의 이별 통보 방법은 '가족이나 친구 같은 제3자를 통해 이별을 통보'하는 것이었다. 황당하고 다른 사람에게 알리고 싶지 않아 부끄럽다는 이유가 있었다. 다음으로 '문자나 SNS로 이별 통보'하는 것이 싫다고 했다. 하지만 이 방식이 크게 상관없다는 의견도 적혀 있었다. 세번째는 '나쁜 사람이 되기 싫어 이별 미루며 지치게 하기'였다. 이런 방식이 제일 나쁘다는 댓글도 있었다. 네번째는 '연락이 점점 뜸해지다 잠수 타기'였는데, '사람 피말려 죽이는 방법인 거 같음'이라는 말이 눈에 띄었다. 다섯번째는 '모두 내 잘못인 것처럼 가스라이팅 하기'였다. '있는 말 없는 말 지어내며 막말하기' '일부러 싫어하는 행동으로 이별 유도하기' '다른 사람이 생겼다는 돌직구형 통보' '잠시 시간을 갖자며 의미 없는 여지 주기' '데이트인 줄 알았던 만남에서 대면 통보하기' '환승 이별' 등도 있었다. 그밖에 '어떻게 이별해도 다 나쁜 사람 되는 것 같다'는 응답도 보였다.

"여러분들의 생각과 설문 결과를 보니 이런저런 방법으로 질질 끌면서 이별을 미루다가 '환승 이별' 하는 것이 최악인 것 같아요. 제3자를 통해 통보하거나 잠수 타는 것, 상대 탓이나 비난은 하지 말아야 할 것 같아요. 연애하다 이별에 이르는 것은 서로 안 맞는 부분이 있는 거예요. 나 또는 상대가 아직 미숙한 부분이 있을 수도 있어요. 만약 이별을 통보할 일이 생겼을 때 나와 상대에게 상처를 덜 주고 성장의 기회가 되도록 이번 기회를 통해 계획을 세워보기 바라요. 이별을 통보하는 입장이라고 상처가 없는 것은 아니에요. 너무 사랑하지만 이별해야 할 때가 있어요. 아픈 만큼 성숙해진다는 말이 있지요. 행복한 만큼, 달달한 만큼, 든든한 만큼 성숙해진다는 말은 없어요. 이별도 미리 준비하면 아픈 만큼 성숙해지는 성장의 기회가 될 수 있어요."

이별을 통보하는 법에 대해 교사가 이렇게 자세히 알려줄 수 있을까? 세상 논문을 다 들여다봐도 불가능할 것이다. 또래의 말을 빌려 이별 예절을 가르칠 수 있었다.

## 4. 스토킹의 유형 알기

사랑은 짝사랑으로 시작해서 짝사랑으로 끝난다. 두 사람이 어떤 계기로 만났는데 동시에 불꽃이 파바박 튀면서 '지금부터 사랑 시작!' 이러는 일은 없다. 어느 한 사람이 먼저 조금 더 사랑하기 시작하고 '썸'

을 타며 분위기 타다가 어느 날 고백하고 그 고백이 받아들여지면 사랑이 시작된다. 이별할 때도 마찬가지다. 두 사람이 동시에 '지금부터 이별 시작!' 이렇게 이별하는 경우는 없다. 어느 한쪽의 마음이 기울면 결국 이별을 통보하게 되고 다른 한쪽이 짝사랑으로 남아 힘들어하다가 그 이별 통보를 받아들이면서 끝나게 된다. 사랑하는 사람으로부터 버림받으면 그 연인은 견디기 힘든 고통의 시간을 보낸다. 먹지도 못하고 잠도 못 자고.

"정신과 의사와 신경학자들이 이별 후 사람들이 보이는 모습을 두 단계로 나누었어요. 애인을 되돌려 놓으려고 갖은 노력을 다하는 '항의'의 단계를 겪다가 단념하고 포기하는 '낙담'의 단계에 빠지게 된다고.[*] 이별 후에 어떤 변화가 있는지 설문한 결과를 보면 '배신감' '미안함' '아쉬움' '우울' '시간을 어떻게 보낼까' 등의 반응이 있는가 하면 감정적인 변화가 없기도 하다고 해요.

그런데 이별 후에 이런 행동을 하는 사람도 있어요. '헤어진 연인의 강의실 앞에 서서 바라보기' '헤어진 연인의 가족이나 친구에게 연락해서 딱 한 번만 만나게 해달라고 조르기' '싫다는데도 매일 꽃 한 송이 보내기' 또는 '통장에 매일 1원씩 100일 동안 보내면서 입금자명을 협박글로 쓰기' '다시 안 만나주면 널 죽이겠다거나, 자기가 죽어버리겠다고 하기' '헤어진 연인의 SNS에 댓글 남기기' '새벽 2시에 자냐고 문자 100개 보내기' '걔랑 잤다고 소문내고 다니기' '헤어진 연인의 신체 일부를 몰래 찍어서 소지하거나 편집해서 사이버 유포하기'. 이 중

[*] 헬렌 피셔, 《연애본능》, 생각의 나무, 2010.

에 어떤 행동이 가장 부적절할까요? 패들렛에 들어가서 여러분이 가장 최악이라고 생각하는 행동을 선택하고 그 이유를 적어주세요. 그 외에도 여러분이 생각하는 '이별 후 최악의 행동'을 자유롭게 쓰고 그 이유를 적어주세요. 패들렛 링크 드릴게요. 내용을 읽다보면 욕을 쓰고 싶을 수도 있는데 욕은 절대 금지입니다."

학생들은 전체 내용을 읽어보고 선택해서 쓰느라 글을 올리는 데는 좀 걸렸다. 다음은 이별 후 최악의 행동에 대한 학생들의 생각 중 일부다. 험한 말도 많이 써서 옮겨 적을 수 없는 것들은 제외했다.

---

1. 헤어진 연인의 강의실 앞에 서서 바라보기.

추하고 찌질해 보여.

---

2. 헤어진 연인의 가족이나 친구에게 연락해서 딱 한 번만 만나게 해달라고 조르기.

찌질하다.

---

3. 싫다는 데도 매일 꽃 한 송이 보내기 또는 통장에 매일 1원씩 100일 동안 보내기.

무섭다.

---

4. 다시 안 만나주면 죽여버리겠다고, 죽어버리겠다고 하기.

이런 친구는 목숨으로 협박을 하는 놈이기 때문에 굉장히 싫네요. 이건 그냥 범죄네요.

---

5. 헤어진 연인 SNS에 댓글 남기기.

에스크에 언급하는 거 싫어.

6. "나 걔랑 잤어."라고 소문내고 다니기.

재활용 불가 쓰레기.

7. 헤어진 연인의 신체 일부를 몰래 찍어서 소지하기, 편집해서 유포하기.

전자팔찌.

소지한다는 것 자체가 소름 돋고 퍼트린다는 게 무섭다. 퍼트려진 건 내가 막을 수도 없고 신고한다고 한들 한번 퍼트려진 건 영원히 남을 수 있는 거기 때문이다.

이건 범죄! 사람이 해도 되고 안 되는 짓을 구분 못 하면 안 되지.

이건 사이버 성폭력이다.

8. 적힌 것 외에 여러분이 생각하는 이별 후 최악의 행동.

스토리에 이별 노래 듣고 있는 거 올리기.

여기 있는 행동들 섞어서 종합선물세트로 하면… 진짜 내가 이런 놈이랑 왜 사귀었나 싶을 것 같다.

돈 뜯기.

궁상떨면서 아련한 척하기.

헤어진 후에 자기 친구에게 내 얘기하기.

헤어지자마자 에스크에 'OO 관심 있다'고 언급.

먼저 헤어지자고 해놓고서 며칠 지난 뒤 인스타그램이나 페이스북 들어가서 상대에게 '자니, 뭐 하니' 같은 말 보내고 지우고 계속 반복하는 것.

헤어지자마자 여소나 남소 받고 바로 사귀기.

걔 되게 별로였다고 자존심 세우면서 안 좋은 소문 퍼트리기.

헤어지고 친구로 지내자고 하는 거.

이 활동의 주요 목표는 스토킹 행위에 대해 학생들이 스스로 생각해보게 하는 데 있다. 교사가 자료를 정리해서 설명하면 학생들은 수동적으로 받아들이는 상황이 된다. 전교생을 대상으로 방송 수업을 할 때는 더욱더 그렇다. 학생들이 쓴 내용에는 그들의 용어로 세태를 잘 반영하는 것을 볼 수 있다.

"여러분에게 제시되었던 '이별 후 최악의 행동' 자료는 2019년에 전국 19세 이상 남녀에게 한 스토킹 피해 경험을 온라인으로 설문조사한 결과였어요. 그럼 2위 알아맞혀 볼까요? 패들렛에서 자료를 먼저 보았으니 좀 쉽겠죠? 최초 정답자에게 상품을 드립니다."

학생들은 대체적으로 '지나친 전화·문자 연락'을 1위로 생각하고 '미행'을 2위로 생각한다. 그렇지만 순위를 아는 것보다 더 중요한 것은 어떤 행동이 스토킹 행위인지 아는 것이다. 이런 것에 대해 이해하는 것이 스토킹 행위를 예방할 수 있기 때문이다.

## 스토킹 피해 경험

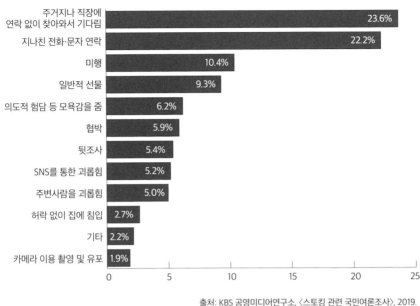

| 항목 | 비율 |
|---|---|
| 주거지나 직장에 연락 없이 찾아와서 기다림 | 23.6% |
| 지나친 전화·문자 연락 | 22.2% |
| 미행 | 10.4% |
| 일반적 선물 | 9.3% |
| 의도적 험담 등 모욕감을 줌 | 6.2% |
| 협박 | 5.9% |
| 뒷조사 | 5.4% |
| SNS를 통한 괴롭힘 | 5.2% |
| 주변사람을 괴롭힘 | 5.0% |
| 허락 없이 집에 침입 | 2.7% |
| 기타 | 2.2% |
| 카메라 이용 촬영 및 유포 | 1.9% |

출처: KBS 공영미디어연구소, 〈스토킹 관련 국민여론조사〉, 2019.

## 5. 스토킹처벌법의 이해

"요즘 스토킹범죄, 교제 폭력이 뉴스에 연일 보도되면서 안전한 이별에 대한 관심이 높아졌지요? 인터넷에 '스토킹범죄'라고 검색하면 많은 사건이 주르륵 떠서 검색하는 데 시간이 오래 걸리지도 않아요. 갑자기 범죄 건수가 늘어난 게 아니에요. 그간 연인의 '사랑싸움'이나 '구애 행동'으로 인식되었던 것이 스토킹처벌법이 시행되면서 표면으로 드러나기 시작했기 때문에 증가한 것처럼 보일 뿐이에요."

2018년 여성가족부에서 발행한 〈데이트폭력·스토킹 피해자 지원을 위한 안내서〉에 따르면, 교제 폭력이란 사귀는 관계에서 발생하는 신체적·정서적·경제적·성적 폭력을 말한다. 좀더 구체적으로 알아보면 감시, 통제, 폭언, 갈취, 협박, 폭행, 상해, 감금, 납치, 살인미수 등의 유형이다. 사귀는 관계란 연애를 목적으로 만나고 있거나 만난 적이 있는 관계로, 넓게는 맞선, 부킹, 채팅을 통해 그 가능성을 인정하고 만나는 관계, 사귀는 것은 아니나 호감을 느끼는 상태도 포함한다. 흔히 '데이트 폭력'이라고 말하지만, 이 용어는 범죄의 심각성을 희석하는 서정적 느낌이 있으므로 '교제 폭력'으로 부르는 것이 더 알맞다.

다음으로 스토킹처벌법에서 정의한 '스토킹 행위'란 상대방의 의사에 반하여 정당한 이유 없이 상대방 또는 그 동거인, 가족에 대하여 다음의 행위를 하여 상대방에게 불안감 또는 공포심을 일으키는 것을 말한다. 접근하거나 따라다니거나 진로를 막아서는 행위, 주거·직장·학교, 그 밖에 일상으로 생활하는 장소 또는 그 부근에서 기다리거나 지켜보는 행위, 우편·전화·팩스 또는 정보통신망을 이용하여 물건이나 글·말·부호·음향·그림·영상·화상을 도달하게 하는 행위, 주거 등 또는 그 부근에 놓인 물건 등을 훼손하는 행위, 직접 또는 제3자를 통하여 물건 등을 도달하게 하거나 주거 등 또는 그 부근에 물건 등을 두는 행위를 말한다. 앞에 말한 스토킹 행위를 지속적 또는 반복적으로 하는 것을 스토킹범죄라고 한다.

"교제 폭력은 가해자가 폭력을 행사하면서도 사랑하기 때문이라고 하고, 피해자는 사랑과 폭력을 혼동할 수 있어서 오랜 기간 반복적으로 폭력에 노출되는 경우가 많아요. 관계를 단절하는 과정에서 폭력, 협박, 스토킹 피해를 겪기도 하고요. 이때 친밀한 관계의 특성상 가해자는 피해자의 개인정보, 취약성 같은 정보를 이미 알고 있는데 이로 인해 피해자는 심한 공포와 불안을 느끼게 되겠죠."

앞서 이별 후 최악의 행동이 스토킹 피해 경험에 대한 설문이었던 것을 알게 된 학생들은 다소 지루할 수 있는 용어 정의도 성실하게 듣는 듯했다.

"지금 보는 건 교제 폭력의 유형 통계치예요. 언어적·정서적·경제적 폭력, 통제, 성적 폭력, 신체적 폭력. 이렇게 네 가지로 분류할 수 있어요. 어떤 피해 유형이 가장 많은지 순위를 알아맞혀보세요."

학생들은 대체적으로 정서적 폭력을 1위에 두는 경우가 많았다. 그다음으로는 신체적 폭력을 꼽았다. 그러나 학생들이 생각하는 순위

**교제 폭력 피해 유형**

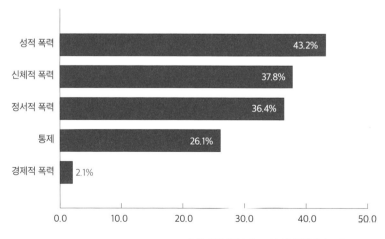

출처: 여성가족부, 〈2021년 여성폭력 실태조사〉, 2021.

가 중요하지는 않다. 이런 통계 수치를 보며 결과를 분석해보는 계기가 되기를 바랄 뿐이다.

2021년 여성가족부 '여성폭력 실태조사'에 따르면 정답은 성적 폭력, 신체적 폭력, 정서적 폭력, 통제, 경제적 폭력 순이다. 정답을 발표하고 나면 학생들은 정서적 폭력과 통제에 대해 막연하게 느끼는 듯, "통제가 뭐예요?" 하는 질문이 올라오곤 한다. 이때는 구체적인 예를 들어 설명하는 것이 좋다.

"'누구랑 있는지 영상통화하자' '옷이 그게 뭐야' '내가 연락하면 칼답해야지' '휴대폰 보자, 떳떳하면 왜 못 보여줘' '내가 이러는 거 다 네걱정해서 그러는 거야. 네가 나를 이렇게 만들었어'. 이런 것들이 통제예요. 그리고 앞에 말한 모든 말의 끝에는 욕이 꼭 따라붙어요. 정서적 폭력이에요. 드라마에 보면 연인이 말다툼하다가 갈등이 해결되지 못하고 고조되면 한 사람이 돌아서 가버리려고 할 때 다른 한 사람이 갑자기 상대의 손목을 강하게 낚아채서 벽으로 밀어붙이고 기습 키스하는 장면이 멋진 음악과 함께 나오지요? 전문용어로 '벽치기 키스' 장면이에요. 성적·신체적 폭력이에요. 드라마에서는 폭력 피해자가 갑자기 기분이 풀리면서 적극적으로 키스를 하지요? 근데 실제로도 그럴까요? 화가 났는데 키스만 하면 모든 갈등이 풀릴까요? 폭력을 미화하는 미디어를 비판적으로 볼 수 있어야 해요.

유형별 교제 폭력 예시를 좀더 자세히 볼게요. 어디서 많이 본 것 같지 않아요? 맞아요. 학교 폭력에서 많이 보던 거죠. 폭력은 어느 날 욱하는 갑작스런 행동이 아니고 평소의 감정을 처리하는 행동 습관과

교제 폭력과 스토킹범죄 예방

연관되어 있어요. 교제 폭력은 스토킹범죄로도 발전해요. 어린아이 시기에는 많은 수의 신경세포들이 생성되고 청소년기에는 경험을 바탕으로 뇌의 신경회로들을 재구성해서 전두엽 리모델링에 들어가요. 그래서 인간 성장 발달 시기에 맞춰 중학교 시기에 진로교육도 하고 다양한 체험 활동을 하는 거예요. 학교에서는 여러 가지 경험을 학생들에게 제공하지만 결국 여러분 뇌 리모델링의 열쇠는 자신에게 있어요."

유형별 교제 폭력 예시를 화면에 띄워놓고 설명하며 학생들이 예시자료를 하나하나 살펴볼 수 있도록 했다. 그리고 덧붙였다. "아까 교제 폭력 피해 유형 그래프에서 이상한 걸 눈치챈 학생 있나요? 그래프 수치를 합치면 100퍼센트가 넘어요. 이건 교제 폭력은 한 번에 한 가지 유형만 나타나는 것이 아니라 복합적으로 나타난다는 걸 뜻해요. 유형을 분류하는 것이 중요한 게 아니라 이런 것들이 폭력이라는 것을 아는 것이 중요해요. 피해자뿐만이 아니라 가해자와 주변인도요. 그래야 가해자가 자기도 모르게 하는 가해 행동을 멈출 수 있고, 주변인은 피해자를 도울 수 있어요.

| 교제 폭력의 유형 | |
| --- | --- |
| 통제 | • 누구와 함께 있는지 항상 확인. <br>• 옷차림을 제한. <br>• 내가 하는 일이 자신의 마음에 들지 않으면 그만두게 함. <br>• 일정을 통제하고 간섭. <br>• 휴대폰, 이메일, SNS 등을 자주 검사. |

| 언어적·<br>정서적·<br>경제적 | • 욕을 하거나 모욕적인 말.<br>• 위협을 느낄 정도로 소리 지르기.<br>• 안 좋은 일이 있을 때 '너 때문이야'라는 말.<br>• 나를 괴롭히기 위한 악의에 찬 말.<br>• 내가 형편없는 사람이라고 느낄 정도로 비난. |
|---|---|
| 신체적 | • 팔목이나 몸을 힘껏 움켜쥠.<br>• 세게 밀침.<br>• 팔을 비틀거나 머리채를 잡음.<br>• 폭행으로 삐거나 살짝 멍이 들거나 상처가 생김.<br>• 뺨을 때림. |
| 성적 | • 나의 의사에 상관없이 가슴, 엉덩이, 성기를 만짐.<br>• 내가 원하지 않는데 몸을 만짐.<br>• 나의 기분에 상관없이 키스.<br>• 내가 원하지 않는데 섹스를 강요. |

출처: 여성가족부, 〈데이트폭력·스토킹 피해자 지원을 위한 안내서〉, 2018.

## 6. 교제 폭력의 위험신호 알아채기

교제 폭력과 스토킹에 대한 정의를 내렸으니 이제 그러한 위험에서 조금이라도 멀어지는 방법을 알려줘야 한다고 생각했다.

"횡단보도에서 길을 건너려고 친구와 둘이 서 있어요. 파란불 점멸 신호등 숫자가 '3'이 남았는데 건널 수 있을 것 같아서 그냥 뛰어서 건너려고 할 때 있죠? 그때 신호대기 중이던 차량이 신호등이 바뀔 것으로 예상하고 출발했어요. 이때 사고가 나지 않으려면 어떻게 해야 할까요? 보행자가 건너려던 것을 정지하거나, 차량 운전자가 보행자를 보고 급정지를 하거나, 옆에 서 있던 친구가 '다음에 건너자' 하며 잡아주면 사고가 안 나겠죠. 횡단보도의 점멸 신호등처럼 스토킹범죄와 교제 폭력도 위험 신호가 반짝거릴 때가 있어요. 그렇지만 피해자는 가해자와 이미 친밀감이 형성된 사이여서 가랑비에 옷 젖듯이 익숙해 있어서 얼른 눈치채기 어려울 수 있기 때문에 지금부터 교제 폭력 위험 점멸 신호, 즉 체크리스트를 살펴볼 거예요. '내가 만나는 사람' '친구가 만나는 사람' 중에 이런 사람이 있는지 생각해보세요. 또 '나에게 이런 폭력 성향이 있는지' 스스로 체크해보세요."

☐ 종일 많은 양의 전화와 문자를 한다.
☐ 옷차림이나 헤어스타일 등을 자기가 좋아하는 것으로 하게 한다.
☐ 날마다 만나자고 하거나 기다리지 말라는데도 기다린다.
☐ 다른 사람들을 만나는 것을 싫어한다.
☐ 내 과거를 끈질기게 캐묻는다.
☐ 통화 내역이나 문자 등 휴대전화를 체크한다.
☐ 만날 때마다 스킨십이나 성관계를 요구한다.
☐ 큰 소리로 호통을 친다.
☐ 문을 발로 차거나 물건을 던진다.
☐ 싸우다가 외진 길에 나를 버려두고 간 적이 있다.
☐ 헤어지면 죽어버리겠다고 한다.
☐ 둘이 있을 때는 폭력적이지만 다른 사람과 함께 있으면 태도가 달라진다.

출처: (사)한국여성의 전화, 〈데이트폭력 대응을 위한 안내서〉, 2018.

"'종일 많은 양의 전화와 문자를 한다' '옷차림이나 헤어스타일 등을 자기가 좋아하는 것으로 하게 한다' '날마다 만나자고 하거나 기다리지 말라는데도 기다린다' 정도는 깊은 관심과 사랑으로 생각하게 되는 거예요. '다른 사람들과 만나는 것을 싫어한다' '과거를 끈질기게 캐묻는다'. 여기까지도 사랑이라는 이유로 포장할 수 있어요.

'통화 내역이나 문자 등 휴대전화를 체크한다'는 '걱정이 돼서 그러는 거야'라고 가해자가 말하지만 물음표가 생기기 시작해요. 그렇지만 '나는 떳떳하니까'라고 생각하며 보여주거나 '그럼, 서로 교환해서 보기로 하자'며 서로 보여주거나 커플앱을 설치해서 서로 감시하기 시작하면 스토킹의 늪에 빠지는 거예요. 신뢰가 없는 사랑은 결국 깨지게 되어 있거든요.

'만날 때마다 스킨십이나 성관계를 요구한다'의 경우 주로 '네가 너무 매력적이어서 내가 참는 게 힘들어, 너의 사랑을 보여줘'라고 말해요. 매력적인 것이 스킨십이나 성관계의 이유가 되지는 않고요, 나와 남에게 해가 되지 않을 방법으로 성욕을 주체적으로 관리할 수 있는 좋은 방법은 따로 있어요. 그리고 사랑을 보여주는 방법은 스킨십 말고도 많아요. '큰 소리로 호통을 친다' '문을 발로 차거나 물건을 던진다' '싸우다가 외진 길에 나를 버려두고 간 적이 있다' '헤어지면 죽어버리겠다고 한다'는 사랑이 아니라 협박과 폭력이죠. '둘이 있을 때는 폭력적이지만 다른 사람과 함께 있을 때는 달라지는 태도'는 욱하는 성격으로 '일시적으로 화가 나서 감정 조절이 안 되는 거'라고, '내(피해자)가 조금만 더 잘하면 된다'고 생각할 수 있는데 누울 자리를 보고 다리를 뻗는, 앞뒤 다 가려서 하는 행동이에요.

선생님은 이렇게 말하고 싶어요. 여기까지 가기 전에 체크리스트 앞쪽에서 손절하세요. 횡단보도 점멸 신호등이 반짝일 때 보행자가 건너지 않으면 사고는 안 나요. 욱하는 성격만 빼면 참 괜찮은 사람이라고 생각할 수 있는데, 그 욱하는 성격이 가장 치명적이에요. 세상 모든 사람과 좋은 관계를 맺고 살 수는 없어요. 더욱이 그 사람이 나에게 폭력적인 사람이라면.

체크리스트를 봤더니 나에게 이런 폭력 성향이 있으면 어떻게 해야 할까요? 상담받을 수 있고, 의사의 진료도 볼 수 있으며, 필요하면 약물치료를 할 수도 있어요. 지금 아니더라도 살아가면서 언제라도 자신의 폭력적인 성향을 눈치챘다면 전문가의 도움을 받아서 존중과 신뢰가 있는 인간관계를 맺고 인격적인 사랑을 가꾸어가기 바라요."

우리는 누구나 스토킹범죄와 교제 폭력의 피해자가 될 수도 있다. 특별히 주의를 기울이지 않은 사람에게만 피해가 일어나는 것은 아니다. 미리 신호를 눈치채고 관계를 정리할 수 있겠지만, 그러지 못할 수도 있다. 그렇다면 피해가 일어났을 때 어떻게 대처해야 하는지에 대해서도 학생들에게 알려주어야 한다고 생각했다.

"모든 폭력 대처는 방법이 같아요. 위험신호를 알아차리고 피해자를 지지해줄 자원을 생각해봐요. 증거를 수집하고 폭력의 흔적을 남겨요. 신변이 위험하다면 안전 확보가 최우선이에요. 평소에 여러분에게 어려움이 생겼을 때 지지해주고 도와줄 수 있는 어른을 여럿 생각해둬요. 또래 친구도 좋지만, 자칫 잘못 대처했다가 친구까지 어려움에 빠질 수 있으므로 청소년기에는 주변의 어른을 찾으세요. 신뢰할 수 있는 어른이라 생각했는데 도움이 안 될 수도 있겠지요? 그럴 때는 다른 어른을 또 찾아가요. 지금 잠시 생각해보세요. 누가 좋을까? 일이 닥쳤을 때 생각하면 생각이 안 날 수도 있어요.

상담소에 가서 상담받을 수도 있어요. 상담 기록도 나중에 증거가 돼요. 지금 당장 신고를 하지 않더라도 나중을 위해서 증거를 모아요. 상대방이 폭력을 행사한 날짜, 시간, 장소, 가해자의 행동, 상황 및 구체적 피해 내용을 육하원칙에 따라 기록해둬요. 몸에 멍이나 상처가 있다면 사진을 찍고 병원에 가서 교제 폭력으로 인해 생긴 상처임을 밝히고 진료를 받아두면 나중에 신고할 때 상해진단서를 발급받아서 증빙자료로 제출할 수 있어요. 상처, 부서진 물건 등 폭력의 흔적을 찍은 사진, 동영상, 주고받은 문자, 메일, 통화 및 대화 녹음, 연락 기록 등을 저장해요. CCTV도 확보해요. 주변인에게 폭력 피해를 호소한 기록도 증거로 사용할 수 있어요.

무엇보다도 안전을 위협하는 상황이라면 112에 신고하고 상담소에 도움을 요청하세요. 신고와 상담은 1회로 끝나지 않을 수 있으니 기록을 남기세요. '이것도 폭력인가' 하는 의심이 들 때, 그때가 상담·신고할 타이밍이에요. 만일 그때를 놓쳤더라도 도움이 필요한 모든 순간이 상담·신고할 골든타임이에요."

여기까지 말하고, 한눈에 인지할 수 있도록 만들어 화면에 띄워주면 좋다. 문제는 간혹, 부모님 또는 선생님이 가지 말라는 곳에 가서 몰래 연애하다가, 혹은 노출이 심한 옷 입고 다니다가, 밤늦게 다니다가, 술 마시거나 담배 피우다가 등 사람들이 피해자를 비난할 만한 행동을 하던 중 피해가 일어났을 때다. 세상에 그 어떤 이유도 폭력을 당해 마땅한 이유는 없는데도, 학생들은 이럴 때 도움을 요청하기 어려워한다. 그래서 친한 친구에게만 말할 때가 있다. 그래서 만일 주변에 교제 폭력을 당하고 있는 친구가 있을 때 '주변인'의 역할이 무엇인지 알려주는 것이 좋겠다고 판단했다.

"만약 주위에 교제 폭력을 당하는 친구가 어른에게 이야기할 수 없다며, 여러분에게 도움을 요청해온다면 어떻게 해야 할까요? 그럴 때는 '그건 폭력이고 잘못된 거야. 이제 벗어나. 도움받을 수 있는 곳을 함께 찾아보자, 네가 원하면 내가 같이 가줄 수도 있어. 경찰에 신고할 수도 있어'라고 해주세요. '걔 이상한 애네'라고는 하지 마세요. '이상한 행동'이 아니라 '폭력'이라고 콕 찍어서 말해주세요. 친구가 나에게 말했을 때 피해자를 더 위축시키는 말이 있어요. '어떻게 그게 폭력이란 걸 모를 수가 있지? 폭력인 줄 알면서도 왜 계속 만나고 왜 여태 참았어?' 같은 말. 폭력 대처에는 피해자 주변인의 역할이 중요해요. 폭력에 쓰러져 있는 피해자를 일으켜 세우는 힘이 되고 대처할 수 있도록 적극적으로 도움을 주는 거예요."

채팅창에 글이 하나 올라왔다.

"가정 폭력도 그렇게 해요?"

익명이었다. 더 이상 댓글은 없었지만 온라인 창 너머로 모든 학생들이 집중하고 있다는 것을 느낄 수 있었다.

"가정 폭력도 대처법은 같습니다."

피해자인지, 주변인인지 알 수 없었지만 나는 그날 누군가 한 명을 분명히 도왔을 것이다.

## 7. 이별을 받아들이는 자세 배우기

교제 폭력과 스토킹이 범죄라고 이해는 했지만, 청소년이든 성인이든 이별을 받아들이며 상대를 존중하기란 매우 어려운 일이다. 그래서 이별을 받아들이는 자세에 대한 설명은 꼭 필요하다. 나는 책에서 찾은 이별과 관련한 글을 읽어주는데, 중요한 단어를 제외하고 읽고는 빈 부분을 채워보라고 하기도 한다. 이렇게 하면 계속 이어진 설명으로 지루해하던 학생들이 반짝 집중한다.

"이별은 큐피드의 화살이 뽑히는 거예요. 박혀 있던 화살이 뽑혔으니 피가 철철 나고 얼마나 아프겠어요. 이 상처는 어떻게 하면 빨리 아물 수 있을까요? 급하게 새로운 사람을 만나는 것으로 치유하려 하기도 하는데요. 만남과 관계에 대한 깊은 성찰 없는 새로운 만남은 자칫 이중 이별을 견뎌야 하는 더 큰 어려움을 겪게 될 수도 있어요. 사랑을 시작하는 것보다 이별을 성장의 기회로 만드는 것이 더 중요해요. 이별은 사랑의 한 과정이고 성숙의 기회라는 걸 기억하세요. 내 영혼을 훔쳐간 상대를 놓아주는 다섯 가지 방법을 소개할게요."

**내 영혼을 훔쳐간 상대를 놓아주는 다섯 가지 방법**

**1. 헤어진 연인의 흔적을 지운다.**

주고받은 메시지를 삭제하고, SNS와 전화번호 같은 연락 채널을 모두 끊는다. 떠난 연인과의 추억이 있는 장소를 피하고 물건도 정리한다.

**2. 운동을 한다.**

운동을 하면 기분을 조절하는 신경전달물질인 세로토닌과 진통 효과 물질인 엔도르핀을 증가시킨다. 햇빛을 받으며 걸으면 금상첨화다. 이별도 과학적으로 하자.

**3. 미소를 짓는다.**

우리의 뇌는 웃고 행복하다고 상상하면 그렇게 작동한다고 한다. 슬픔이라는 감정에 빠져 있기보다 의식적으로 자신을 둘러싼 소중한 사람들과 나를 행복하게 하는 일 등을 떠올려본다.

**4. 바쁘게 지낸다.**

반려 동식물을 키우거나 여행을 가는 등 열중할 수 있는 것이면 무엇이든 한다.

**5. 세월이 약이다.**

모든 것은 흐른다. 머무는 것은 아무것도 없다. 누군가와 이별한다는 것은 문밖에 또 다른 사람이 기다리고 있다는 뜻이다.

## 8. 폭력 없는 세상을 만들기 위한 방법 생각해보기

모든 폭력은 닮았다. 학교에서 일어나면 학교 폭력, '성'이 개입되면 성폭력, 성폭력 중에서도 연인 사이에 일어나면 교제 폭력, 거기에 집착까지 더하면 스토킹범죄가 된다. 매번 수업의 마지막 활동은 '가장 기억에 남는 것과 그 이유 쓰기'였지만 이번에는 온라인 설문폼 링크를 전달하며, '폭력 없는 세상을 만들기 위해 개인, 학교 사회에 무엇을 바라는지'를 써보도록 했다. 많은 응답 중 기억에 남는 응답이 있어 소개한다.

- 어릴 때부터 폭력에 관한 공부를 착실히 해야 한다. 경각심을 가질 수 있도록. 그리고 우리나라의 법도 더 강화됐으면 좋겠다. 마지막으로 오늘 수업에 관한 소감문을 써보자면 유튜브 생방송으로 다 같이 참여할 수 있게 되어서 재밌고 좋았다.

# 17강

# 연애 갈등과 공감 놀이

이 수업은 필연적으로 발생하는 타인과의 갈등을 이해하고, 상대에게 공감하고 경청하는 법을 배우는 것을 목적으로 한다. 1차시와 2차시로 나누어두었으나 연속하여 운영하는 것이 가장 좋다. 다만 두 시간 연속하여 수업하기 어렵다면, '공감 퀴즈'를 1차시와 2차시에 나누어 운영할 것을 추천한다.

## 이 수업 후에 학습자는

**1** 연애 갈등 사례를 읽고 등장인물의 감정을 탐색하여 설명할 수 있다.
**2** 타인의 갈등 사례와 감정을 경청하고 공감과 존중의 글을 작성할 수 있다.

## 주요 활동

| 1차시 1. 사례 속 등장인물의 감정 탐색하기 | |
|---|---|
| 시간 | 15분. |
| 준비물 | 교사: 활동지(429쪽 참고), 감정 카드(431쪽 참고), 그림 스티커.<br>학생: 필기도구. |
| 목적 | 사례 속 인물의 감정을 탐색하여 그 감정을 설명할 수 있는 그림 스티커를 붙이고 설명글을 쓰면서 자기감정을 표현하는 방법을 찾아본다. |
| 방식 | **1** 모둠 대형으로 앉아서 개별 활동으로 시작한다.<br>**2** 한 사람씩 나와서 활동지와 감정 카드, 그림 스티커를 가져간다.<br>**3** 학생들은 활동지에 적힌 사례를 읽고 주어진 사람의 입장을 상상해서 떠오르는 감정 세 가지를 적는다.<br>※ 같은 모둠에 있는 친구들과 상의해도 좋다.<br>**4** 감정에 적절한 그림 스티커를 붙이고 설명을 쓴다. |

| | **1차시** **2. 공감 퀴즈** |
|---|---|
| **시간** | 30분. |
| **준비물** | 교사: 그림 카드, 보드판, 보드마커, 보드 지우개, 칭찬 스티커.<br>학생: 필기도구. |
| **목적** | 사례를 듣고 제시하는 그림 카드를 참고하여 감정을 알아맞힘으로써 같은 상황이라도 사람마다 다른 감정을 느낄 수 있다는 것을 이해한다. |
| **방식** | **1** 교사는 모둠별로 그림 카드 한 세트, 보드판, 보드마커, 보드 지우개를 배부한다.<br>**2** 개별 학생이 다른 모둠들에게 퀴즈 출제하는 방식이다. 모둠원 모두가 돌아가며 출제할 수 있도록 '감정 퀴즈판(357쪽 참고)'에 출제할 순서를 정해서 적는다.<br>※ 칭찬 스티커가 걸려 있으므로 각 모둠은 문제 선정과 출제 순서를 정하기 위한 작전 타임을 가진다.<br>**3** 퀴즈 출제자는 가지고 있는 사례를 읽는다.<br>**4** 선택한 세 가지 감정 중 한 가지를 선택하여 다른 모둠들이 볼 수 있도록 그림 카드를 보여준다.<br>• 1라운드: 그림만 보고 맞힌다.<br>• 2라운드: 1라운드에서 한 모둠도 정답을 못 맞히면 출제자는 감정 설명글에서 정답 키워드만 '삐리리'로 처리하고 읽어준다.<br>**5** 그림 카드를 보고 다른 모둠들은 자기 모둠원과 상의해서 감정 카드에서 감정을 찾는다. 보드판에 적은 후 교사가 하나, 둘, 셋을 외치면 동시에 들어올린다.<br>**6** 정답을 맞힌 모둠이 있다면, 출제자가 '정답'이라고 외친다. 한 모둠 이상 또는 전체 모둠의 절반 이하가 정답을 맞혔다면 출제한 모둠과 맞힌 모둠은 칭찬 스티커를 하나씩 받는다.<br>※ 아무도 못 맞혔다면, 출제한 모둠도 칭찬 스티커를 받을 수 없다. 전체 모둠의 반 이상이 정답을 맞히면, 맞힌 모둠들은 칭찬 스티커를 받고, 출제한 모둠은 칭찬 스티커를 받을 수 없다.<br>**7** 출제를 마친 학생은 '감정 퀴즈판'에 완료 표시를 한다. |

| | 8 소외되는 학생이 없도록 모든 학생이 문제를 출제할 때까지 진행한다. 만일 수업 시간이 중간에 끝나면 활동 중간 결과물을 교사가 들고 갔다가 다음 시간에 이어서 진행한다. |
|---|---|

### 2차시 3. 무인 월드 카페

| | |
|---|---|
| 시간 | 25분. |
| 준비물 | 교사: 재접착 메모지.<br>학생: 필기도구. |
| 목적 | 사례를 읽고 그 입장이 되어 공감하고 진정성 있는 조언을 해본다. |
| 방식 | 1 학생들은 각 모둠을 돌며 '사례 속 주인공이 나를 믿고 고민을 이야기했다'고 생각하고 공감과 존중의 댓글을 쓴다.<br>2 모든 모둠을 돌고 자기 자리에 돌아온 학생은 자신의 글에 붙은 댓글을 읽고 가장 큰 도움이 되었던 베스트 댓글에 칭찬 스티커를 붙인다. 그다음 다른 색깔 재접착 메모지에 자신이 내린 결론을 써서 붙인다.<br>3 교사는 각 사례에 붙은 댓글이 궁금한 학생들은 자유롭게 돌아다니며 댓글과 베스트 댓글과 그 이유를 읽을 수 있다고 안내한다.<br>※ 대댓글을 달고 싶어한다면 허락한다. |

### 2차시 4. 존중하는 삶과 휘둘리는 삶 생각해보기

| | |
|---|---|
| 시간 | 2~3분. |
| 준비물 | 교사: 없음.<br>학생: 없음. |
| 목적 | 존중하는 삶과 휘둘리는 삶의 차이점을 설명하고 어떤 삶을 살 것인지 스스로 선택하도록 한다. |
| 방식 | 1 교사는 존중하는 삶과 휘둘리는 삶의 차이점을 설명한다.<br>2 학생들은 어떤 삶을 살 것인지 스스로 선택해본다. |

# 연애 갈등, 어떻게 대처할까

"선생님, 제 비밀 하나 있는데 이야기해드릴까요?"

눈을 맞추며 매우 궁금해서 듣고 싶다는 눈빛을 발사했다. 편안한 미소에 따라오는 보조개 쏘옥, 고개 끄덕임도 잊지 않았다.

"저 사귀는 오빠가 있는데 주말마다 만나요. 내일도 만나서 놀이 동산 가기로 했어요. 너무 신나요! 근데 우리 부모님은 제가 사귀는 사람 없는 줄 알아요."

"어떻게 부모님 모르게 만날 수 있어? 주말마다 나가면 다 아실 건데?"

"우리 아빠가 저 남자 만나면 머리를 깎아서 아무 데도 못 나가게 집에 들어앉힌다고 했어요. 그래서 철저하게 비밀로 만나요. 집에서 나갈 때는 '추리닝에 쓰레빠' 끌고 나가니까 절대 눈치 못 채요."

"'쓰레빠에 추리닝' 입고 데이트해?"

"에이, 아니에요. 데이트할 때 입을 옷이랑 신발은 전날 가방에 넣고 나가서 지하철 물품보관함에 보관하고 다음날 화장실에서 갈아입어요. 그리고 데이트 끝나고 들어올 때 또 갈아입고 보관하고 들어가요. 저녁 8시까지만 들어가면 뭐라고 안 하시니까 시간은 꼭 맞춰 들어가고요. 한 번도 걸린 적이 없어요."

아이고, 부모 몰래 만나느라 이렇게까지 해야 하나 싶었다. 요즘 중학생들에게 연애를 한다는 것은 자랑이다. 부모는 주변에서 가장 믿을 만한 어른이 되어야 하는데 연애를 시작하는 순간 가장 완벽하게 속여야 할 어른이 되는 것이다. 심지어 성폭력 피해를 입어도 부모에게만은 알리지 말아달라며 통사정하곤 했다. 그래서 '11강 성관계' 수업을 할 때 '성관계에 관한 네 가지 쪽지 쓰기'를 부모 입장에서 편지글로 응답하는 활동을 해본 적 있었다. 익명 활동이었음에도 부모 입장에서 진지하게 작성한 학생들이 꽤 많았다. 늘 느끼는 것이지만 어른들이 걱정하는 것보다 학생들은 생각이 깊다. 마치 수업 시간에 교사와 학생이 대화한 내용을 메모해두었다가 옮겨 쓴 것 같았다. 이 수업 경험을 확장하여 연애 사례에서 등장하는 모든 인물의 입장이 되어보는 수업을 고안했다.

## 1. 사례 속 등장인물의 감정 탐색하기

"처음 사귀기 시작할 때는 마냥 좋으니까 눈에 안 보이던 단점이 시간이 흐르면서 보이기 시작하면, 갈등이 일어나요. 갈등을 잘 극복하면 한 걸음 더 성장하는 기회가 될 수 있어요. 오늘은 연애하면서 일어날 수 있는 갈등에 어떻게 대처하면 좋을지 생각해보는 시간을 보낼 거예요."

사례는 학생들이 썼던 '이상형과 비호감의 특징' 중에서 같은 내용인데 서로 상반되는 특징을 하나 선택하여 스토리를 만들었다. 예를 들면 "다정한 성격이 좋아서 사귀었는데 만나다보니 나에게만 다정한 것이 아니라 다른 모든 이성에게 다정하게 대하면 어때요?" 하고 묻는 것이다. 학생들의 이상형과 비호감 결과물을 비교하며 들여다보면 대단히 많은 사례를 만들 수 있으니 직접 만들어보기를 추천한다. 사례 활동지에는 한 가지 사례에 등장하는 모든 인물의 입장을 준비했다. 예를 들면 '자녀의 연애 사실을 부모가 알게 된 사례'라면 연애 당사자 두 명, 아버지와 어머니, 즉 네 명의 입장을 생각할 수 있게 만든다. 모든 학생에게 각기 다른 사례를 제시할 필요는 없지만 등장인물의 입장이 다르므로 같은 활동지를 받는 학생은 없다.

"우리 모둠 대형으로 앉아볼까요?"

개별로 앉아 있는 교실에서는 앞에 앉은 두 사람이 의자만 뒤로 돌려 앉아 네 명이 한 모둠이 되도록 한다. 가장 간단하게 모둠을 구성할 수 있는 방법이다. 그다음 한 사람씩 나와서 활동지와 감정 카드, 그림 스티커를 가져간다. 학생들은 사례를 읽고 주어진 사람의 입장을 상상해서 떠오르는 감정 세 가지를 활동지에 적는다. 떠오르는 감정을 말로 표현하는 것은 성인도 어려우므로, 학생들에게 감정 카드를 참고하라고 말해준다. 물론 감정 카드에 없는 감정도 자유롭게 쓸 수 있다. 마지막으로 그 감정과 어울리는 그림 스티커를 붙이고 설명을 쓴다.

"선생님, 세 가지 이상 감정이 떠오르면 어떻게 해요?"

"그럴 때는 가장 중요하다고 생각하는 감정 세 가지를 선택해서 쓰세요."

"친구랑 상의해도 될까요?"

"모둠원끼리 상의할 수 있어요. 다만 최종 선택할 때 본인이 해야 하고, 모둠 친구들에게 자기 생각을 강요하지 마세요. 무엇보다 이후 모둠 간 게임을 할 것이므로 다른 모둠에 들리지 않도록 주의하세요. 즉, 모둠 내에서는 공유, 다른 모둠에는 비밀이에요!"

활동 방법 설명은 간단하다. 다만 학생들이 등장인물의 감정을 읽어내는 것이 어려울 뿐. 자신의 감정을 찾으라는데 교사에게 감정을 물어보는 기현상이 벌어지기도 한다. 이럴 때는 직접적으로 도와주기보다는 모둠 내에서 토론이 일어날 수 있도록 유도한다. 갈등 상황에서 자기감정이 무엇인지를 알아야 상대에게 나의 감정과 요구 사항을 말로 전달할 수 있는데, 그 연습이 안 되어 있으니 꾹 참고 있다가 한꺼번에 터지거나 폭력으로 이어지기도 한다. 그러니 자기감정은 자기가 알아내야 한다.

모둠에서 소외되거나 어려워하는 학생은 슬쩍 지나가는 척 "잘돼요?" 하고 물었다. 그래도 머뭇거리기에 "선생님이 좀 도와줘도 될까요?" 하니 말을 못 하고 고개만 끄덕였다. 이럴 때는 직접적으로 묻기보

연애 갈등과 공감 놀이

다 '그 감정의 색깔과 배경은 무엇인지' '그림 스티커에서 그 감정을 설명할 수 있는 표정이나 몸동작을 하고 있는 사람이나 동물을 찾아볼지' 등의 발문을 통해 자기 생각을 구체화할 수 있게 해주는 것이 좋다.

## 2. 공감 퀴즈

모둠별로 그림 카드 한 세트, 보드판, 보드마커, 보드 지우개를 배부한다. 그림 카드는 직접 만들 수도 있겠지만, 이야기톡이나 이미지프리즘 카드 같은 시판 제품을 이용하면 편하다. 이 카드들이 이미지에 맞는 스티커도 있어서 사용하기 좋다. 모둠원 모두가 돌아가며 출제할 수 있도록 '감정 퀴즈판'에 출제 순서를 정해서 적는다.

| 감정 퀴즈판 | | | |
|---|---|---|---|
| 순서 | 이름 | 출제 완료 | 우리 모둠 획득 스티커 붙이는 곳 |
| 1 | | | |
| 2 | | | |
| 3 | | | |
| 4 | | | |

퀴즈 출제자는 가지고 있는 사례를 읽고, 세 가지 감정 중 한 가지를 선택하여 그 감정을 잘 표현한 그림 카드를 골라 다른 모둠들에게

보여준다. 다른 모둠들은 그림 카드를 보고 모둠원끼리 상의해서 감정 카드에서 알맞은 감정을 찾아 자기 모둠의 보드에 적는다. 교사가 하나, 둘, 셋을 외치면 동시에 보드를 들어올리고 출제자는 정답이 있는 경우 '정답'을 외친다.

이때 그림 카드만 보고 맞히지 못하면, 출제자는 감정 설명글에서 정답 키워드만 '삐리리' 등으로 처리하고 읽어준다. 너무 어려운 문제를 내서 한 모둠도 맞히지 못하면 문제를 낸 모둠도 칭찬 스티커를 받지 못한다고 사전에 안내한다. 학생들은 사례 발표를 들으며 자신의 감정을 생각해보고 출제자의 정답과 비교한다. 그 과정에서 같은 상황이라도 사람마다 다른 감정을 느낄 수 있음을 자연스럽게 이해하게 된다.

어느 학급에서 친구가 없는 외톨이 학생이 한 명 있었다. 공교롭게도 그 학생이 그 학급의 맨 마지막 퀴즈 출제자가 되었다. 마지막 도전 기회이므로 퀴즈를 출제하는 동안 모든 학생이 그 학생의 말에 경청했고 모든 모둠이 정답을 맞혔다. 정답 모둠 수가 많으면 칭찬 스티커를 못 받지만 공감받았다는 기쁨에 얼굴이 발갛게 상기될 정도로 이를 드러내고 환하게 웃으며 기뻐하던 모습을 지금도 잊을 수 없다. 그만큼 사람들은 다른 사람의 공감을 받고 싶어한다는 것을 이 활동을 통해 다시 체험했다.

이 활동을 해보면 문제 선정부터 신경전이 대단하다. 퀴즈 출제는 개인이 하더라도 모둠원이 보충 설명을 하여 난이도 조절을 할 수 있으므로 문제를 맞히는 시간에는 심리전도 뜨겁다.

연애 갈등과 공감 놀이

# 3. 무인 월드 카페

퀴즈 출제가 끝나면 모둠 단위로 돌아가며 '무인 월드 카페' 활동을 한다.

"지금부터 사례 속 주인공이 나를 믿고 고민을 이야기했다고 생각하며 공감과 존중의 댓글을 쓸 거예요."

모든 모둠을 돌고 제자리에 돌아오면 학생들은 자기 글에 붙은 댓글을 읽고 가장 큰 도움이 되었던 베스트 댓글에 칭찬 스티커를 붙인다. 그다음 다른 색깔 재접착 메모지에 자신이 내린 결론을 써서 붙인다. 학생들은 자신이 지나온 이후에 각 사례에 붙은 댓글을 궁금해하므로 자유롭게 돌아다니며 댓글과 '베댓(베스트 댓글)'과 그 이유를 읽는다. 그 틈에 또 대댓글을 작성하는 학생들이 있다. 그만큼 다른 사람들의 생각이 궁금하고 하고 싶은 말이 많은 것이다.

갈등이 있을 때 누군가가 나의 이야기를 잘 들어만 주어도 이야기하면서 마음이 풀리거나 해결 방안이 생각날 때가 있다. 이때 잘 들어주는 것을 경청이라고 한다. 마음으로는 경청하겠다고 생각하고 듣기 시작했는데 어느새 조언해줄 말을 찾느라 머릿속을 뒤지고 있을 때가 있다. 상대의 말하는 표정, 몸짓을 집중하여 들어야 진정한 경청이라고 할 수 있다.

상대의 말을 듣고 공감하는 일은 더 어렵다. 말하는 사람 입장에서는 자신의 생각과 감정을 잘 정리해서 표현해야 하는데 고민이나 갈등이 있는 상황이라면 혼란스러워서 말로 전달하기는 더욱 어려울 수밖에 없다. 연애를 하면서 당면하게 되는 여러 사례 속 등장인물의 감

359

정을 탐색하고 분석하며 게임이라는 형식을 빌려 타인의 표현에 경청하고 감정에 공감하는 연습을 해보고자 했다. 친구의 말에 경청하여 그 감정을 알게 된 후에야 진심 어린 조언을 해줄 수 있기 때문이다.

## 4. 존중하는 삶과 휘둘리는 삶 생각해보기

"다양한 사례를 공유하면서 자기감정을 찾아보고 타인의 감정에 공감해보았어요. '같은 상황이라도 나와 다른 감정을 느낄 수 있구나'라는 것도 알게 되었을 거예요. 오늘 찾아본 감정이 정답은 아니에요. 때와 장소, 상대에 따라 변할 수 있겠죠? 서로 다른 사람이 만나 관계를 형성해가는 것이 연애예요. 친구 관계도 같아요. 갈등은 언제나 있을 수밖에 없어요. 소통의 출발은 남이 아니라 자기 내면과의 대화에서 시작해요. 감정을 아는 것은 그 상황에 대한 정보예요. 스스로를 알아야 자기를 믿을 수 있고 상대에게 내 마음을 전달할 수 있어요. 자기 마음을 자기가 모르면 '내 나름대로'가 아닌 '남 나름대로' 살게 돼요. '남 나름대로'와 '존중'은 달라요. '존중'은 자기 기준을 갖고 남을 귀하게 생각하는 마음이고 '남 나름대로'는 자기 기준이 없이 남에게 휘둘리는 삶이에요. '존중하는 삶' '휘둘리는 삶' 무엇을 선택하시겠어요? 오늘 수업은 여기서 마치겠습니다!"

교사가 '청소년기에 해야 할 것' '하지 말아야할 것'을 일방향으로 알려주는 것보다 차근차근 생각의 흐름을 이끌면 학생들이 생각을 키워나가는 것을 볼 수 있다. 이 수업이 끝난 후에는 학생들이 나에게 와서 주변 친구들의 경험(자신의 경험일 수도)을 제보해주곤 했기에 사례는 점점 늘어만 갔다.

이 수업을 역할극이나 짝 활동으로 한 적이 있었다. 역할극을 할 때는 모둠 내 역할을 명확히 정하고 시작해도 갈등이 나타났다. 또한 역할극이라는 안전장치가 있음에도 불구하고 자신의 역할에 충실하다 상처받는 학생이 있었다. 성 관련 사례의 특징이다. 짝 활동으로 할 때는 짝 구성이 잘못되는 경우에는 냉랭하거나 한쪽이 상처를 받아서 학습 목표를 달성하기 어려웠다. 그래서 전체가 동시에 참여할 수 있는 퀴즈 형식으로 운영하게 되었다.

이 수업 시간에는 교사가 하는 말이 별로 없는 수업이다. 학생들이 발표하고 스스로 결론을 내리는 진정한 '날로 먹는 수업'.

# 18강
# 성매매와 성상품화

성매매 대신 산업화된 성착취라고 하는 것이 옳지만,
이 책에서는 많은 고민 끝에 대중적 소통을 위해 성매매라고 썼다.
다만 수업 중에는 해당 용어에 대해 설명하고 바로잡아야 한다.

## 개요

돈으로 매매하면 안 되는 것을 시작으로 인권과 연관하여 성상품화의 문제점을 파악하고, 올바른 성의식을 갖출 수 있도록 지도한다. 이 수업은 두 시간으로 진행하는 것이 좋다. 한 시간으로 운영해야 한다면 '2차시'만을 운영할 것을 추천한다.

## 이 수업 후에 학습자는

**1** 돈으로 매매할 수 있는 것들의 기준을 정하여 근거를 설명할 수 있다.

**2** 유엔 아동권리협약과 청소년의 인권을 비교하여 평가할 수 있다.

**3** 성매매의 개념을 알고 산업의 성별적 특성에 대해 설명할 수 있다.

**4** 성매매 실태를 이해하고 성매매가 성구매자와 '성매매된 여성'\*에게 미치는 영향을 비교하여 설명할 수 있다.

**5** 성상품화의 개념을 알고 미디어를 주체적으로 평가할 수 있다.

**6** 성매매 유입 위험에 노출되었을 때 도움 요청의 골든타임을 알고 지원을 요청할 수 있다.

**7** 성매매가 인권을 침해하는 성착취임을 인식하고 반성매매 옹호 활동을 할 수 있다.

---

\* 빈곤 등 상황으로 인해 어쩔 수 없이 성매매에 유입됐다는 의미로 사용하는 용어이다. 자발적으로 성매매에 유입된 듯 보이는 경우에도 취약한 여성을 성매매 산업으로 몰아가는 사회구조적 맥락이 있으므로 성매매 유입에 자발은 없다고 본다. (레이첼 모랜, 《페이드포: 성매매를 지나온 나의 여정》, 안홍사, 2020.)

## 주요 활동

| 1차시 | **1. 돈으로 거래 가능한 것** |
|---|---|
| **시간** | 25분. |
| **준비물** | 교사: 활동지, 패들렛.<br>학생: 필기도구, 디지털 기기. |
| **목적** | 돈으로 거래할 수 있는 재화에 대해 생각해볼 수 있는 기회를 제공한다. |
| **방식** | **1** 다섯 가지 사례를 학생들에게 배부한다.<br>① 나홀로 운전자가 돈을 내고 버스전용차로 이용.<br>② 대리 사과 서비스.<br>③ 부모 찬스, 기여입학제.<br>④ 아이 낳아주는 장기 임대, 대리모.<br>⑤ 장기 매매.<br>**2** 학생들은 다섯 가지 사례에 대해 돈으로 거래할 수 있는지 또는 없는지 판단하여 그 이유를 활동지에 쓴 뒤 패들렛에 옮겨서 쓴다.<br>**3** 다른 사례와 생각을 돌아가며 읽고 의견을 추가한다. |

| 1차시 | **2. 인권감수성 키우기** |
|---|---|
| **시간** | 15분. |
| **준비물** | 교사: 활동지(432쪽 참고).<br>학생: 필기도구. |
| **목적** | 유엔 아동권리협약에서 제시한 아동청소년 인권과 자신의 인권을 비교평가하여 타인의 인권 존중을 위한 기초를 마련한다. |

| 방식 | 1 유엔 아동권리협약에 보장된 4대 기본권(생존권, 보호권, 발달권, 참여권)의 구체적인 내용을 제시한다.<br>2 학생들은 유엔 아동권리협약과 자신의 삶을 비교하여 평가한다.<br>3 인권이 보장되었을 때와 침해되었을 때의 감정을 표현하여 그렇게 생각하는 이유를 적는다.<br>4 학생들은 자신의 인권이 보장되었을 때와 침해되었을 때를 떠올리며 그때의 감정을 표현해본다. |
|---|---|

### 2차시 · 3. 4종 발문으로 성매매 파헤치기

| 시간 | 15분. |
|---|---|
| 준비물 | 교사: 4종 발문이 적힌 쪽지, 재접착 메모지.<br>학생: 필기도구. |
| 목적 | '성매매된 여성'뿐만이 아니라 성구매자의 구매 이유와 그 삶에 미치는 영향을 알아보고 성매매는 성구매자에 의한 인권침해임을 이해하도록 한다. |
| 방식 | 1 성구매자의 남녀 비율을 알아본다.<br>2 여성이 성매매에 유입되는 사례를 통해 성매매의 성별적 특징을 설명한다.<br>3 학생들은 네 가지 발문 쪽지를 뽑아서 자기 의견을 작성한다.<br>① 성구매는 왜 할까?<br>② 성구매 전에 무엇을 준비할까?<br>③ 성매매는 성매매된 여성에게 어떤 영향을 미칠까?<br>④ 성매매는 성구매자에게 어떤 영향을 미칠까?<br>4 다른 친구들이 받은 발문 쪽지에 쓴 내용을 돌아가며 읽고 각자의 의견을 추가한다. |

| 2차시 | 4. 성상품화의 개념과 각종 성범죄와의 연결 구조 |
|---|---|
| 시간 | 10분. |
| 준비물 | 교사: 없음.<br>학생: 없음. |
| 목적 | 성상품화, 성매매와 성범죄 연결 구조를 이해하고 미디어를 비판적으로 보며 주체적으로 판단하는 능력을 신장한다. |
| 방식 | **1** 성상품화의 실태와 각종 성범죄와의 연결 구조에 대해 설명한다.<br>**2** 상품화된 성을 비판적으로 보고 주체적으로 판단할 수 있는 능력을 기를 수 있도록 지도한다. |

| 2차시 | 5. 성매매 유입 경로와 피해 시 대처 방안 |
|---|---|
| 시간 | 10분. |
| 준비물 | 교사: 없음.<br>학생: 없음. |
| 목적 | 학습자는 취약한 상황에 놓인 여성이 성매매에 유입되는 상황과 피해 시 대처 방안을 이해한다. |
| 방식 | **1** 취약한 상황의 여성이 성매매에 유입되는 경로를 설명한다.<br>**2** 불가피하게 성매매에 유입된 경우 도움 요청 방안을 알려준다. |

| 2차시 | 6. 반성매매 옹호 활동하기 |
|---|---|
| 시간 | 5분. |
| 준비물 | 교사: 없음.<br>학생: 없음. |
| 목적 | 성은 사지도 팔지도 말아야 하는 것임을 학습자에게 이해시켜 예방에 목적을 둔다. |

| 방식 | 1 성구매는 인권침해임을 설명한다. |
|------|-----------------------------------|
|      | 2 성구매자 비율이 감소하고 있는 통계 자료를 제시하여 희망이 있음을 보여준다. |
|      | 3 성매매예방교육에서 중요한 것은 '성을 사지도 팔지도 않는 것'임을 설명한다. |

# 너와 나의 인권침해

성매매를 파헤치면 파헤칠수록 모든 성폭력의 종합편, 출구가 보이지 않는 막다른 골목이었다. 성매매는 인권을 침해하는 성착취이고, 성별에 따라 바라보는 시선과 잣대, 구도가 명확한 성별성 산업이며, '성매매에 자발은 없다'를 전제로 하여 수업을 구성했다. 성구매하는 남성은 '성착취 가해자', 성매매된 여성은 '성착취 피해자' 구도로 접근해야 한다.

다만 성대결의 구도 대신 '돈으로 사고팔 수 있는 것'에서 출발해서 인권으로 연결하여 '나의 권리'를 생각해보고, 이후에 성매매의 실상과 문제점에 관해 알아보는 과정을 거쳤다. 이를 통해 성매매는 돈을 버는 산업이 아닌, 성착취이며 인권침해의 현장임을 전달할 수 있었다. 이렇게 어려운 주제를 매년 한 시간에 끝내라는 지침은 교육 현장을 어렵게 한다. 그래서 성매매예방교육은 성교육의 후반부에 다루기를 추천한다. 세밀하면서도 단계적인 추론 과정을 거쳐야 하므로 사고력 성장 발달이 충분히 일어난 때여야 하고, 성폭력 종합편이므로 기본적으로 성과 관련된 여러 문제에 대한 개념 정립과 올바른 가치관이 형성되어 있어야 하기 때문이다.

## ( 1. 돈으로 거래 가능한 것

성교육을 시작한 이래로 성매매에 대한 질문은 단 한 건도 없었다. 그러나 청소년 성착취 기사는 끊임없이 나오고 있으니 피해 청소년 또한 끊임없이 존재한다. 학생들은 묻지 않았지만 가르쳐야 하는 주제이다.

"오늘은 '돈으로 살 수 있는 것'에 대한 이야기를 해보려고 해요. 코로나19로 비대면 산업이 급속도로 발달하면서 먼 거리에 있는 맛집 음식도 배달비만 내면 집에서 편히 받아 맛볼 수 있는 세상이 되었지요? 이제 우리 사회에서 돈으로 살 수 없는 것이 있을까요?"

"없어요! 다 살 수 있어요."

학기 말, 이 수업을 할 때쯤이면 나의 맘속에 들어앉은 학생들이 있다.

"선생님이 사례를 준비했어요. 여러분에게 각 사례를 나누어줄 테니 받아서 읽어보고 자신의 생각을 써보세요. 종이에 이름을 쓰고 찬성인지, 반대인지, 그렇게 생각한 이유는 무엇인지 적으세요. 만일 찬성도 반대도 어렵다면 '결정이 어렵다'라고 쓰고 이유를 적으세요. 정답은 없어요. 여러분의 생각을 설득력 있게 쓰면 됩니다."

이때도 나의 수업 스타일을 잘 아는 눈치 빠른 학생들이 묻는다.

"다 같은 사례예요? 아니죠? 다른 거 받은 애도 있죠? 사례 몇 개예요?"

사례를 다 읽어보고 싶은 마음에 묻는 질문이다.

"사례는 다섯 가지이고 이따가 패들렛에 작성할 거니까 그때 다른 학생들이 받은 사례를 읽고 의견을 추가할 테니 우선 자기가 받은 사례에 먼저 의견을 작성하세요."

학생들이 의견을 쓰는 동안 교실을 순회했다. 대다수의 학생이 자신의 생각을 모으고 정리하는 가운데 이름조차 안 쓰고 아무것도 안 하고 멍하니 앉아 있는 학생이 눈에 들어왔다. 수업 방해 행동을 하는 것도 아니고 엎드려 자는 것도 아닌데 활동지를 쳐다보고만 있었다. 가까이 다가가 조용히 물어봤다.

"선생님이 도와줄까요?"

학생은 약간 불만스런 목소리로 "너무 어려워요. 다른 거, 쉬운 걸로 주시면 안 돼요?" 하고 말했다. 나는 자신의 요구를 명확히 말하는 학생을 만나면 반갑다. 도와줄 방향이 보이니까. 빠른 걸음으로 교탁으로 가서 다른 사례를 들고 와서 "생활밀착형 사례로 바꿔줄게요." 라고 말하며 재빨리 바꿔주었다. 학생은 자신감 가득한 목소리로 "아! 이거라면 저도 할 말 있어요!" 하며 글을 써내려가기 시작했다.

"자신의 의견을 다 썼으면 패들렛에 익명으로 옮겨 적으세요. QR코드 올려드릴게요."

도덕성이 드러날 수 있는 내용을 오프라인에서 토론한다는 것은 학생들에게 큰 스트레스이다. 익명이 보장되는 패들렛에 자신의 의견을 쓰고 온라인에서 댓글 쓰기 기능으로 토론을 한다면 다양한 의견을 들어볼 수 있다. 학생들이 작성한 종이 활동지는 학생들의 생각을 엿볼 수 있는 좋은 기회이지만, 작성자의 이름이 적혀 있어 교실에 돌아다니면 익명이 보장되지 않으므로 회수한다.

**디지털 기기를 사용하지 않는다면**

- 활동지를 배부하기 전에 다섯 가지 사례에 ①, ②, ③, ④, ⑤ 번호를 써서 구분해둔다.
- 모든 글은 익명으로 작성한다.
- 같은 번호를 받은 학생들끼리 모둠으로 모여 자유롭게 토론을 한다.
- 토론 후 자신의 결론을 재접착 메모지에 써서 붙인다.
- 모둠 내 읽기가 끝나면 모둠별로 이동하여 다른 모둠의 의견을 살펴보고 익명으로 질문이나 자기 의견을 댓글로 쓴다.
- 모둠별 이동이 끝나서 자기 자리로 돌아오면 자신의 글에 붙은 댓글을 보고 한 가지 이상 대댓글을 쓰고 돌아가며 발표한다.
- 학급 분위기와 학생들 성향에 따라 서로 먼저 발표하고자 하는 학급이 있고 아무도 발표하지 않으려고 하는 학급이 있다. 이때 아무도 발표하려 하지 않는다고 해도 강요하지 않는다. 이미 한 바퀴 돌면서 생각을 나눈 것만으로도 배움은 일어났다.

활동지에 담긴 사례의 주제들은 '나홀로 운전자가 돈을 내고 버스

성매매와 성상품화

전용차로를 이용' '대리 사과 서비스' '부모 찬스, 기여입학제' '아이 낳아주는 장기 임대, 대리모' '장기 매매'였다.

"이제부터 댓글과 반응 기능을 활성화할게요. 친구들의 의견에 댓글을 써도 좋고 사례에 자신의 의견을 직접 추가해도 돼요. 댓글과 좋아요는 글쓴이에게 큰 힘이 된답니다."

학생들의 댓글이 가장 많았던 주제는 역시 '부모 찬스, 기여입학제'였다. 패들렛에서는 다음에 소개한 내용보다 훨씬 많은 토론이 일어났다. 교실은 고요한데 패들렛은 뜨거웠다.

> 부모가 돈을 잘 벌어서, 부모가 능력이 좋아서 학교를 좋은 곳에 가는 건 불공평하다고 생각한다. 대학을 들어가는 건 부모가 아니라 학생이기 때문에 학생이 공부를 잘해서 가는 게 진정한 대학에 들어가는 방법이라고 생각한다. 그래서 나는 기여입학제도를 반대한다.
>
> 의견을 정하기 어렵다. 대학에 긍정적인 영향이나 공헌을 할 수 있는 인물의 입학을 허가하는 것은 문제될 것이 없지만 물질적인 기여를 한 인물에게 입학을 허가하는 것은 옳지 않기 때문이다. 즉 대학에 다닐 능력이나 실력이 없는데 부유하거나 물질적인 것들이 풍부한 집의 인물이 기여입학제도를 통해 입학하게 된다면 열심히 노력해서 대학에 입학한 자들에겐 허무함이나 박탈감이 클 것이라고 생각하기 때문이다.
>
> 인맥도 능력이다.
>
> 금지해야 한다. 모두가 똑같이 시험 보고 들어가는 곳이 대학인데 물질적으로 돈을 내고 들어가는 것은 합당하지 않다. 실력이 안 되지만 돈으로 들어가는 것은 그 대학의 공부 과정, 과제 등을 못 따라갈 수도 있기 때문이다.

학생들이 의견을 쉽게 작성하는 것은 '대리 사과 서비스' '나홀로 운전자가 돈을 내고 버스전용차로 이용' '부모 찬스, 기여입학제' 사례였고, '아이 낳아주는 장기 임대, 대리모' '장기 매매'에 대해서는 어려워하며 교사의 의견을 구했다. 쓰고 있으면서도 내가 지나갈 때 작은 목소리로 자신의 의견이 어떤지 물어봤다.

"'대리모' '장기 매매'에 대해서 어려워하므로 보충 설명을 좀 할게요. 대리모는 장기를 빌려주는 것이고, 장기 매매는 장기를 떼어서 준다는 차이가 있어요. 살아 있는 사람의 장기 중 가장 많이 이식하는 장기는 신장과 간장이에요. 만일 장기 매매를 합법화하면 장기를 하나씩 떼어 팔 때마다 생계를 유지할 수는 있겠지만 수술 후 회복 기간도 필요하고 후유증으로 건강이 점점 나빠져서 경제 활동을 할 수 없으니 장기를 또 떼어 파는 악순환이 계속되고 마지막에는 생명을 잃을 수도 있어요. 돈이 있는 몇 사람의 생명을 살리는 대신 돈이 없는 사람의 생계를 유지하고 한 생명을 잃느냐의 문제가 있어요. 선생님은 사랑의 장기기증운동본부에 사후 장기기증을 약속했어요."

운전면허증의 장기기증 표지를 보여주자 학생들이 감탄했다. 마지막으로 대리모에 대해 다양한 견해를 소개하며 '돈으로 사고팔 수 있는 것'의 기준을 세워보도록 생각을 이끌어갔다. 조금 어려운 이야기인데도 끄덕이며 조용히 집중해서 듣는 학생들은 제법 심각하기까지 했다.

"돈으로 살 수 있는 것에 대한 이야기를 나누어봤어요. 돈으로 살 수는 있지만 사고팔면 안 되는 것들이 있네요. 이런 것들은 어떤 기준으로 정할 수 있을까요? 추가 발문을 패들렛에 올리니 여러분의 의견을 적어주세요."

학생들의 응답을 정리하면 다음과 같았다. '개인의 인권침해 여부' '생명과 생명이 아닌 모든 것' '다른 이의 권리를 침해하는 경우는 안 된다' '도덕적인 문제가 있는 것은 안 된다' '법이나 불법적인 문제와 관련된 것은 안 된다'.

사례를 선별하여 순서를 정하여 제시하였더니 학생들 스스로 결론에 도달한 것이다. 수많은 고민의 시간을 보상받는 기분이었다. 인권 이야기가 나온 김에 각자의 인권을 평가하여 다음에 이어질 성매매 이야기를 인권침해, 성착취로 연결할 수 있도록 했다. 나와 타인의 인권 무게는 동등하니까.

## 2. 인권감수성 키우기

"인간의 존엄성을 훼손하는 경우, 즉 인권을 침해하는 경우, 생명과 관련된 경우, 도덕적 문제가 있는 경우, 불법적인 경우에는 어떤 것이든 돈으로 사고팔면 안 되는군요. 지금부터는 인권에 대해서 좀더 알아볼 건데요. 인권이란 무엇일까요?"

'인권이란 사람이 사람답게 살아가기 위해 가장 필요한 기본적인 권리, 즉 인간의 권리를 말한다. 이 세상에 살고 있는 모든 사람이 누구나 똑같이 가지고 있는 권리이다. 1989년 11월 20일 유엔에서는 아동권리협약을 채택했고 우리나라는 2년 뒤 1991년 11월 20일에 비준

했다.[*] 아동권리협약은 이 세상 모든 아동들의 인권을 보호, 증진, 실현하기 위해 만들었다'라는 설명에 뒤이어 학생들이 스스로의 인권을 평가하는 활동으로 넘어간다. 유엔 아동권리협약 내용과 학생활동지침 등을 활동지에 넣고, 자신의 삶과 비교평가하여 가장 점수가 높거나 가장 점수가 낮은 항목을 선택하고 그렇게 생각하는 이유를 적게 한다.

"여러분도 아동이고 인권에 대해 배우는 것 자체가 권리이자 책임이에요. 나의 권리를 알고 타인의 권리를 존중할 책임도 있어요."

학생들의 결과물을 확인하고 설득력이 있게 쓴 글은 읽어주었다. 가장 중요하다고 생각하는 기본권은 생존권과 보호권이 거의 비슷한 비율로 많았고, 발달권을 선택한 학생은 소수 있었다.

'인권이 보장되었을 때 느끼는 감정'을 발문하고 적어달라고 했다. '덤덤하다' '별 느낌 없다' '인권에 대해 교육을 많이 받아서 당연하다고 생각한다'는 답변과 '뿌듯하다' '편안하다' '사랑받는 기분이다' '긍정적인 모든 표현을 합쳐도 표현할 수 없을 만큼 좋다'는 답변이 이어졌다. 역시 학생들의 응답 속에 명언이 있다. 인권은 당연히 지켜져야 하는 것이다.

그렇다면 인권이 침해되었을 때 느끼는 감정은 어떨까? 답답하다, 화난다, 우울하다, 황당하다, 괴롭다, 불안하다, 두렵다, 억울하다, 어이없다, 짜증난다, 불편하다, 속상하다, 막막하다, 분하다, 비참하다 같은 답변이 이어졌다.

＊　국가인권위원회 편, 《「유엔아동권리협약」의 이해》, 2018.

이 활동은 성매매는 인권침해라는 이야기를 전달하기에 앞서 인권침해를 당했을 때 어떤 감정을 느꼈을지 살펴보면서 이후 성매매된 여성이 느낄 수 있는 감정에 대해 이야기를 나눌 때 그들의 감정을 좀 더 쉽게 받아들이는 계기가 된다. 성매매된 여성들의 수기를 읽어보면 이런 감정들이 복합적으로 나오는데 이를 교사가 나열하기보다는 학생들의 언어로 표현하는 것이 좀더 설득력을 갖는다.

## 3. 4종 발문으로 성매매 파헤치기

"지난 시간에 여러분이 제출한 설문 중에서 가장 중요하다고 생각하는 기본권은 생명권과 보호권이라는 응답이 가장 많았고 발달권이라는 응답은 소수 있었어요. 응답 공개에 동의한 학생들의 생각을 먼저 읽어볼게요."

이때 이름은 빼고 읽는다.

"여러분이 아동에게 가장 중요하다고 생각한 생명권과 보호권을 전혀 보장받지 못하는 현장이 우리나라에 있어요. 어떤 현장일까요?"

뉴스에서 쉽게 접할 수 있는 '아동학대 가정'에 대한 이야기가 가장 많이 나온다.

"맞아요. 아동학대 가정에 있고, 오늘의 주제 성매매 현장에도 있어요. 성매매란 불특정인을 상대로 금품이나 그 밖의 재산상의 이익을 받거나 받기로 약속하고 성을 사고파는 행위를 말해요. 우리나라에서 성매매는 불법이고 3년마다 성매매 실태조사를 해요. 2019년에 한 조사에 따르면 20세 이상 60세 이하 성인 남성 중 평생 한 번이라도 성을 구매한 적이 있는 사람은 몇 퍼센트 정도 될 것 같아요? '업다운' 할게요. 맞혀보세요."

성매매는 직업이 아니라 '인권침해 현장'이므로 '직업'이란 용어를 사용하지 않도록 주의한다. 또 통계 자료를 PPT로 만들어서 모두 설명하는 것보다는 중요 수치 몇 가지만 기억해서 '업다운'을 하면 매우 쉽게 학생들의 집중도를 올릴 수 있다. 어차피 모두 나열해도 기억을 못 한다.

"42퍼센트* 정도예요. 열 명 중 네 명이 성매매한 거예요."

학생들은 '그렇게나 많은 사람들이 성구매를 했을까?' 하며 놀라움을 금치 못한다.

"같은 연령대에서 여성은 몇 퍼센트 정도 했을까요? 역시 '업다운' 할게요. 맞춰보세요."

이때 '여성도 성구매를 하나' 하는 학생들의 표정이 역력했지만, 남성 수치를 고려해서 절반 정도 수치인 20퍼센트 정도에서 답을 말하기 시작하곤 한다.

"여성은 약 1.1퍼센트예요. 100명이 있으면 한 명 정도 했다는 거죠. 그래서 통계가 의미가 없어서 여성 구매자 통계 결과는 없어요. 구매자의 대다수가 남성이니 팔리는 성의 대다수는 여성? 남성?"

*  한국형사정책연구원과 여성가족부의 2019년 성매매 실태조사 결과에 따르면 42.1퍼센트로 확인되었다.

성매매와 성상품화

"여성이겠죠."

"맞아요. 우리 주변의 물건 중에 특정 성은 구매만 하고 특정 성은 팔리는 물건이 되는 곳이 있을까요? 여성만이 사는 물건 중에 월경대가 있지만 월경대가 사람은 아니에요. 평소 선생님이 수업을 성평등하게 하려고 노력하는데 오늘만은 성 불평등한 수업을 할 수밖에 없어서 미리 이야기하고 시작해요."

앞서 말했듯 남학생들이 억울한 감정을 느끼지 않도록 사전에 상황을 잘 이해시키는 것이 중요하다. 성매매된 여성 다수가 청소년기에 유입된다. 가정에서 학대를 당해 거리로 나가면 위험한 줄 알면서도 가출을 선택하는 청소년들의 비율이 높다. 생명권과 보호권을 보장받지 못하는 아동이다.

"중학생인 여러분이 만일 가출하면 숙박비가 저렴한 고시원에라도 들어갈 수 있을까요?"

"갈 수 있지 않아요?"

"갈 수 있다고 생각하는 사람 손 들어볼까요?"

거의 대부분이 '갈 수 있다'에 손을 든다. 하지만 미성년자는 부동산 임대차계약서를 쓸 수 없기 때문에 고시원에 갈 수 없다. 그러면 어떻게 해야 할지 묻는 질문에 학생들은 바로 "친구 집에 가요."라고 한다.

"그렇죠. 친구 집에 갈 수 있겠죠? 지금 여러분이 가출했다 생각하고 나를 받아줄 것 같은 가장 친한 친구 한 명을 떠올려봐요. 그 친구 집에 가면 며칠 정도 지낼 수 있을까요?"

2~3일, 일주일, 답은 다양하다. 그 친구 집에서 눈치 보여서 나오면 어디 갈지 묻자 다른 친구 집이라는 답이 이어진다.

"이 친구 저 친구 집을 전전하면 얼마 정도 지낼 수 있을까요?"

"오래 버티긴 어렵겠죠."

"결국 노숙을 하게 되겠죠. 성을 구매하는 사람들은 나이 어린 여성을 선호해요. 그래서 인신매매범은 가출 여성 청소년들을 노리고 있어요. 오갈 곳 없고 처한 환경이 열악해서 너무 쉬운 대상이니까요. 인신매매범들을 딱 보면 인신매매범인 것을 알 수 있을까요?"

"알 수 없겠죠."

"가진 돈은 없고 다리 뻗고 잘 곳도 없고 먹을 것도 없어요. PC방에 가서 컵라면을 사서 먹어요. 밤 10시가 되면 미성년자는 나가야 하죠? 나가야 하는데 돈이 없어요. 지푸라기라도 잡는 심정으로 가장 많이 접근하는 것이 랜덤 채팅, '나 가출해서 PC방. 나가야 하는데 돈 없음. 누구 나한테 돈 좀 보내줄 사람' 하고 올려봐요. 인신매매범, 미성년자를 성착취하려는 성인 남성들이 그곳에서 기다리고 있어요. 가출한 남자 청소년, 여자 청소년이 동시에 올렸다면 누구에게 접근하겠어요?"

"여자 청소년…"

잠자리와 먹을 것이 없는 여자 청소년은 어차피 거리로 나가도 위험하니까 그 유혹을 뿌리칠 수 없다. 때로는 의지할 곳을 찾아 스스로 '가출팸'에 들어가기도 한다. 거기서 성폭력 피해를 입고 성매매로 내몰린다.

"이렇게 성매매에 유입되는 것이 자기 의지로 시작한 걸까요? 남자 청소년이 가출하면 어떻게 될까? 일할 곳도, 돈도, 잘 곳도 없기는 마찬가지예요. 가출팸의 일원이 되어 돈벌이 범죄로 내몰리거나 가출한 여자 청소년을 성매매시키는 일명 '또래 포주'가 되기도 해요. 있어서도 안 되고 있을 수도 없는 일이지만 예를 들어볼게요. 각각 가출한 남녀 청소년이 있다고 해봐요. 먹고 잘 곳이 없어서 제 발로 성매매 업소에 가서 '저 가출해서 돈이 필요하니 성매매라도 할래요'라고 한다면 남녀 청소년 중 누구를 선택할까요?"

"여자만 뽑히겠죠."

"맞아요. 남녀 똑같이 가출해도 가는 길이 달라요. 그럼 가출 남자 청소년은 가출 여자 청소년을 보며 그 좋다는 성관계 실컷 하며 돈 번다고 부러워할까요?"

그건 아니라며 학생들이 미간을 찌푸렸다. 학생들뿐만이 아니라 성인들조차 성매매된 여성들은 성관계하면서 돈까지 쉽게 번다고 생각하는 경우가 있어서 그 인식을 먼저 깨야 한다. 성매매 산업 자체가 사회·경제적으로 취약한 여성만이 유입되는 성별적 특성을 갖고 있다.

"성매매에 대한 네 가지 발문을 준비했으니 한 사람씩 앞으로 나와서 쪽지를 뽑아가세요. 그리고 쪽지에 자신의 생각을 정리해보세요. 정답은 없어요. 부담 없이 적으면 됩니다."

"성매매된 여성, 이거 오타 아니에요?"

"오타 아니에요. '성매매된 여성'이라는 좀 낯선 말이 적힌 쪽지를 받은 사람 있지요? '성매매된 여성'이란 아까 설명한 것처럼 어쩔 수 없이 성매매에 유입되었다는 의미로 사용해요."

쪽지 쓰기가 끝나면 패들렛에 옮겨 적고 댓글 쓰기와 '좋아요'를 표시할 수 있도록 권한을 열어준다.

네 가지 질문은 '성을 왜 구매할까' '성을 구매하기 전에 무엇을 준비할까' '성매매는 성매매된 여성에게 어떤 영향을 미칠까' '성매매는 성구매자에게 어떤 영향을 미칠까'로 준비했다.

디지털 기기를 사용하지 않는다면 '11강 성관계' 수업 중 '성관계에 관한 네 가지 쪽지 쓰기' 활동(218쪽 참고)처럼 같은 질문을 가진 학생들끼리 모여서 A3 색상지에 붙인다. 그다음 모둠별로 돌아가며 친구들의 글에 댓글을 작성하는 무인 월드 카페 활동을 하면 된다.

'성을 왜 구매할까'라는 질문에 학생들은 여러 답을 했는데, 그중 '본능에 빠져서' '성을 못 푼 사람'이라는 응답은 '성적 욕구 해소'의 목적이고, '모솔이라서'는 '성관계 경험을 갖고 싶다'라는 이유가 된다. '같이 할 사람이 없어서'는 여성을 성적 욕망의 대상으로만 보는 인식이 담겨 있다. 학생들의 응답 속에는 관계, 안전은 없고, 오로지 여성을 성적 대상으로만 보는 시선이 담겨 있어서 이 응답만으로도 한 시간은 이야기할 수 있다.

"2019년 성매매 실태조사에서 '최초 성구매 동기'에 대한 조사가 있었어요. 어떤 이유가 가장 많을 것 같아요? 여러분이 쓴 거에는 없어요."

"'성욕을 풀려고' 아니에요?"

"아니에요. 성욕 해소는 4위예요. 1위, 2위, 3위가 있어요."

성매매와 성상품화

"호기심?"

"맞아요! '호기심'이 1위, '군입대 등 특별한 일 전에'가 2위, '술자리 후 함께'가 3위, 그 뒤로 '성적 욕구 해소' '스트레스 해소' '업소 여성의 유혹' '접대 관행' '해외여행·출장 중 기회로' 등의 이유가 있어요. 혼자 가는 사람은 없대요. 그리고 꼭 술을 마시고 간대요. 이건 탈 성매매한 여성이 쓴 책에도 나오는 내용이에요. 왜 그럴까요?"

"부끄럽잖아요."

남학생의 대답이다.

"여성의 성이 남성의 호기심의 대상인 거예요. 돈을 냈는데 호기심에서 보기만 할까요? 결국 남성의 호기심과 성적 욕망을 위한 인간 도구가 되는 거예요. 남자 성 고민 자랑 수업할 때 내 몸의 주인이 되어 주체적인 성욕 관리 방법에 대해 이야기했어요. 기억하나요? 나에게도 남에게도 해가 되지 않는 방법으로, 더 나아가서 미래에 정말 사랑하는 사람을 만나서 성관계를 하게 될 때 나와 성배우자에게 도움이 되는 방법 기억하나요?"

"예!"

"내 몸의 주인이 되는 자위 방법에 성구매는 없어요. 지난 시간에 살아 있는 사람의 장기를 돈 주고 사는 장기 매매, 여성의 자궁을 돈 주고 빌리는 대리모 이야기를 했죠? 돈이 없고, 돈을 벌 능력도 안 되는 사람들이 최후에 선택하는 거라고 했어요. 성구매는 여성의 몸을 돈 주고 사용하는 거예요. 여성의 성적자기결정권, 인권, 성을 착취할 권리를 돈 주고 사는 행위예요. 능력도 안 되는 업체가 사업을 따내려고 술 접대를 하고 그 끝에 성 접대를 해요. 접대란 대가를 바라고 선물을 주는 건데 여성의 성이 선물인거죠. 성 접대가 처음에는 달콤할 수 있으나 성 접대를 받은 사람들은 불법 성매매를 한 거라서 결국은 그게 약점이 돼요. 그 약점 때문에 어쩔 수 없이 계속 특혜를 주다가 평생 쌓아온 공든 탑이 와르르 무너지는 날을 맞이하게 될 거예요. 정 정당당하게 자신의 능력으로 사업을 따낸 업체들은 더욱 발전하고 그런 업체를 선택한 회사는 더욱 발전하겠죠? 여러분은 어떤 회사의 직원이고, 대표이고 싶나요? 해외여행·출장 중에 성매매를 한 경우에도 국내법이 적용되어 처벌받아요."

7교시 수업 시간에 교사가 이렇게 긴 설명을 하는데도 자는 학생 한 명도 없이 말없이 반짝이던 눈동자들을 잊을 수가 없다. 최초 성구매 동기 통계 그래프를 보여주고 '성을 구매할 마땅한 이유는 한 가지도 없음'을 이야기하고 다음으로 넘어간다.

**성을 왜 구매할까**

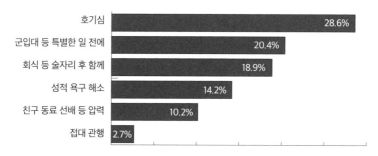

이외에 스트레스 해소(2.2%), 업소 여성의 유혹(2.1%), 해외여행·출장 중 기회로(0.6%) 등이 있었다.
출처: 한국형사정책연구원·여성가족부, 〈성매매 실태조사〉, 2019.

'성을 구매하기 전에 무엇을 준비할까'라는 질문에도 학생들은 여러 답을 했는데, 안전한 피임도구, 같이 갈 사람, 돈이 주된 답이었다. 가르치지 않고 발문했는데 '같이 갈 사람'을 쓴다는 것이 놀라웠다.

"성매매 업소는 성교하러 가는 거죠? '성관계 전에 준비할 것'에 대해 나누었던 이야기들을 다시 한번 떠올려볼게요. 사랑, 동의, 존중, 피임, 책임, 두 사람만의 안전한 장소, 좋은 분위기, 깨끗이 씻기 등이 필요하다고 했어요. 성구매자가 이런 것들을 준비할까요?"

학생들은 숨소리도 안 내며 조용히 듣다가 자기도 모르게 고개를 가로저었다.

"성매매 현장에서 살아남은 탈성매매 여성들이 쓴 책들이 있어요. 성관계 전에 준비할 것들은 성매매 현장에는 없다고 해요. 성을 구매하는 이유에 따라 성매매 전에 준비할 것이 달라질 것 같아요. 무엇이 있을까요?"

"돈만 있으면 되는 거 아니에요?"

"여러분이 쓴 것처럼 일단 '꽤 많은 돈'이 필요하겠죠? 놀이 도구로써 여성의 성을 돈 주고 샀으니 그 순간만큼은 경제·사회적으로 취약한 여성의 인권을 침해할 의지가 있어야겠지요. 성 욕구와 스트레스를 해소하려고 갔다면 맘에 들 때까지 서비스를 받겠다는 생각, 성매개감염병에 대한 무지, 그러면서도 불법 행위를 혼자 하기에는 한 점 부끄러움이 있으니 함께할 동료나 친구가 필요하고, 맨정신으로는 가기 어려워서 술의 힘을 빌린다고 해요.* 불법 성매매로 걸릴 때를 대

* 신동원, 〈성구매 행위와 남성 성문화〉, 숙명여자대학교 대학원 석사학위 논문, 2005.

비한 각오도 해야겠네요."

"성매매된 여성들은 성매개감염병에 걸릴 염려가 있으니 정기적으로 검사하라고 해야 하는 거 아니에요?" "야! 성매매 자체가 불법인데 성매매를 하지 말라고 해야지! 성매개감염병 검사를 해주냐?" "불법인데 어떻게 검사를 하나!"

어른보다도 깊은 생각을 하는 중학생들의 응답에 깜짝깜짝 놀랄 때가 있다.

"특정 업소에 대해서는 3개월 또는 6개월마다 검사하도록 되어 있고 벌금도 정해져 있지만 성매매 자체가 불법인데 성매매된 여성이 보건소에 가서 '성매개감염병 검사하러 왔어요' 하며 불법 행위했다고 자수할까요? 여러분도 피검사하려고 바늘 찔리면 아프죠? 3개월마다 피뽑기 위해 바늘에 찔리고, 질 분비물 검사도 해야 하니 얼마나 싫겠어요. 일부러 검사를 피해 다니느라 업소를 옮긴다는 여성도 있다고 해요."

'성매매는 성매매된 여성에게 어떤 영향을 미칠까'에 대한 학생 응답은 다음과 같았다. '정신적으로 심각한 문제를 일으킬 것 같다' '빠져나올 수 없는 굴레에 갇힌다' '인권침해'.

"성매매 유입되는 과정을 이야기했지요? 생계가 막막해 살고자 시작했는데 때로는 목숨을 걸어야 해요. 성구매자를 선택할 수 있을까요? 물건을 구매하려는 사람이 물건을 선택할 수는 있지만 팔리는 물건이 구매할 사람을 선택할 수는 없지요? 성매매 현장도 마찬가지예요. 성구매자의 살인, 강간 같은 성범죄 경력이나 강력 범죄 경력을 조회하고 선택할 수는 없어요. 탈성매매 여성의 증언에 의하면 성매매 업소 방에 앉아 있는데 방 밖에서…"

여기까지 말하고 교탁을 조금 크게 '똑똑' 두드리고 1~2초 기다린다. 그렇지 않아도 심각한 이야기를 하고 있어서 학생들이 숨죽이며 듣고 있는데 순간 교실이 고요해진다.

"'똑똑' 노크 소리가 나면 머리가 쭈뼛 선다고 해요. 그러고 나서 성매매 현장의 방 문이…"

또 한 번 말을 멈추고 교실 문 쪽으로 천천히 걸어가서 교실 문을 열었다 닫는 행동을 한다.

"'스르륵, 쿵' 닫힘과 동시에 단 둘이 남아 있는 공간, 로맨틱할까요? 사랑하는 사람과 성관계하는 설렘이 있을까요?"

교실 안은 그대로 조용. 아무 말이 없다.

"모든 종류의 폭력에 무방비로 노출되는 거예요. 성매매는 두 사람의 비밀 공간에서 거래되지만 안전하지는 않아요. 구매자는 마지막 남은 부끄러움을 가리기 위해 맨정신으로 가지 않는다고 했지요? 술 마시고 간다고 했지요? 구매자가 요구하는 성행위에 따르지 않으면 주취 폭력이 가해져요. 약속한 돈을 주지 않거나 거꾸로 돈을 빼앗아가기도 해요. 음란물에서 보았던 가학적인 성교 자체가 목적인 사람도 있어요. 구매자는 성감을 이유로 콘돔을 준비하지도 않고, 여성이 콘돔 사용을 요청해도 거부해요. 100퍼센트 안전한 피임법은 없다고 했지요? 임신과 인공임신중절에 대비해야 해요. 여러 업소를 다니는 구매자도 있으니 여러 종류의 성매개감염병에 동시에 걸릴 수도 있어요."

"돈이 없어 시작했는데 돈이라도 많이 벌까요? 아무것도 가진 것이 없지요? 업주가 처음에는 내 집처럼 편히 있으라고 하면서 먹고 자는 모든 것을 다 지원해줘요. 그런데 나중에 보면 여성이 먹고 자는데 사용한 모든 물품이 외상이었어요. 그것도 업주 마음대로 정한 가격으로. 그래서 모든 것을 빚으로 시작해요. 성매매 업소의 방 대여비도 빚이에요. 노숙하던 옷차림, 헤어스타일로는 구매자에게 선택될 수 없겠죠? 구매자에게 선택되기 위해 몸단장도 해야 해요. 화장품, 옷, 헤어스타일, 성형수술 등의 꾸밈 비용, 살찌면 안 되니까 다이어트 약을 상시로 먹다가 마약에 손을 대서 마약 중독자도 많아요. 비누, 티슈 같은 일상생활을 위한 물품 비용도 모두 빚, 인공임신중절수술, 성매개감염병, 매일 이어지는 과음으로 달고 사는 위장병, 가학적이고 안전하지 못한 성교로 인한 상처 치료를 위한 의료비도 빚이에요. 월경기간, 인공임신중절수술 후, 몸이 아플 때 영업을 못 하니 벌금도 추가요. 성매매되는 여성들이 견디다 못해 도망을 가니까 동료끼리 연대보증제도를 운영해요. 누군가 도망치면 보증 선 여성에게 빚을 추가해요. 돈 없고 오갈 곳 없어서 '어차피 이렇게 된 거, 눈 딱 감고 이 악물고 바짝 돈 벌어서 얼른 그만해야지'라고 생각하며 시작한 생활이었는데, 온갖 폭력과 상처, 정신질환과 빚더미 위에서 먹고 자는 것만 해결하고 사는 경우가 대부분이에요. 여러분이 쓴 것처럼 '빠져나올 수 없는 굴레'에 빠지는 과정이에요. 그럼 돈은 누가 벌까요?"

학생들은 상상도 못 해본 이야기를 들으며 놀라움을 금치 못해 가만히 귀를 기울이고 있었다.

성매매와 성상품화

"여성의 성을 판 업주, 인신매매범, 성매매된 여성에게 돈을 빌려준 사채업자 등 성매매된 여성을 둘러싼 모든 사람들이 돈을 벌어요. 누가 가장 많이 버는지는 모르지만 성매매된 여성에게는 빚만 남는 건 확실해요. 여러분이 만일 용돈이 필요해서 알바를 했는데 악덕 고용주가 일이 끝나도 알바비를 안 준다면 노동착취죠? 성을 파는 물건이 되어 일을 했는데 돈은 못 벌고 빚만 지면 여기 여러분이 쓴 것처럼 성착취, 인권침해 당하는 거예요. 여러분이 지난 시간에 적어낸 '인권침해되었을 때 느끼는 감정'을 다시 읽어볼게요."

학생들이 적어낸 '인권이 침해되었을 때 느끼는 감정'을 모두 읽었다.

"매일 하는 일이 성착취, 인권침해 당하는 일이니 이 감정들을 어쩌다 한두 번도 아니고 매일, 매 순간 느끼며 살겠죠? 매일 이런 감정으로 살면 어떻게 될까요? 여러분이 적어낸 것처럼 정신적으로 심각한 문제를 일으킨다고 해요.

사랑하는 사람과의 성관계가 아닌 누군가의 성욕 해소를 위해 도구가 된 사람의 정신세계는 어떨 것 같아요? 붐비는 지하철 안에서 누군가가 나의 머리카락을 슬쩍 쓰다듬는 생각만 해도 소름이 쫙 끼치지 않나요? 하루에도 여러 번 폭력적 성교를 하는 동안 정신세계를 몸에서 분리시키지 않으면 그 시간들을 견디기 힘들다고 해요. 그야말로 움직이는 시체가 되는 거죠. 요즘은 성매매에 마약과 디지털 성범죄까지 가세했어요. 성매매된 여성이 잠깐 자리를 비운 사이 술에 마약을 몰래 넣어요. 마약은 한 번이면 중독이 돼요. 마약에 취한 상태에서 불법촬영을 당하고 유포 협박도 당해요. 20대 남성이 여고생이 자신을 좋아하게 만들고 가출하도록 유인해서 동거하며 마약을 투약하고 불법적으로 다수의 남성들과 성매매를 시킨 사례도 있었어요. 그 여고생은 마약 후유증으로 뇌병변에 반신불수가 되었다고 해요. 성매매 현장은 온·오프라인 성범죄의 종합편이 되었어요."

어렵고 무거운 이야기가 길게 이어지지만 진지하게 집중하여 듣는 학생들의 모습이 보였다.

"성매매가 성매매된 여성에게 미치는 영향, 딱 알려드려요! 여러분이 쓴 것처럼 성적자기결정권과 생명 포기, 폭력과 인간 도구화 견디기, 사기와 금품 갈취 당하기, 임신과 인공임신중절수술, 질환에 익숙해지기, 정신과 몸의 분리, 빚더미에 앉기 등이에요.

그러면 성매매는 성구매자에게 어떤 영향을 미칠까요? 이번에도 여러분이 생각한 게 맞아요. 성관계의 수위가 점점 높아지고, 돈으로 뭐든 살 수 있다는 잘못된 생각이 자리할 거예요. 때로는 죄책감도 느낄 거예요."

삶의 주변에서 성매매된 여성을 만날 수도, 성을 구매했다는 남성을 쉽게 만날 수도 없으니 학생들은 계속해서 흥미롭게 듣는다.

"돈이 없어지니까 돈이 아깝다는 생각이 들 거예요. 상대 여성이 더럽다는 생각도 들면서 저런 업소 빨리 없어져야겠다고 생각하겠죠. 아까 성구매 이유 중에 '군입대 등 특별한 일 전에'가 있었어요. 군입대를 앞두고 '총각 딱지' 뗀다고 선배나 친구가 돈을 대주며 성구매자의 길로 이끌어주는 경우가 있어요. 첫 성경험을 사랑, 존중, 신뢰, 소통

같은 소중한 가치는 잠시 접어두고 누군가의 인권을 침해하는 행동으로 시작해야 할까요? 원치 않는 성관계를 견디느라 정신적으로 해리되어 있는 여성과 해야 할까요? 성관계도 언제, 어디서, 누구와, 어떤 분위기에서 무슨 감정으로 나눌지 계획이 있어야 한다고 했어요. '그래! 난 결심했어! 나의 첫 성관계는 성매매된 여성과 하겠어'라고 계획 세우는 사람 있을까요?

성관계 계획도 성적자기결정권이에요. 누군가가 돈을 내준다고 나의 권리를 넘겨도 될까요? 결국 성매매는 구매자와 성매매된 여성 양쪽 모두의 성적자기결정권, 인권을 침해하는 거예요. 평생 한 번뿐인 설레는 첫 성경험의 추억은 진심으로 사랑하는 사람과 함께 하면 좋겠어요."

'총각 딱지 뗀다'는 것 자체가 꼭 성매매된 여성을 이용하지 않더라도 남성의 성적 욕망을 위해 여성을 도구화시키는 언어다. '처녀 딱지 뗀다'는 말은 없지 않은가? 성평등하게 '총각 딱지' '처녀 딱지' 떼기를 할 것인가? 성관계는 사랑하는 두 사람이 평등하게 존중하며 몸과 마음으로 나누는 즐거운 대화여야 한다.

"음란물 속의 폭력적인 성행위를 실제로 해보고 싶어하는 사람이 있어요. 애인이나 아내는 안 하려고 하겠죠. 음란물이 마음에 안 들면 다른 것을 보면 되고 성매매 업소도 맘에 안 들면 다른 업소에 가면 돼요. 점점 폭력적 성행위 수위가 높아져요. 음란물과 성매매 업소를 왕복하는 남성은 현실의 여성과 사랑의 감정을 나누기 위해 시간과 노력을 기울일 필요가 없어져요. 소통을 통한 이해, 공감, 친밀감을 형성할 기회를 박탈당하는 거예요. 결국 돈을 들여 성교하는 허망한 성생활을 하게 되는 거예요."

## 4. 성상품화의 개념과 각종 성범죄와의 연결 구조

"성매매는 타인의 인권을 침해하는 행위이고 불법인데 왜 사라지지 않는 걸까요?"

나의 발문에 학생들은 머뭇거렸다. 하지만 집중도가 높았기 때문에 나는 다음의 이야기를 쭉 강의할 수 있었다. 우선 남성의 성욕을 드러내는 것을 허용하는 사회적 분위기가 뿌리 깊고, 여성을 이용해서 해소해야 한다는 인식도 영향을 끼친다. 또 학생들은 어려서부터 성을 이용한 광고, 웹툰, 영상에 노출되어 성상품화에 익숙해져 있다. 연예인의 상품화된 성을 외모나 행동 표준으로 삼아 따라하기도 한다. '공항 패션'이라고 이미지 검색을 해보자. 성상품화된 미디어에서 보던 모습과는 다른 모습을 볼 수 있다. 명품 의상과 가방, 구두, 액세서리 등 자신이 광고해야 하는 브랜드를 머리 끝부터 발끝까지 치장하고 있다. 결국 미디어는 팔아야 하는 것을 최대한 눈길을 끌 수 있는 방법으로 노출시킨다. 그 중 가장 쉽고 효과적인 것이 성을 이용하는 것이다. 생활 밀착형 성상품화에 노출되어 어려서부터 올바르지 못한 성의식을 자연스럽게 내면화한다. 타인의 성을 품평하고 즐기는 것을 일종의 놀이처럼 여기는 것에서 더 나아가 음란물에 접속하기도 하고 불법촬영 성착취물의 소비자나 생산자가 되기도 한다.

성상품을 이용할 때 소비자 대부분은 직접 돈을 지불하지 않지만 서비스를 제공하는 사람들은 성을 이용해서 제품의 판매를 촉진하고 불법촬영 성착취물을 제작·유포·배포·송출하여 돈을 번다. 요즘은 성상품화의 대상이 일부 남성에게도 옮겨갔지만 여전히 많은 부분에서 여성을 성적 상품으로 이용하고 있다.

구글이나 빙 검색창에 '길거리'라고 입력하고 이미지 검색을 해보자. 여자들만 주르륵 나오는 것을 볼 수 있다. 길거리에서 무차별 촬영한 후 성적 상품이 될 부분만 편집해서 유튜브에 올라가 있기도 한다. 이 상황을 어떻게 해석해야 할까. 촬영과 배포, 유포에 동의한 여성들도 있겠지만 대부분은 불법촬영한 것으로 보인다. 어느 날 갑자기 자기도 모르는 사이에 자신의 사진이 온라인에 성적 대상으로 유통되고 댓글로 성적 품평되고 있을 수도 있다. 연인, 가족, 배우자가 그 대상이 될 수도 있다. 성상품화에 길들여진 사람들은 여성을 존엄한 인간으로 생각하기보다는 가슴, 허벅지, 입술, 성기 등을 따로 떼어서 성적 놀이 도구로 인식한다.

성상품화에 길들여지고 돈을 직접 지불하면서 적극적으로 성상품을 찾는 성구매까지 가게 되었을 때 성착취라는 생각을 못 하고 부끄러움 정도만 느끼는 것이다. 미디어에서 쏟아지는 상품화된 성을 피하기는 어렵지만 비판적으로 보고 주체적으로 판단할 수 있어야 한다. 성을 상품화해서 돈벌이에 이용하는 사람들에게 끌려다니지 말아야 한다.

# 5. 성매매 유입 경로와 피해 시 대처 방안

성매매에는 온·오프라인을 가리지 않고 청소년이 있는 모든 곳이 유입 경로이다. 모니터 너머 상대를 확인할 길이 없는 모든 온라인 경로 먼저 살펴보자. 처음부터 드러내놓고 성매매하라고 절대 하지 않는다. 손이 예쁘다며 부분 모델 알바 한번 해보라고 제안하며 면접을 보러 오라고 한다. 면접 보러갔다가 감금되어 성폭행과 성매매로 이어지기도 한다. 또 여자 스타킹이나 속옷 모으는 게 취미라며 팔라고 한다. 사진 찍히는 것도 아니고 돈도 벌 수 있으니 '이 정도쯤이야' 하며 보내는 여자 청소년이 제법 많다. 택배 보낼 때 모든 정보가 노출된다.

개인 방송 시대이다. 요즘은 여자 BJ 모집도 경로 중 하나로 추가되었다. '벗방 아님' '얼굴 노출 안 됨'. 광고를 보고 조심스레 연락하면 주식 관련 초보자 역할이라 전문 지식 없어도 되고 재미있는 분위기 조성만 해주면 된다고 한다. 함께할 여자 BJ 소개하면 소개비도 준다고 한다. 전형적인 성착취 광고인데 학생들은 쉽게 넘어간다. 게다가 여자 친구를 소개하면 성매매 알선자가 되는 거다. 피해자들이 어렵게 신고를 하고 사례들이 자꾸 알려지니 성범죄는 또 진화한다. 비싸고 좋은 물건들은 넘쳐나고 갖고 싶은 것도, 먹고 싶은 것도 많은데 청소년은 돈은 없으니 가출 안 해도 유혹에 넘어가기 쉽다. 세상에는 공짜도, 고액 '꿀 알바'도 없다.

유사 성매매로 시작하는 성매매의 덫, 한번 발 디디면 빠져나올 수 없는 개미지옥이다. 성인도 유혹에 넘어가는 세상이다. 혹시라도 유혹에 넘어가서 유사 성매매를 한 번이라도 하고 나면 협박까지 한다. '너 성매매한 거 친구들에게, 가족에게, 학교에 다 알릴거야. 몇 월 며칠까지만 내 요구를 들어주면 그다음에는 다 삭제해줄게'라고 한다. 그 말을 믿고 시키는 대로 하고 나면 당연히 약속한 날짜가 지나도 계속, 더 심하게 시킨다. 덫에 걸린 거다. 처음 협박받을 때, 주변에 알리겠다고 협박받을 때가 신고할 골든타임이다. 신고할 타이밍을 인신매매범, 성착취범이 알려주는 것이라고 생각하자.

성범죄자와 성착취범이 가장 무서워하는 사람은 악쓰고 대드는 사람, 공부 잘하는 사람, 무술 유단자가 아니다. 답은 신고하는 사람이다. 신고하면 피해를 최소로 막을 수 있다. 112로 바로 신고하자. 2020년 청소년성보호법(아동·청소년의 성보호에 관한 법률) 개정에 따라 성매매 피해 아동·청소년은 처벌받지 않고 '피해자'로 지원받을 수 있다. 가족에게 알리고 싶지 않으면 알리지 않을 수도 있다. 불법 촬영 피해를 당했다면 삭제 지원도 해준다.

이 내용을 쭉 이야기하고 나니 학생들의 표정이 어두웠다. 생각한 것보다 특별한 누군가에게 벌어지는 일이 아닌 것 같다는 생각 때문인 듯했다.

"112 신고가 망설여지면 믿을 만한 어른을 찾아가야 해요. 친구에게 도움을 청해서 친구를 데리고 갔다가 둘 다 어려움에 빠질 수 있어요. 그러면 안 되는데, 믿고 고민을 털어놓은 친구가 소문을 내기도 해요. 이중, 삼중 피해가 커지는 거죠. 그러니 어른을 찾아가야 해요. 찾아갈 어른이 없으면 저에게 오세요. 신고하고 도움받을 수 있는 곳을 함께 찾아줄게요. 첫번째 협박당할 때 망설이다가 피해가 더 커질 수도 있어요. 신고하고 도움 요청할 골든타임을 놓쳤다고 포기하지 마세요. 도움이 필요하다고 생각되는 모든 순간이 골든타임이에요. 잊지 마세요. 어른도 사기당하고 보이스피싱 당해요. 그럴 때 피해자를 비난하지 않잖아요. 20년 전에 선생님이 퇴근 준비를 하고 있을 때 보건실 문을 살그머니 열고 들어와 조심스레 성폭행 피해를 말하고 도움을 요청한 학생이 있었어요. 선생님은 그날이 지금도 생생해요. 그 학생은 잘 성장해서 지금은 회사 다니고 잘 어울리는 사람 만나서 결혼도 했어요.

지금까지 여러분의 삶에는 태풍, 천둥, 벼락, 번개가 있었나요? 몇개나 있었나요? 가만히 생각해보세요. 앞으로도 예상치 못한 비바람, 대홍수가 있을 수도 있어요. 어려움을 이겨내는 것이 습관이 되면 이겨내는 근육이 생겨요. 꽃길만 걷는 인생은 없어요. 꽃은 누가 씨를 뿌려주는 것이 아니라 자기가 만드는 거예요."

제법 긴 설명임에도 학생들의 표정이 제법 진지하고 결연하다. 성교육을 하는 교사도 성매매와 성착취 과정이나 구조에 대해 잘 모른다. 과거에 나 역시 그랬다. 이 책 433쪽에 참고할 수 있는 책과 자료를 언급해두었으니 살펴보고, 최근 사례들을 꾸준히 찾아가며 학생들에게 현실적인 교육을 하고자 노력하자.

성매매와 성상품화

# 6. 반성매매 옹호 활동하기

"돈으로 사람의 장기를 사거나 빌리면 안 되는 것처럼 사회·경제적으로 취약한 여성의 인권을 침해하고 성착취하는 성구매도 안 되는 거예요. 작정하고 성을 팔려고 하는 사람은 없어요. 인신매매의 덫에 걸린 거예요. 수요가 없으면 덫은 자연히 사라져요. 그래도 희망은 있어요. 2013년 성매매 실태조사에서 20세 이상 60세 이하 성인 남성 응답자 중의 56.7퍼센트가 평생 동안 한 번 이상 성구매를 한 경험이 있었고[*], 2019년 조사결과에서는 42퍼센트로 6년 동안 13.3퍼센트가 감소했어요. 속도는 느리지만 분명히 변화의 바람이 있어요. 지금 성인 중 반 정도는 성구매를 해서 되찾을 수 없는 도덕적 결핍이 있어요. 나머지 반은 사랑하는 사람과 평등하게 존중하며 몸과 마음으로 소통하며 성적 즐거움을 하나하나 찾아가는 어른들이에요. 어떤 사람이 되고 싶은가요? 저는 여러분은 도덕적 자부심을 갖고 살기를 바라요."

우리나라에서 성매매는 불법이다. 즉 불법을 저지르는 사람의 수를 줄이기 위해서는 '성구매예방교육'이 우선되어야 하고 성매매로 유입되는 취약한 여성들에 대해서는 현실적인 대책 마련이 시급하다. 성매매예방교육 후 학생들 마음에 '성은 사지도 팔지도 말자'는 메시지가 각인될 수 있는 교육이어야 한다.

---

[*] 여성가족부·한국형사정책연구원, 〈2013 성매매 실태조사〉, 2014.

# 학습자가 정의하는 '성'이란

"성이 뭐예요?"

성교육 첫 시간, 학생들이 한 질문이었다. '성'의 개념을 사전적 정의, 교과서적 정의 이외에 성교육을 받은 또래들의 말로 가르쳐주고 싶었다. 그래서 마지막 시간에 학생들에게 발문했다.

"지난 한 학기 동안 여러분과 성에 대한 이야기를 나누었어요. 이제 여러분은 성교육을 받은 사람들이에요. 누군가가 여러분에게 '그래서 성이란 무엇이라고 생각하나요'라고 질문한다면 뭐라고 답하겠어요?"

"너무 어려워요."

어려운 게 당연하다. 하지만 나의 발문을 듣고 딱 떠오르는 것이 분명히 있었을 거다. 그게 그 학생의 '성'의 정의다.

"무엇이 떠오르나요? 그것을 써서 구글 설문폼 링크를 드릴 테니 거기에 접속해서 익명으로 작성 후 제출해주세요."

아주 오래전에는 성교육 첫 시간에 '성 질문'을 받는 대신, '성, 하면 떠오르는 것'을 쓰도록 한 적이 있었다. 그때 나왔던 응답에는 '음란물 속 신음 소리, 성적 비속어, SEX, 캐슬(castle), 애무' 등이 있었다. 첫 시간부터 학생들은 당황하는 내 모습을 보며 킥킥대며 웃었고, 나는 부적절한 내용들을 바로잡는 것으로 수업을 시작했다. 부정적 분위기의 시작이었다. 그래서 '학습자가 정의하는 성'을 익명 응답으로 받는다는 것은 큰 모험이었다. 공들여 가르쳤는데도 저런 응답이 나오면 허탈감이 들 것 같았다.

교실에서 실시간으로 올라오는 결과물을 읽어주며 수업 첫 시간의 질문에 그제야 답을 했다. 학생들이 정의하는 성은 다음과 같았다. 물론 '남자' '여자' '성별'을 적어낸 학생도 있었다. 그러나 예전 성교육 첫 시간에 나왔던 부적절한 응답은 전혀 없었다. 성을 대하는 태도가 진지해진 것만으로도 큰 성과였다.

- 성이란 남녀 간에 사랑을 서로에게 표현하는 것이라고 생각한다.
- 남성 여성 모두 평등하게 가지고 있는 것.
- 서로 간의 예의.
- 필수로 알고 있어야 하는 것. 왜냐하면 알고 있어야 남을 존중해줄 수 있으니까.
- 내가 생각하는 성은 가정이다. 왜냐하면 성이 있기 때문에 가정도 존재한다고 생각하기 때문이다.
- 성이란 존중받아 마땅하고 평등해야 하며 우리가 이해해야 하는 것이다.
- 성은 서로 간의 관심이라고 생각한다. 왜냐하면 성은 서로 좋아하는 마

음인 것 같다.

- 성이란 다른 존재와는 달리 인간에게는 특별한 의미와 선택의 갈림길에 놓이는 상황을 주게 하는 것 같다.
- 우리 생활에 빠질 수 없는 것. 왜냐하면 우리 생활에 근접해 있기 때문이다.
- 나다. 성은 내가 살아가면서 꼭 필요한 것이기 때문이다.
- 배려.
- 모든 사람이 가지고 있는 것이다.
- 모두에게 있는 중요한 것. 왜냐하면 성은 모두에게 있고, 그만큼 중요한 것이라고 생각하기 때문이다.
- 성이란 존중과 배려, 이해를 해주는 것이고 누구나 가지고 있는 것이다.
- 다름과 차이를 인정하는 것이다. 왜냐하면 남자와 여자가 다른 걸 인정하고 이해하는 과정에서 성이 필요하다고 느끼기 때문이다.
- 내 정체성이다.
- 인간의 최소의 권리이다. 왜냐하면 인간이 태어나면서 자동으로 가지고 태어나는 것이기 때문에 이에 따른 차이로 평등하게 대우해주는 것 또한 일종의 권리라고 생각한다.
- 우리가 살아가면서 공부 외에도 꼭 필요한 지식 중 하나라고 생각한다. 성을 제대로 알고 있어야 올바른 성행동을 할 수 있고, 성과 관련된 잘못된 일이 일어났을 때 바로잡을 수 있는 능력이 필요하기 때문이다.
- 모두가 지켜줘야 하는 것.
- 성이란 살면서 필요한 것이다.
- 성이란 소중한 것이다. 성을 보호하고 존중해야 한다고 배웠기 때문.
- 차별하면 안 되는 것이다. 차별을 하면 자신도 존중받을 자격이 없기 때문이다.

학기 초에 비해 훌쩍 성장한 학생들의 생각을 읽으면서 울컥 올라오는 감동을 진정해야 했다. 여러 달 고심해서 만들었으나 기대했던 결과가 나오지 않아 통째로 폐기했던 수업도 꽤 여러 개였는데, 나의 노력에 보상을 받는 느낌이었다. 내가 이끄는 대로 잘 따라와준 학생들에게 감사한다.

교직 생활 동안 학생들과 함께 만들어온 성교육의 기록이 성교육 현장에서 고군분투하시는 선생님께 작은 길잡이가 되기 바란다. 또 여태 알던 아이가 아닌, 사춘기를 맞아 낯선 모습으로 변해 혼란스러운 양육자께도 청소년 성교육에 대한 나의 관점과 교실에서 펼쳐진 학생들의 솔직한 생각이 자녀를 이해하는 데 도움이 될 수 있기를 기대한다.

# 부록: 수업 자료

---

다음에 소개한 내용은 수업에 활용하는 설문지, 활동지, 교구 등의 예시로,
적절히 참고하여 상황에 맞게 쓰면 된다.

# [3강] 월경 이해

## 월경 고민 자랑 활동지

| 월경 고민 자랑 | 활동 날짜 | |
|---|---|---|
| | 학번 | 이름 |

여학생: 안녕하세요, 저는 월경 고민이 있는 여학생입니다. 제발 좋은 해결책 좀 부탁드려요.

남학생: 안녕하세요, 저는 월경에 대해 이해하고 싶은 남학생입니다. 궁금한 것이 있는데요.

# [ 4강 ] 월경용품 이해와 성평등 언어 사용

## 월경용품 살펴보기

학번                                   이름

## 1. 체크리스트

| | 항목 | 결과 |
|---|---|---|
| 1 | 1회용 월경대 사용 기한 | 년    월    일 |
| 2 | 1회용 월경대 물 부어보기 | ☐ 했음  ☐ 못 했음 |
| 3 | 1회용 월경대 흡수체 확인 | ☐ 했음  ☐ 못 했음 |
| 4 | 탐폰의 사용 기한 | 년    월    일 |
| 5 | 탐폰 물에 담가보기 | ☐ 했음  ☐ 못 했음 |
| 6 | 탐폰 삽입 연습(어플리케이터 제거까지) | ☐ 했음  ☐ 못 했음 |
| 7 | 월경컵 접기 | ☐ 했음  ☐ 못 했음 |

## 2. 1회용 월경대의 안전성

• 오늘 살펴본 1회용 월경대는 어느 정도라고 생각하나요?

☐ 매우 안전   ☐ 보통   ☐ 안전하지 않음   ☐ 모르겠음

• 안전성 판단 이유를 자유롭게 쓰세요.

### 3. 탐폰의 안전성

- 오늘 살펴본 탐폰의 안전성은 어느 정도라고 생각하나요?

□ 매우 안전    □ 보통    □ 안전하지 않음    □ 모르겠음

- 안전성 판단 이유를 자유롭게 쓰세요.

### 4. 월경용품 수업 중 가장 기억에 남는 것은? 그 이유는?

# [7강] 임신과 육아 체험

## 임신 체험 활동지

학번                              이름

**1. 임산부로 어떠한 배려를 받았습니까?**

① 자리 양보

② 가방 들어주기

③ 짐 들어주기

④ 줄서기 양보

⑤ 기타 :

**2. 우리 사회에서 또는 친구들이 임산부를 배려하지 못한 이유는 무엇이라고 생각하십니까?**

① 힘들고 피곤해서

② 방법을 몰라서

③ 임산부인 줄 몰라서(나중에 알아서)

④ 배려의 필요성을 못 느껴서

⑤ 기타:

3. 우리 사회에서 임산부 배려를 위한 제도 개선에는 무엇이 필요하다고 생각
하십니까?

4. 앞으로 후배에게도 임산부 체험이 계속 필요하다고 생각하십니까?

5. 임산부 체험을 통해 느낀 점, 질문, 건의사항 등을 자유롭게 쓰세요.

# 육아 체험 활동지

| 미션 | 어느 역할?(O표) | 수행한 시간 |
|------|------|------|
| 1. 우유 먹이기 | 엄마 / 아빠 | 시    분 |
| 2. 우유 먹인 후 트림시키기 | 엄마 / 아빠 | 시    분 |
| 3. 기저귀 갈아주기 | 엄마 / 아빠 | 시    분 |
| 4. 놀아주기 | 엄마 / 아빠 | 시    분 |
| 5. 재우기 | 엄마 / 아빠 | 시    분 |
| 6. 옷 갈아입히기 | 엄마 / 아빠 | 시    분 |
| 7. 목욕시키기 | 엄마 / 아빠 | 시    분 |
| 8. 병원 가기 | 엄마 / 아빠 | 시    분 |
| 기타 | 엄마 / 아빠 | 시    분 |

1. 우리 사회에서 육아하는 가정을 위한 제도 개선에는 무엇이 필요하다고 생각합니까?

2. 앞으로 후배에게도 육아 체험이 계속 필요하다고 생각하십니까?

3. 육아 체험을 통해 느낀 점, 질문, 건의 사항 등을 자유롭게 쓰세요.

# [13강] 피임

## 피임 짝 카드

게임 활동을 위한 교육 자료이므로, 참고하여 활용하면 된다. 그림과 이름이 함께 있는 것은 '용어 카드', 피임법에 관한 정보가 쓰인 것은 '설명 카드'이다. 괄호 표시한 부분은 빈칸 채우기 활동을 할 수 있다.

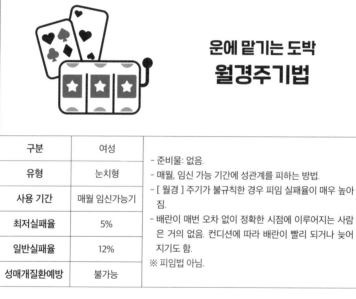

| 구분 | 여성 | - 준비물: 없음.<br>- 매월, 임신 가능 기간에 성관계를 피하는 방법.<br>- [ 월경 ] 주기가 불규칙한 경우 피임 실패율이 매우 높아짐.<br>- 배란이 매번 오차 없이 정확한 시점에 이루어지는 사람은 거의 없음. 컨디션에 따라 배란이 빨리 되거나 늦어지기도 함.<br>※ 피임법 아님. |
|---|---|---|
| 유형 | 눈치형 | |
| 사용 기간 | 매월 임신가능기 | |
| 최저실패율 | 5% | |
| 일반실패율 | 12% | |
| 성매개질환예방 | 불가능 | |

## 이중 위험
# 월경 중 성관계

| 구분 | 여성 |
|---|---|
| 유형 | 무지형 |
| 사용 기간 | 매월 월경 기간 |
| 최저실패율 | 통계 없음 |
| 일반실패율 | 통계 없음 |
| 성매개질환예방 | 불가능 |

- 준비물: 수건.
- 월경혈이 나팔관을 지나 골반 안으로 역류하는 경우 통증 발생.
- 질 내 나쁜 세균을 억제하는 정상 세균이 월경혈로 약해져서 질염이나 골반염에 걸릴 수 있음.
- 외성기 피부가 예민하고 약해져 있어 쓰라림 유발.
- 정자 생존 또는 여성의 조기 배란으로 피임 실패.
※ 피임법 아님.

## 엄빠가 되고 싶다면
# 질외사정법

| 구분 | 남성 |
|---|---|
| 유형 | 성교중단형 |
| 사용 기간 | 관계 중 |
| 최저실패율 | 4% |
| 일반실패율 | 20% |
| 성매개질환예방 | 불가능 |

- 준비물: 없음.
- 성관계 중 사정 직전에 음경을 질에서 빼내어 질 밖에 사정하는 방법.
- 사정 전에 나오는 쿠퍼액에도 정자가 있을 수 있고, 타이밍을 맞추기 힘들어서 피임 실패율 높음.
※ 피임법 아님.

# 콘돔은 필수

| 구분 | 남성 |
|---|---|
| 유형 | 차단형 |
| 사용 기간 | 일회용 |
| 최저실패율 | 2% |
| 일반실패율 | 13% |
| 성매개질환예방 | 가능 |

- 편의점, 약국.
- 남성의 발기된 음경에 착용.
- 정자가 여성의 생식기로 이동하는 것을 차단.
- 라텍스 알레르기 반응이 있다면 폴리우레탄 제품 사용.
- 실패율 높이는 법:
  ① 사용법 잘 모르기(예: 귀두만 덮기).
  ② 찢어지게 사용(예: 두겹 사용, 손톱에 찢김).
  ③ 사이즈 안 맞는 제품.

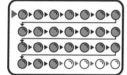

# 먹는 피임약
# (사전 피임약)

| 구분 | 여성 |
|---|---|
| 유형 | 호르몬 요법 |
| 사용 기간 | 매일 |
| 최저실패율 | 0.3% |
| 일반실패율 | 7% |
| 성매개질환예방 | 불가능 |

- 약국, 병원(처방).
- 월경주기 첫날부터 매일 같은 시간에 복용. 최초 복용
  시 최소 7일간 복용한 후 피임 효과.
- 21일형: 21일 복용, 7일 쉬고 8일째부터 다시 복용.
  / 28일형: 28일간 계속 복용.
- 35세 이상의 흡연자는 혈전의 위험, 금연 후 복용.
- 월경 관련 호르몬 교정: 여드름, 월경전증후군, 월경불
  순, 다낭성난소증후군, 월경통, 월경과다 등의 치료.
- 부작용: 출혈 변화, 두통, 어지러움, 감정 기복, 유방의
  예민함, 복통, 오심.

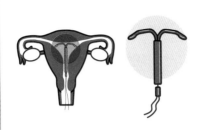

# 호르몬
# 자궁 내 장치

| 구분 | 여성 |
|---|---|
| 유형 | 자궁 내 장치 |
| 사용 기간 | 3~5년 |
| 최저실패율 | 0.2~0.8% |
| 일반실패율 | 0.2~0.8% |
| 성매개질환예방 | 불가능 |

- 병원 시술.
- 황체[ 호르몬 ]이 일정량씩 분비됨.
- 강력한 자궁내막 억제 작용으로 월경량 감소. 무월경 또는 월경통 감소도 있을 수 있음.
- 삽입 후 3~6개월 적응기간 동안 소량의 출혈이 계속될 수 있음.
- 자연적으로 빠지는 경우가 있음.
- 부작용: 불규칙한 월경주기, 편두통, 불안, 우울증, 체중 증가, 탈모, 여드름, 난소 낭종 등.

# 구리
# 자궁 내 장치

| 구분 | 여성 |
|---|---|
| 유형 | 자궁 내 장치 |
| 사용 기간 | 3~5년 |
| 최저실패율 | 0.6% |
| 일반실패율 | 0.8% |
| 성매개질환예방 | 불가능 |

- 병원 시술.
- 자궁내막에 작은 염증을 일으킴.
- 정자가 나팔관까지 도달 못함.
- 수정란의 착상 방해.
- 성관계 후 5일 이내 산부인과에서 자궁 내에 삽입하여 사후피임법으로도 이용.
- 삽입 시 출혈과 통증 발생.
- 자연적으로 빠질 수 있음.
- 부작용: 출혈 변화, 월경량, 월경통이 많아질 수 있음.

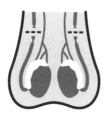

# 정관 수술

| 구분 | 남성 |
|---|---|
| 유형 | 영구 피임 |
| 사용 기간 | 영구 |
| 최저실패율 | 0.1% |
| 일반실패율 | 0.15% |
| 성매개질환예방 | 불가능 |

- 병원 수술.
- 영구 불임 수술이므로 신중하게 결정.
- 정자의 통로인 [ 정관 ]을 잘라 묶음.
- 성기능에 영향 없음.
- 최초 3개월은 다른 피임법 필요.

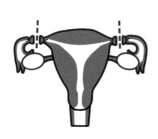

# 난관결찰술

| 구분 | 여성 |
|---|---|
| 유형 | 영구 피임 |
| 사용 기간 | 영구 |
| 최저실패율 | 0.5% |
| 일반실패율 | 0.5% |
| 성매개질환예방 | 불가능 |

- 병원 수술.
- 영구 불임 수술이므로 신중하게 결정.
- 월경과 성기능에 영향 없음.
- 수술 즉시 효과 발생.
- 정자와 난자가 수정을 하는 곳인 [ 난관 ]을 묶거나 잘라 냄.

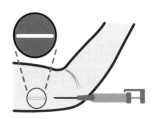

# 피하 이식 호르몬제
# (임플라논)

| 구분 | 여성 |
|---|---|
| 유형 | 호르몬 요법 |
| 사용 기간 | 3~5년 |
| 최저실패율 | 0.1% |
| 일반실패율 | 0.1% |
| 성매개질환예방 | 불가능 |

- 병원 시술.
- 4cm×2mm 크기의 유연한 막대 모양.
- 팔뚝(위팔) 안쪽 피부에 부분마취 후 주사로 삽입. 제거할 때는 부분마취 후 절개.
- 매일 일정량의 황체[ 호르몬] 방출.
- 월경량 감소 또는 무월경, 월경통 감소.
- 부작용: 출혈 변화, 체중 증가, 두통, 여드름, 정서불안.

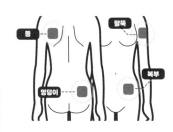

# 호르몬 피임 패치

| 구분 | 여성 |
|---|---|
| 유형 | 호르몬 요법 |
| 사용 기간 | 주1회 3주 동안 |
| 최저실패율 | 0.3% |
| 일반실패율 | 7% |
| 성매개질환예방 | 불가능 |

- 의사의 처방을 받아서 사는 전문의약품.
- 호르몬이 포함된 플라스틱 [ 패치 ]를 피부에 붙임.
- 3주 동안 연속으로 매주 새로운 [ 패치 ]를 부착한 뒤 4주째는 붙이지 않는 방법.
- [ 패치 ]가 잘 붙어 있는지 매일 확인하고 만일 떨어졌다면 그 즉시 새로운 [ 패치 ] 부착.
- 부작용: 피부 자극, 출혈 변화, 두통, 오심, 구토, 유빙의 예민함 및 통증, 복통, 감기 증상, 질염.

# 사후 피임약과
# 응급피임약

| 구분 | 여성 |
|---|---|
| 유형 | 호르몬 요법 |
| 사용 기간 | 5일 이내 |
| 24시간 이내 실패율 | 5% |
| 72시간 이내 실패율 | 42% |
| 성매개질환예방 | 불가능 |

- 산부인과나 기타 병·의원 처방. 야간에는 응급실로.
- 성관계 후 5일 이내에 복용, 되도록 24시간 이내 복용. 복용 후 2시간 이내에 구토하면 다시 복용.
- 호르몬 폭탄, 한 월경주기에 한 번 사용 권장.
- 복용 후 2~3주 후에는 반드시 임신 여부 검사. 낙태약, 사전 피임약 아님.
- 부작용: 출혈 변화, 오심, 복통, 피로, 두통, 유방의 예민함, 어지러움, 구토.

# 질좌제
# (살정제)

| 구분 | 여성 |
|---|---|
| 유형 | 차단법 |
| 사용 기간 | 관계 전 |
| 최저실패율 | 16% |
| 일반실패율 | 21% |
| 성매개질환예방 | 불가능 |

- 약국.
- 정자의 운동성 저하시키고 죽임.
- 상온에서는 고체이며 성관계 10분~1시간 전에 질 깊숙이 넣어 체온에 녹임. 1시간이 넘으면 흘러나와서 피임 효과 없음.
- 사용 불가: 약제에 알레르기가 있는 경우. 월경 기간.
- 부작용: 정자뿐만 아니라 질 내 표피세포도 손상되어 간지럽고 따가움.

# 콘돔 실습에 관한 설문조사

[학생용]

학번                              이름

부모님께 콘돔 실습에 대해 말씀드릴 때 여러분의 생각은 무엇입니까? 언제나처럼 정답은 없습니다. 어떤 답을 하더라도 여러분의 의견은 모두 옳습니다. 여러분에 대해 어떤 선입견을 가지지도 않을 것입니다.

☐ 직접 실습을 해보고 싶어요.

☐ 선생님의 시범만 보고 싶어요.

☐ 콘돔에 대해 알고 싶지 않아요. 그 시간에 책을 읽을래요.

　　학부모님께

안녕하세요. 자녀의 성교육을 맡고 있는 보건교사입니다.

　　오늘날 의학 기술의 발달로 사람들의 수명은 100세 시대를 넘어 120세 시대라는 말이 나올 정도로 연장되었으나 생활양식의 변화와 환경오염으로 인해 오히려 더 다양한 건강 문제가 발생하고 있습니다. 보건교과는 청소년들이 신체적·정신적·사회적 건강관리의 중요성을 이해하고, 건강한 생활 습관을 실천하도록 함으로써, 청소년들의 건강 증진과 나아가 국민 건강 증진에 기여하는 것을 목표로 하고 있습니다.

　　디지털 기기의 발달로 익명성 보장과 접근성이 용이해지면서 신종 성범죄가 증가하고 있어 학교 성교육에 대한 학부모님의 관심과 염려가 많으시리라 생각합니다. 보건수업 시간에는 매년 학생들의 성교육 학습 요구도를 사전에 알아보고 학생들의 관심을 반영하여 학생 참여 중심 수업을 하고 있습니다. 생물학적 성(sex)뿐 아니라 성에 대한 건강한 가치관·태도·정서를 스스로 형성하여 올바른 관계 맺기, 의사소통을 할 수 있도록 하고 더 넓은 인생의 관점에서 삶을 아우를 수 있도록 하고 있습니다. 학생들은 성행동, 임신, 피임, 낙태에 대하여 구체적인 내용을 알고 싶어합니다. 해가 갈수록 학생들은 콘돔 사용 실습을 원하는 경향이 증가하고 있어 다음 주에 할 피임 수업에서는 콘돔 사용 실습도 포함될 예정입니다. 그러나 학부모님께서는 이 점에 대해 큰 우려를 하실 수 있어 이에 대한 학부모님의 의견을 조사하여 수업에 반영하고자 합니다. 피임 수업에 대해 궁금한 점이 있으시면 전화나 메일을 주시면 상담 가능합니다.

학생들이 건강한 성인으로 성장하는 데 작은 도움이 되기를 바라는 마음으로 편지를 마치고자 합니다.


보건교사 _____올림

(TEL:                    / 이메일:                    )


-------------------------------- 회   신 --------------------------------

• 학부모님께서 주신 의견은 자녀의 학습에 큰 도움이 됩니다.

**학생**    ____학년 ____반 번호____    성명_____

**학부모**    성명_____(서명) (학생과의 관계:_____)

☐ 학생이 콘돔 실습하는 것을 희망합니다.

☐ 학생이 콘돔 실습하기를 원하지 않으며 교사의 시범만 보기를 희망합니다.

☐ 학생이 콘돔에 대해 알게 되는 것을 원하지 않습니다.

  (이 경우 수업에 참여하지 않으며 도서실에서 성교육 도서를 읽게 됩니다.)

☐ 콘돔 실습은 본인의 선택에 따르겠습니다.

☐ 기타의견(자유서술):

# [14강] 성매개감염병과 에이즈

## 통계 분석과 질문 만들기

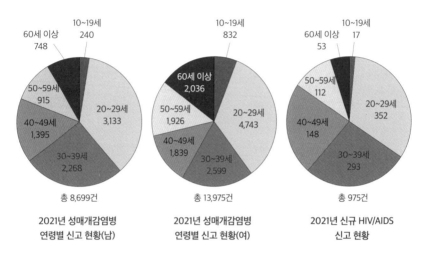

2021년 성매개감염병
연령별 신고 현황(남)
총 8,699건

2021년 성매개감염병
연령별 신고 현황(여)
총 13,975건

2021년 신규 HIV/AIDS
신고 현황
총 975건

출처: 질병관리청.

| 질문자: 학년 반 번 이름 | 응답자: 학년 반 번 이름 |
|---|---|
| 위 그래프를 보고 질문을 두 개 만드세요.<br><br>1.<br><br><br><br>2. | 친구의 질문에 답을 주세요.<br><br>1.<br><br><br><br>2. |

# 성매개감염병 짝 카드

다음 카드는 게임 활동을 위한 교육 자료이므로, 질환 상담 및 진료는 의사에게 받아야 한다는 것을 학생들에게 꼭 말해준다. 괄호 표시한 부분은 빈칸 채우기 활동을 할 수 있고, 별색으로 표시한 부분은 퀴즈 활동에 활용할 수 있다.

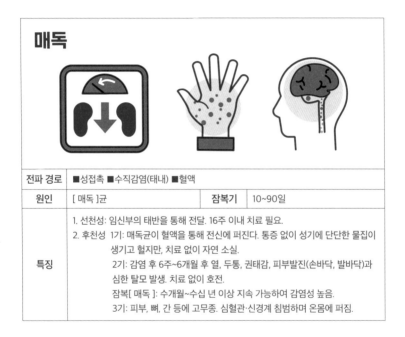

## 매독

| 전파 경로 | ■성접촉 ■수직감염(태내) ■혈액 | | |
|---|---|---|---|
| 원인 | [ 매독 ]균 | 잠복기 | 10~90일 |
| 특징 | 1. 선천성: 임신부의 태반을 통해 전달. 16주 이내 치료 필요.<br>2. 후천성  1기: 매독균이 혈액을 통해 전신에 퍼진다. 통증 없이 성기에 단단한 물집이 생기고 헐지만, 치료 없이 자연 소실.<br>2기: 감염 후 6주~6개월 후 열, 두통, 권태감, 피부발진(손바닥, 발바닥)과 심한 탈모 발생. 치료 없이 호전.<br>잠복[ 매독 ]: 수개월~수십 년 이상 지속 가능하여 감염성 높음.<br>3기: 피부, 뼈, 간 등에 고무종. 심혈관·신경계 침범하며 온몸에 퍼짐. | | |

# 임질

| 전파 경로 | ■성접촉 ■수직감염(분만 중) | | |
|---|---|---|---|
| 원인 | [ 임 ]균 | 잠복기 | 7~21일 |
| 특징 | 1. 무증상감염 위험: 남성 10%, 여성 70~80%.<br>2. 남녀 공통: 소변 횟수 증가. 요도염 증상 및 배뇨통 발생.<br>3. 남성: 요도 가려움증, 요도구발적 등 요도 자극 증상과 고환통증 있음. 양이 많은 노란 요도 분비물(고름) 발생.<br>4. 여성: 자궁경부염 증상, 비정상 질 출혈, 항문 불편감 발생. 냉의 병적 증가 및 변화.<br>5. 임산부: 출산 시 아기의 [ 임균 ]성 안염 발생.<br>6. 성관계 전 항생물질 복용 및 관계 후 소변 보기는 효과 없는 예방법. | | |

# 연성하감

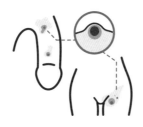

| 전파 경로 | ■성접촉 | | |
|---|---|---|---|
| 원인 | 헤모필루스 듀크레이균 | 잠복기 | 5~14일 |
| 특징 | 1. 균체 검출이 어려워 진단되지 않은 환자가 많을 것으로 추정.<br>2. 성기의 무른 궤양(성기에 물집이 생기고 헐음): 붉은 구진-농포-통증성 궤양 순으로 진행. 남성은 음경, 음경 포피와 귀두관에 분포하며, 여성은 음순, 질 입구, 항문 주위 등에 분포.<br>3. 사타구니의 림프절염: 치료하지 않으면 가래톳으로 진행. 저절로 터져서 농이 흘러나옴. 심한 통증 있음.<br>4. 여성보다 남성이 훨씬 많이 걸려 남성 호발 질환으로 분류. | | |

# 클라미디아
# 요도염

| 전파 경로 | ■성접촉 ■수직감염(분만 중) ■비성적 경로 | | |
|---|---|---|---|
| 원인 | 클라미디아 트라코마티스균 | 잠복기 | 2~6주 |
| 특징 | 1. 무증상감염 위험: 남성 50%, 여성 70~80%.<br>2. 임질균을 제외한 다른 균에 의해 생긴 [ 요도 ]염.<br>3. 요로, 세균성 전립선염, 진성포경 등 비성적 경로로도 감염.<br>4. 공통: 결막염, 배뇨통 발생.<br>5. 남성: 요도 분비물, 가려움증(요도 자극 증상), 요도구발적 발생.<br>6. 여성: 외음부 가려움증, 성교통, 냉의 병적 증가 밀 변화, 비정상적 질 출혈 발생.<br>7. 비임균성 요도염, [ 클라미디아 ] 감염증이라고도 부름. | | |

# 성기단순포진

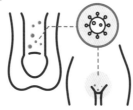

| 전파 경로 | ■성접촉 ■수직감염 | | |
|---|---|---|---|
| 원인 | 단순포진 바이러스 | 잠복기 | 1~26일 |
| 특징 | 1. 초기감염기: 성기에 물집과 헐음. 발열, 근육통 등. 2~3주 내 자연치유 또는 무증상.<br>2. 잠복감염기: 바이러스가 신경절에 평생 잠복.<br>3. 재발성감염기: 신경절에 잠복하였던 바이러스 활성화. 성기에 물집이 생기고 성기 헐음. 무증상으로 바이러스를 전파하기도 함. | | |

# 뾰족콘딜로마

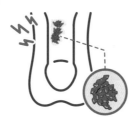

| 전파 경로 | ■성접촉 | | |
|---|---|---|---|
| 원인 | 인유두종바이러스 | 잠복기 | 1~8개월 |
| 특징 | 1. 사춘기 이후에 생길 수 있는 성기 사마귀. 귀두와 음경 계대, 포피 등에 직경 1~5mm로 여러 개의 사마귀가 포도송이처럼 뭉쳐서 생김.<br>2. 사마귀 끝 모양이 [ 뾰족한 ] 닭 볏 모양과 비슷함.<br>3. HPV예방접종을 통해 예방할 수 있음.<br>4. 콘돔이 덮지 못하는 부위에 감염되므로 콘돔으로는 예방 어려움. | | |

# 후천면역결핍증(에이즈)

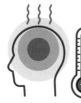  

| 전파 경로 | ■성접촉 ■임신, 출산, 모유수유 ■혈액 | | |
|---|---|---|---|
| 원인 | 인간[ 면역결핍 ]바이러스 | 잠복기 | 6~12주 |
| 특징 | 1. 급성감염기: 감염 후 3~4주 이내 피부발진 외에 발열, 인후통, 기침, 근육통 등 몸살 기운과 유사한 증상 발생. 대부분 1~6주 후 저절로 호전.<br>2. 무증상기: 급성감염기 증상이 사라진 후 8~10년간 증상은 없으나 면역기능은 계속 떨어지며 바이러스는 감염자의 체내에서 계속 증식.<br>3. [ 후천성 면역결핍증 ]시기: 발열, 식욕 부진, 설사, 피곤, 체중 감소, 불면증, 아구창 (입안 하얀 꺼풀 및 헐음) 등 건강한 사람에게는 거의 발생하지 않는 여러 종류의 감염성 질환 발생. | | |

# 트리코모나스

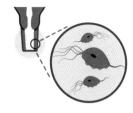

| 전파 경로 | ■성접촉 ■구강 ■직장 ■비성적 접촉 | | |
|---|---|---|---|
| 원인 | [ 트리코모나스 ] 바지날리스 | 잠복기 | 4~28일 |
| 특징 | 1. 불결한 변기, 젖은 수건, 목욕탕, 수영장 등 비성적 접촉으로도 감염.<br>2. 무증상감염 위험: 여성 10~50%, 남성 대부분.<br>3. 염증 반응으로 붉게 부은 질 점막과 외음부: 냉의 병적 증가 및 변화(거품과 악취가 나는 농성 분비물), 외음부 가려움증 발생.<br>4. 성교통 발생.<br>5. 요도 자극 증상 발생: 배뇨통, 요도 소양증, 빈뇨, 야간뇨, 혈뇨, 급뇨 등. | | |

# 사면발니

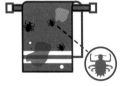

| 전파 경로 | ■성접촉 ■비성적 접촉 | | |
|---|---|---|---|
| 원인 | 기생곤충 | 잠복기 | 30일 내외 |
| 특징 | 1. 공통: 전염된 지 30일쯤 지나서 눈썹, 겨드랑이털, 음모 등 털 아래쪽에 알이 붙어 있으며, 피부 가려움증이 심함. 흡혈로 인해 피부가 푸르스름하게 변함.<br>3. 남성: 무증상 또는 간혹 요도염 발생.<br>　여성: 냉의 병적 증가 및 변화(속옷이 젖을 정도로 냄새나는 누런색 질 분비물, 녹황색의 거품 있는 대하). 질 주위 따끔거림.<br>4. 침구와 의복은 뜨거운 물에 삶아서 빨고, 침구는 세탁 후 비닐 백에 넣어 2주 이상 격리. | | |

# 칸디다질염

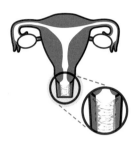

| 전파 경로 | ■성접촉 | | |
|---|---|---|---|
| 원인 | [ 칸디다 ]알비칸스 | **잠복기** | 2~3주(6주) |
| 특징 | 1. 여성의 70% 이상이 일생에 한 번 이상 걸릴 정도로 흔한 질염으로 곰팡이균에 의한 감염. 대개는 성병으로 간주하지 않음.<br>2. 냉의 병적 증가 및 변화(으깬 두부, 우유 찌꺼기처럼 흰색으로 걸쭉함).<br>3. 자기도 모르게 손이 갈 만큼 질과 외음부의 가려움증이 심함.<br>4. 기타 증상: 성교통, 배뇨통.<br>5. 남성의 경우 무증상이 많음.<br>6. 꽉 조이는 바지나 수영복을 오랜 시간 입는 습관은 곰팡이성 질환의 악화 요인. | | |

# 성매개감염병 위험도 평가와 또래 상담

학번                                              이름


**1. 다음 중 성매개감염병에 걸릴 위험이 가장 높은 사람은 누구일까요? 한 가지를 선택하고 이유를 적어보세요. 정답은 없어요.**

① 성매개감염인과의 성접촉

② 성적으로 활동적인 25세 미만 남/녀

③ 새로운 성파트너 또는 지난 1년 동안 2명 이상의 성파트너

④ 현재의 파트너 이외에 이전의 성파트너와의 관계를 지속하고 있는 사람

⑤ 피임하지 않거나 피임 시 콘돔 이외의 단독요법을 사용하는 경우(경구피임약, 자궁 내 장치 등)

⑥ 주사제 약물 사용자

⑦ 알코올이나 마약 중독자 (마리화나, 코카인, 엑스터시, 필로폰 등)

⑧ 안전하지 않은 성관계를 한 경우 (콘돔 등을 사용하지 않은 성관계, 구강, 항문 성교 및 가학피학증을 포함한 성관계와 함께 혈액 접촉이 일어나는 경우)

⑨ 성매매 여성과 그들의 고객들

⑩ 돈이나 마약, 음식 등 생존을 위하여 성을 파는 경우

⑪ 길거리 청소년, 노숙자

⑫ 익명의 성파트너 (인터넷만남, 즉석만남, 광란의 파티)

⑬ 성폭행 피해자/가해자

⑭ 이전의 성매개감염병의 과거력


**그렇게 생각한 이유는?**

## 2. 다음 성매개감염병 고민에 진정성 있는 상담을 해주세요.

제가 성병에 걸렸는데요, 병원 가기가 무서워요. 남자친구도 걱정이고요...ㅠㅠ
한 7개월 전쯤? 남자친구가 있었는데 그 남자가 성병인 것 같았어요. 무슨 병인지는
안 가르쳐 줬지만, 성병은 아니라고 했는데 지금 생각하면 성병인 것 같아요...ㅜㅜ
그 당시에는 아무것도 몰라서 그 남자랑 관계했는데요, 헤어지고 나서 한 달 뒤 배가
아팠는데 그냥 넘기고... 쪼금 지나니깐 밑에 부분에 이상한 게 생기고 가렵고 아프고
했는데, 처음엔 대수롭지 않게 생각하고 연고만 바르고 참았어요. 낫겠지 낫겠지 했는
데 몇 달이 지나도 낫질 않아서 산부인과에 갔어요. 피검사를 했는데 다음날 전화로 매
독 양성 반응이 나왔다고 바로 피부과로 가라고 하더라구요. 큰 병원...ㅠㅠ
너무너무 겁이 나고 무섭고... 남들한테 말하기도 창피하고 고민이에요. 그래서 아무한
테도 말 안 하고 숨겼는데...
가봐야지 가봐야지 하곤 병원을 못 갔어요, 여태... 3개월 전에 산부인과 간 게 다예요.
설마설마했는데 걸릴 줄 몰랐는데 걸려서 병원가기가 더 무섭고요. 인터넷으로 봤는
데 주사가 너무 아프다고 해서 주사 맞기도 넘 싫고. 어떡하죠...
그리고 문제는 또 지금 현재 남자친구가 있는데 그 남자랑도 관계했는데 남자친구가
걱정이에요. 99퍼센트 전염된다고 하던데... 걸린 건 아닐까ㅜㅜ 미안하고 죄책감도
들고... 같이 병원가자고 하지도 못하겠고.
전 지금 갑자기 나은 듯이 사라졌어요. 그냥 얼굴에 쪼그만 동그랗게 피부병처럼 뭔가
나기만 했어요. 이것이 잠복으로 간 거죠? 몇 기인가요?
하지만 남자친구는 저랑 하고 나서 2달도 지났는데 몸에 아무 이상도 없어요. 전염된
거 맞나요? 처음부터 아무런 반응 없이 매독 진행될 수도 있어요? 남자친구는 안 걸렸
으면 좋겠지만... 저는 어떻게 해야 좋을까요?

<상담>

# [ 17강 ] 연애 갈등과 공감 놀이

## 등장인물의 감정 탐색하기

다음은 학생들의 질문, 활동지 답변, 수업 소감 등을 관찰하여 만든 예시다. 참고하여 더욱 다양한 사례를 만들어볼 것을 권한다. 하나의 사례이지만 어떤 등장인물의 입장에서 답하는지에 따라 학생들은 다른 감정을 느낀다.

학번                              이름

> 김과 이는 두 번 데이트했다. 둘의 세번째 데이트, 노래방에 갔다. 이는 김과 같이 있는 게 매우 자랑스러웠다. 이의 친구들은 모두 김이 멋지다고 말했고, 키스했는지 계속 물어봤다. 이는 김이 노래 부르는 모습을 보며 멋지다고 생각했고 김의 볼에 뽀뽀했다. 김은 이를 좋아하고 관계가 지속되기를 원하지만 키스할 생각은 없었다. 김은 "싫어, 그냥 노래만 하자."라고 말했다. 이는 무시하고 계속 키스했다.

| 김의 입장에서 감정을 3가지 쓰고 설명을 쓰세요. | | |
| --- | --- | --- |
| 감정 1: | 감정 2: | 감정 3: |
| 설명 | 설명 | 설명 |
| 그림 스티커 붙이는 곳 | 그림 스티커 붙이는 곳 | 그림 스티커 붙이는 곳 |

공감과 진심 어린 댓글을 메모지에 써서 붙여주세요.

이야기를 구체적으로 만들기 어렵다면, 다음 예시들처럼 만들 수도 있다.

사례 1.
조와 윤은 대체로 사이가 좋은 커플이다. 하지만 윤은 조 외에도 이성친구가 많은 편이고 조는 이것 때문에 스트레스를 받는다. 그러나 윤은 그들은 친구일 뿐이고 사랑도 중요하지만 우정도 포기할 수 없다고 한다.

사례 2.
장과 임은 한때 유명한 닭살 커플이었다. 하지만 지금은 임의 마음이 변하였고 장과 헤어지기를 바란다. 그러나 장은 임과 헤어지고 싶지 않다.

사례 3.
신의 부모님은 평소 공부밖에 모르던 중2 딸이 이성교제를 하고 있고 남자친구가 서라는 것까지 우연히 알게 되었다. 요즘 길거리에서 청소년들이 데이트하는 모습을 보면 스킨십이 정말 과감하다는 생각이 들던 차였다. 신의 이성교제를 말리면 더할 것 같고 모른 척할 수도 없다.

# 감정 카드

| | | | | | |
|---|---|---|---|---|---|
| 감동하다 | 걱정되다 | 고맙다 | 곤란하다 | 괴롭다 | 귀찮다 |
| 기대되다 | 기쁘다 | 긴장되다 | 놀라다 | 답답하다 | 당황스럽다 |
| 두근거리다 | 두렵다 | 마음 아프다 | 막막하다 | 만족스럽다 | 망설여지다 |
| 무섭다 | 밉다 | 부끄럽다 | 부담스럽다 | 부럽다 | 분하다 |
| 불안하다 | 불편하다 | 비참하다 | 뿌듯하다 | 사랑스럽다 | 서럽다 |
| 설레다 | 섭섭하다 | 속상하다 | 슬프다 | 신나다 | 실망하다 |
| 싫다 | 심심하다 | 쑥스럽다 | 쓸쓸하다 | 아쉽다 | 안심되다 |
| 안타깝다 | 얄밉다 | 어색하다 | 억울하다 | 외롭다 | 우울하다 |
| 원망스럽다 | 자랑스럽다 | 자신만만하다 | 조마조마하다 | 즐겁다 | 지겹다 |
| 짜증나다 | 편안하다 | 피곤하다 | 행복하다 | 허전하다 | 혼란스럽다 |
| 화나다 | 황당하다 | 후회스럽다 | 흥분되다 | 힘나다 | 힘들다 |

# [18강] 성매매와 성상품화

## 인권감수성 키우기

1. 유엔 아동권리협약에 보장된 4대 기본권인 생존권, 보호권, 발달권, 참여권의 내용을 읽어보고 자신의 삶을 네 가지 기본권과 비교하여 점수를 매겨보세요.

2. 가장 높거나 가장 낮은 점수 항목 하나를 선택하여 왜 그렇게 생각했는지 이유를 적어보세요. 모든 항목의 점수가 같다면 가장 중요하다고 생각하는 기본권을 쓰고 그 이유를 씁니다.

3. 자신의 인권이 보장되었을 때와 침해되었을 때를 기억해보고, 그런 적이 없다면 그렇다고 가정하여 각각 어떤 감정이었는지 써보세요. 감정을 적기 어렵다면, 감정 카드를 요청하고, 그중에서 골라 쓸 수 있어요.

# 참고하면 좋은 문헌

## 도서

게르드 브란튼베르그, 《이갈리아의 딸들》, 황금가지, 2016.

김기태, 《은밀한 호황: 불 꺼지지 않는 산업 대한민국 성매매 보고서》, 이후, 2012.

다자키 히데아키 외, 김경자 옮김, 《노동하는 섹슈얼리티》, 삼인, 2006.

레이첼 모랜, 안서진 옮김, 《페이드 포: 성매매를 지나온 나의 여정》, 안홍사, 2020.

류지원, 《내 친구가 산부인과 의사라면 이렇게 물어볼 텐데》, 김영사, 2019.

봄날, 《길 하나 건너면 벼랑 끝》, 반비, 2019.

수요자 포럼, 여성인권지원센터 살림 기획, 《성매매 안 하는 남자들》, 호랑이출판사, 2018.

신박진영, 《성매매, 상식의 블랙홀》, 봄알람, 2020.

잇테츠, 김복희 옮김, 《진짜 섹스 안내서》, 스튜디오오드리, 2020.

차우현, 《나는 비뇨의학과 의사입니다》, 태인문화사, 2021.

최성애·조벽, 《청소년 감정코칭》, 해냄, 2012.

헬렌 피셔, 정명진 옮김, 연애본능, 생각의 나무, 2010.


## 논문

신동원, 〈성구매 행위와 남성 성문화〉, 숙명여자대학교 대학원 석사 학위 논문, 2005.

**자료**

국가인권위원회, 〈「유엔아동권리협약」의 이해〉, 2018.

한국에이즈퇴치연맹, 〈청소년에이즈예방 설명서〉, 2018.

한국여성정책연구원·여성가족부, 〈2019 성매매 실태조사 결과 요약〉, 2019.

러브플랜 loveplan.kr

서울아산병원, 질환백과 amc.seoul.kr/asan/healthinfo/disease/diseaseList.
do?diseaseKindId=C000001

서울시립십대여성건강센터 나는봄 imbom.or.kr

질병관리청, 감염병 감시연보, 성병 정보 kdca.go.kr

해피문데이, 성병 happymoonday.com/blog/49

# 소통하는 성교육

## 교실에서 바로 통하는 맞춤 지도법

1판1쇄 펴냄  2024년 4월 22일

**지은이** 이재정(잼성쌤)

**펴낸이** 김경태 │ **편집** 홍경화 양지하 한홍비
**디자인** 박정영 김재현 │ **마케팅** 김진겸 유진선 강주영
**펴낸곳** (주)출판사 클
출판등록 2012년 1월 5일 제311-2012-02호
주소 03385 서울시 은평구 연서로26길 25-6
전화 070-4176-4680 │ 팩스 02-354-4680 │ 이메일 bookkl@bookkl.com

**ISBN** 979-11-92512-83-9  03370

출판사 클의 책을
만나보세요.